名师工程 创新课堂系列

如何打造学生喜欢的音乐课堂

张娟 著

西南师范大学出版社
国家一级出版社 全国百佳图书出版单位

图书在版编目（CIP）数据

如何打造学生喜欢的音乐课堂/张娟著. —重庆：
西南师范大学出版社，2010.4
（名师工程系列丛书）
ISBN 978-7-5621-4906-4

Ⅰ.①如… Ⅱ.①张… Ⅲ.①音乐课－课堂教学－教学法－中小学 Ⅳ.①G633.951.2

中国版本图书馆CIP数据核字（2010）第067694号

名师工程系列丛书

编委会主任： 马　立　宋乃庆
总策划： 周安平
策　划： 李远毅　卢　旭　郑持军　郭德军

如何打造学生喜欢的音乐课堂
张　娟　著

责任编辑： 郑持军　任占弟
封面设计： 周　晓
出版发行： 西南师范大学出版社
　　　　　地址：重庆市北碚区天生路1号
　　　　　邮编：400715　市场营销部电话：023-68868624
　　　　　http://www.xscbs.com
经　销： 新华书店
印　刷： 重庆紫石东南印务有限公司
开　本： 720mm×1030mm　1/16
印　张： 17
字　数： 293千字
版　次： 2010年4月　第1版
印　次： 2021年11月　第6次印刷
书　号： ISBN 978-7-5621-4906-4

定　价： 45.00元

若有印装质量问题，请联系出版社调换
版权所有　翻印必究

《名师工程》系列丛书

学术指导委员会

主　任　顾明远

委　员　陶西平　李吉林　钱梦龙　朱永新　顾泠沅　马　立
　　　　朱小蔓　张兰春　宋乃庆　陈时见　魏书生　田正平
　　　　张斌贤　靳玉乐　石中英　钱理群

编撰委员会

主　任　马　立　宋乃庆

编　委　卞金祥　曹子建　陈　文　邓　涛　窦桂梅　冯增俊
（按姓氏拼音排序）
　　　　高万祥　郭元祥　贺　斌　侯一波　胡　涛　黄爱华
　　　　蓝耿忠　李韦遴　李淑华　李远毅　李镇西　李力加
　　　　李国汉　刘良华　刘海涛　刘世斌　刘扬云　刘正生
　　　　林高明　鲁忠义　马艳文　缪水娟　闵乐夫　齐　欣
　　　　沈　旎　施建平　石国兴　孙建锋　孙志毅　陶继新
　　　　田福安　王斌兴　魏　群　魏永田　吴　勇　肖　川
　　　　谢定兰　熊川武　徐　斌　徐　莉　徐　勇　徐学福
　　　　徐永新　严永金　杨连山　杨志军　余文森　袁卫星
　　　　张爱华　张化万　张瑾琳　张明礼　张文质　张晓明
　　　　张晓沛　赵　凯　赵青文　郑忠耀　周安平　周维强
　　　　周亚光　朱德全　朱乐平

《名师工程》系列丛书

征 稿 启 事

《名师工程》系列丛书是西南师范大学出版社策划、组织出版的大型系列教育丛书。丛书以新课程下的新教学为背景，以促进施教者的教育能力为落脚点，以提高教育质量、提升教师水平为宗旨。

丛书首批推出的"名师讲述""教学提升""教学新突破""高中新课程""教师成长""大师讲坛""教育细节""创新语文教学""教育管理力""教师修炼""创新数学教学""通识与心理""创新课堂"等系列，共70余个品种，其余系列也将陆续出版。为了让广大教师有一个交流、借鉴的机会，同时也为了给广大教师提供更多、更好的图书，《名师工程》系列丛书编辑出版委员会特向全国教育工作者征集稿件。

稿件要求：

1.主题鲜明、新颖，有独创性。
2.主题以提升教育能力为主，也可适当外延。
3.主题要有一定规模、有典型案例支撑。
4.案例要贴近教育实际，操作性强。
5.文章、书稿结构清晰，语言精彩。

书稿作者在选题确定之后，请及时与我们做好沟通，具体事宜确定好之后再进行创作；也欢迎用已经完稿的稿件投稿。一线教师如希望参与图书案例的创作，可联系我社策划机构，由策划机构备案，在适合的图书中参与创作。

真诚欢迎各位教师踊跃投稿。

联系方式：

西南师范大学出版社高教分社
电话：023-68254356　　E-mail：zcj@swu.cn
西南师范大学出版社高教分社北京策划部
电话：010-68403096
E-mail：guodejun1973@163.com

编者的话

当前，以人为本的教育理念正在逐步深化，素质教育以及基础教育课程改革不断推进。在这场深刻又艰苦的教育改革中，涌现了无数甘为人梯、乐于奉献的优秀教师。他们积极探索、更新观念、敢于创新、善于改革，在实践中创造性地发展、总结了很多先进的教育思想、教育理念；创造性地开发了很多新的教学模式、教学内容和教学方法。这些新思想、新模式、新方法在实践中极大地提高了教学质量，是教育改革实践中的新内涵和宝贵财富。这些优秀教师就是我们的名师，这些新内涵就是名师的核心教育力。整理、总结、发展、推广这些教育新内涵，是深化教育改革、完善教育体制、提高教育质量、提升教师水平的一件大事。

教育，是民族振兴的基石；教师，是教育发展的根基。

胡锦涛总书记在全国优秀教师代表座谈会上指出："教师是人类文明的传承者。推动教育事业又好又快发展，培养高素质人才，教师是关键。没有高水平的教师队伍，就没有高质量的教育。"十七大报告又进一步强调了必须加强教师队伍建设，不断提高教师的素质。当今世界，社会进步一日千里，科技发展日新月异，知识更新的周期越来越短。教师作为"文明的传承者"更要与时俱进，刻苦钻研、奋发进取，尽快提升自身素质和能力，为推动教育事业的健康发展贡献自己的力量。

基于以上，西南师范大学出版社策划、组织出版了大型系列教育丛书——《名师工程》。希望通过总结名师的创新经验、先进理念，宣传名师的核心教育力，为广大教师职业生涯提供精神源泉和实践动力，在教育实践层面切实推动从教者职业素养的提升。通过《名师工程》实现"打造名师的工程"。

丛书在策划、创作过程中力求实现以下特色：

一、理念创新，体现教育的人本精神

教师角色在以人为本的教育理念下发生了重大的变化，教师的素质和能力也面临更高的要求。如何弘扬、培植学生的主体性、增强学生的主体意识、发展学生的主体能力、塑造学生的主体人格等问题成为教师在目前教育中亟待解决的难题。丛书以教育管理者和教师为主要读者对象，通过教师综合素质的提高而将人本教育的思想落实到教育实践中，真正实现教育培养人、塑造人、发展人的本质要求。

二、全面构建，系统提升教师的教育能力

丛书选题的最大特点就是系统、全面地针对教师教育能力的提升而展开。施教者的能力决定教育的效果，教育改革的落实、教育效果的提高无不体现在教师身上。丛书针对不同教育能力、不同教学要求、不同教育对象，有针对性地设置选题。棘手学生、课堂切入、引导艺术、班主任的教导力、互动艺术、课堂效率、心灵教育等等，这些鲜明的主题从教育的细节出发，从教育实际情况出发，有针对性地解决问题，让教师在阅读中学有所指、读有所获。

三、科学权威，体现教育的时代前沿性

丛书邀请全国各地著名的教育工作者执笔，汇集在教育改革与实践中涌现的先进理念、成果和方法，经过专家认真遴选、评点总结而成，代表了目前教育实践中先进的教育生产力，具有时代前沿性，是广大一线教师学习、借鉴的好素材。

四、注重实践，突出施教的实用价值

丛书采用了通俗的创作方法，把死板的道理鲜活化，把教条的写法改变为以案例为主，分析、评点为辅，把最先进的教育理念和方法融入有趣的情境中。经典的案例，情境式的叙述，流畅的语言，充满感情的评述，发人深省的剖析，娓娓道来、深入浅出，让教师更充分地领会先进、有效的教育方法。

在诸多教育、出版界同仁的支持与努力下，《名师工程》陆续推出了《名师讲述系列》《教学提升系列》《教学新突破系列》《高中新课程系列》《教师成长系列》《大师讲坛系列》《教育细节系列》《创新语文教学系列》《教育管理力系列》《教师修炼系列》《创新数学教学系列》《通识与心理系列》《创新课堂系列》等系列，共70余个品种，后续图书也将陆续出版。

丛书在出版创作过程中得到各地、各级教育部门与教育工作者的大力支持与帮助，在此一并表示感谢！

教育事业是全社会共同的事业，本丛书的出版一方面希望能对广大教育工作者有所帮助，共飨先进成果；另一方面也是抛砖引玉，希望更多的教育工作者参与到出版创作中来，百家争鸣、百花齐放，为促进教育事业的发展共同努力！

自　　序
——目标引领我成长

21岁，初上讲台的我对自己说："做一个认真一点的老师吧。"

1987年，我刚从武汉音乐学院毕业。初出茅庐的我，兴奋地来到湖北省天门师范学校做了一名中师音乐教师。刚上班那会儿，可真是初生的牛犊不怕虎呀！主修声乐、钢琴的我却不知天高地厚地带着一群十五六岁的小姑娘，每天早起上教学楼顶上练功、跳舞呢，未曾想我们排演的歌舞《小小的我》，竟在湖北省地区师范文艺调演中大获成功。而在普通师范生的音乐课堂上，我大胆地教学生唱混声合唱，那此起彼伏的《在太行山上》，还引来了一些前辈同行的驻足聆听，以为我在训练合唱队呢……

一年之后，我调进武汉工学院附属小学，一干就是六年。20世纪80年代末90年代初期，学校不像现在，可以拿出大量经费来请编导、找专家，音乐教师也少得可怜，那个时候学校缺啥你就顶啥。因此，也练就了自己胆大妄为的本领——遇到事情敢想敢做：学生口琴队、竖笛队、合唱队、舞蹈队……真是五花八门，啥都来一下子。最厉害的一次是自编自导的舞蹈《希望的田野》居然获得了武汉市学校艺术节二等奖。回想这一段时光，真的是留下了我年少的满腔热情，我可以非常自豪地说——我曾认真地走过了。

27岁，来到珠海特区的我又对自己说："做一个学生喜欢的老师吧。"

珠海市香华实验学校，这是一所给了我很多养分、很多美好回忆的学校。她由珠海市香洲区政府和华中师范大学联合兴办。当时学校面向全国招聘一位音乐教师，我从100多位面试者当中脱颖而出，十分欣喜地成了一名特区小学的音乐教师。在这里，我苦练教学基本功，获得了珠海市中小学音乐教师五项全能比赛小学组第一名、广东省基本功比赛二等奖；在这里，我带领学生合唱团屡屡获奖；在这里，因为各级领导的培养和同事的支持，我被评为珠海市香洲区首批学科带头人、珠海市先进教师、广东省南粤优秀音乐教师；在这里，

如何打造学生喜欢的音乐课堂

我从每周24节课开始,一直毫无怨言地坚持在教学第一线。用心耕耘的课堂给了我太多的回报,我获得了广东省首届音乐优质课现场教学比赛一等奖、中南六省多媒体教学比赛一等奖,我更得到了学生的喜爱和敬重。

记得那是我在学校上班的最后一天,课间餐的时候,孩子们不知从哪听说了我要离开的消息,饭也不吃,都哭了。那一天的课上得很沉重,我说:"孩子们要笑起来呀,张老师还会回来看你们的。来,咱们一起唱一首歌录下来做个纪念吧。"于是,孩子们那带着哭腔的歌声就这样永远地刻在了我的心里。

36岁,通过绿色通道调进深圳的我更强烈地对自己说:"做一个学生喜欢的优秀教师吧。"

"我们去深圳吧。"老公一句随意的话就真的造就了我们又一个新起点的开始。我抛下所有的不舍,来到了深圳,开始了又一段幸福的旅程。我将学生对我的喜爱转化成了一种新的动力、一种更重的责任。

这里有徐沛然、刘宏伟这样的名师引导着我。她们不仅从生活上关心我,还给了我很多展示自己教学魅力的机会:继1996年代表珠海参加了广东省首届中小学音乐优质课现场教学比赛后(获一等奖),2004年我又代表深圳罗湖区参加了广东省第三届现场教学比赛(获一等奖);2007年代表深圳福田区参加广东省第四届现场教学比赛(获第一名,并赴黄山参加全国比赛,获得二等奖)。这一节节公开课的磨炼让我产生了一种"我要把公开课与常规课画上等号,信手拈来就是一节朴实生动的音乐课"的向往。于是,我变关注部分学生为关注每一个学生;变关注音乐的表象为关注音乐的内涵;变重视公开课为重视常规课。以往听说有人要占用自己的课可开心了,因为可以减少工作量,现在即使因公外出回来也要补上,就像孩子们说的不想音乐课被黑掉了;以往会因个人情绪而影响学生、影响课堂,现在是学生的一切左右着我的视线,我会因他们的精彩而感动,因他们的进步而开心,也会因他们的问题而冥思苦想。

目 录
CONTENTS

第一章　融入游戏的音乐课堂

一、挖掘音乐中的"趣、活、美"
　　——《十二生肖歌》课堂实录与课后延伸 ……………………（2）

二、在"搭房子"的游戏中学会歌唱
　　——《音乐小屋》课堂实录与课后延伸 ……………………（10）

三、关注音乐，关注学生
　　——《这是什么》课堂实录与课后延伸 ……………………（20）

四、音乐教学中渗透科学意识的培养
　　——《什么船儿》课堂实录与课后延伸 ……………………（39）

五、同题异构，各有千秋
　　——《对鲜花》课堂实录与课后延伸 ……………………（49）

第二章　创设情境的音乐课堂

一、我的小手会唱歌
　　——《大鹿》课堂实录与课后延伸 ……………………（66）

二、快乐歌唱，快乐劳动
　　——《洗手绢》课堂实录与课后延伸 ……………………（75）

三、围绕故事情境，展开音乐实践
　　——《小白兔乖乖》课堂实录与课后延伸 ……………………（83）

四、两幅情景画在歌曲处理中的妙用
　　——《牧童之歌》课堂实录与课后延伸 …………………………（91）
五、营造海的情境，感受美的乐章
　　——《大海》课堂实录与课后延伸 ……………………………（101）

第三章　多元组合的音乐课堂

一、让古老的编钟鲜活起来
　　——《编钟》课堂实录与课后延伸 ……………………………（112）
二、乐在其中
　　——《捕鱼歌》课堂实录与课后延伸 …………………………（120）
三、母爱在音乐中流淌
　　——《摇篮曲》课堂实录与课后延伸 …………………………（128）
四、唱民歌就要唱出味道
　　——《唢呐配喇叭》课堂实录与课后延伸 ……………………（140）
五、模仿与创造
　　——《小毛驴爬山坡》课堂实录与课后延伸 …………………（149）
六、润物无声，渐入佳境
　　——听刘宏伟老师的《梨园金曲——唱脸谱》有感 …………（163）

第四章　操作实践的音乐课堂

一、音乐创作课其实不难上
　　——《小叮当》课堂实录与课后延伸 …………………………（170）
二、第一次尝到竖笛教学的甜头
　　——《摇橹》课堂实录与课后延伸 ……………………………（180）
三、想唱就唱，想吹就吹
　　——《丰收之歌》课堂实录与课后延伸 ………………………（186）
四、音乐课堂上的生日Party
　　——《爷爷过生日》课堂实录与课后延伸 ……………………（197）

第五章 有章可循的音乐课堂

如何创设学生喜欢的音乐课堂 …………………………………… (210)
说一说音乐课堂上的学习习惯 …………………………………… (214)
浅谈小学音乐课的组织教学 ……………………………………… (217)
谈音乐教学设计的三个原则 ……………………………………… (220)
音乐课堂"幼、小衔接"的实践与思考 ………………………… (224)
改革音乐课堂教学　培养学生综合素质 ………………………… (228)
别开生面的期末评价 ……………………………………………… (232)
游戏化唱歌教学三部曲
　　——怎样教低幼儿童学唱歌 ………………………………… (233)
新生趣事 …………………………………………………………… (237)
只言片语话"顽童" ……………………………………………… (239)
谈班级合唱教学中的听觉培养 …………………………………… (245)
歌喉欲展，讲究美感 ……………………………………………… (247)
做一根有思想的芦苇 ……………………………………………… (248)

第一章

融入游戏的音乐课堂

一、挖掘音乐中的"趣、活、美"
——《十二生肖歌》课堂实录与课后延伸

【教学说明】

　　《十二生肖歌》是选自教育科学出版社出版的《义务教育课程标准小学艺术实验教科书》第三册第三单元中的一首生动有趣的歌谣。2/4拍，节奏明快跳跃，旋律简洁流畅，音域只有一个八度宽，非常适合儿童的自然嗓音。作者用形象风趣的三段歌词描述了我国民间传统文化中的"十二生肖"可爱的动感形象及排列顺序。它是一首深受学生喜爱且易于接受的歌曲。

　　根据加德纳的多元智能理论及新课程理念，我们可以从本学段学生的身心特点及认知规律出发，教学中以"趣（兴趣趣味）、活（快活活跃）、美（音乐形象美）"三个字为核心，充分发挥学生的主体性，利用多媒体手段，结合说唱、表演、游戏、欣赏等方式，引导学生积极主动地去参与"找生肖、说生肖、唱生肖、排生肖、演生肖"的游戏活动。本节课的教学任务是促使学生能积极参与游戏活动，初步了解我国民间传统文化——十二生肖的名称、由来及排序，感受生肖动物的外表美、心灵美、工艺美，体会人与动物要和谐相处的道理；能够唱准附点节奏及掌握休止符的准确停顿；还能自信而愉快地演唱十二生肖歌，会大胆地用动作表现生肖动物的魅力。

附教学流程图：

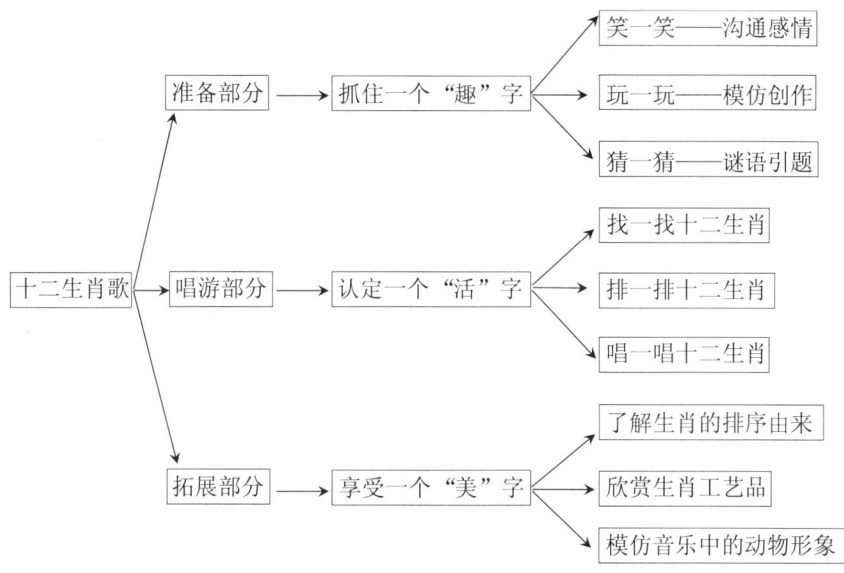

【课堂实录】

1. 准备部分，抓住一个"趣"字

师：嗨！204班的小朋友们，大家好！

生：老师好！

师：我是张老师。今天真高兴能认识这么多位新朋友，我一开心呢就爱笑。你听！嘻嘻 嘻 哈哈 哈（用歌曲节奏笑，边笑边拍手）大家一起像老师这样笑一个？

生：嘻嘻 嘻 哈哈哈（边笑边拍手）

师：多美呀！谁来笑个跟老师不同的？

生：哈哈 哈哈 哈—

生：嘻嘻 嘻嘻

生：嘿 嘿

[设计意图：此举既让学生消除紧张情绪，培养了求异思维，还拉近了师生间的距离，自然地进入到上课状态。]

师：真聪明！（牵出一位小朋友）你笑得真好看！咱俩来玩个游戏吧。（引

出《小小动物出来玩》）

师唱：$\underline{5\,5}\ \underline{6\,6}\ \underline{5\,5\,3}\ |\ \underline{2\,3\,4}\ \underline{3\,4\,5}\ |\ \underline{5\,5}\ \underline{6\,6}\ \underline{5\,5\,3}\ |\ \underline{2\,2}\ \underline{3\,2\,1}\ -\ \|$
小小 兔子 出来玩，跳呀跳 跳呀跳，小小 兔子 出来玩，跳呀跳呀跳。

（生模仿兔子有节奏地跳。一人领舞，其他同学跟着跳）

师：哪个小朋友可以像老师这样编一个小动物歌舞？

生：小小猪儿出来玩，噜噜 噜 噜噜 噜……（其他同学配合）

生：小小猫儿……

生：小小狗儿……

（即兴创作，一个比一个踊跃，举手的很多）

师：这么多同学都想来编呀？那就一起来玩吧！把你想到的动物的叫声唱出来。

师唱：所有 动物都 出来 玩，走呀 走 走呀 走……

（生接唱，模仿各种动物的动作、叫声）

[设计意图：从学生喜欢的动物入手，一为激发兴趣，二为教学做铺垫。学生在玩的过程中学会了自编歌词、学会了与人合作、复习了小动物的动作和叫声……通过模仿创作等体验使学生获得愉悦感、成功感。]

师：玩得真开心！下面请大家快快坐好啦。仔细听！老师来说个谜语给你们猜。

（学生迅速归位，神情专注地望着老师）

师：说它多，可真多，咱们每人有一个；说它少，真是少，全国只有十二个。

生：闹钟……嘴巴……十二生肖……（师揭示课题）

[设计意图：前后动静结合。抓住了学生的好奇心理，猜谜导入新课，促使他们进行探究。学生的表现特别天真可爱，谜底五花八门。教师的反应也很机智。]

2. 唱游部分，认定一个"活"字

师：真聪明！（边说边走过去牵住说出答案的学生的手，来到台前）这么不常见的谜语都被你猜到，奖你一个生肖图。告诉大家你是属什么的？

生：属狗的。（师点击电脑显示小狗头像）

生：我也是属狗的……（学生纷纷举手）

师：哈！这么多。都站起来做个"开心狗"的样子让大家瞧瞧。

（生各种姿态、叫声，整个会场被孩子们的表现逗笑了，又有生举手）

师：哦，你是属什么的呢？

生：属猪的。

生：我也是……我也是……（十多个）

师：也不少呢。属猪的同学也站起来做个"快乐猪"的样子看看。

（各种姿态、叫声，全场又是一片笑声）

师：很好！十二生肖还差几位呢？大家来找找看！（手持鼠标，生说出一个属相，屏幕就显示一个）

［设计意图：找生肖这个环节很活跃，学生的表现欲望十分强烈。有的说动物名称，有的说英文。因为生肖图旁注有英文。］

师：同学们真能干！十二生肖兄弟都找齐了。那，谁是它们家大哥呢？从大到小又是怎么排的呢？

生：老鼠是大哥。

生：我知道怎么排。

生：我还会说它们的顺序"鼠、牛、虎、兔、龙、蛇、马、羊、猴、鸡、狗、猪"。（这个学生一气呵成，引得听课者一片掌声）

师：哇！好厉害！在座的老师可能都说不出来呢，教教我们吧。

（其他同学跟着说一遍）

师：你们是说出来的，老师能唱出来，想听吗？（边有表情地清唱边点鼠标，出现一个由十二生肖动物排成的圆圈图）

师：咱们一起来排排？

（生看屏幕，自然地拍手有节奏地读歌词；其中"老．虎回头一声吼"一句老师重点引读，用以比较有无附点的区别）

师：下面我们分组接读一次，看哪组接得又顺又准？（学生两组接读）

师：两边同学配合得很好，都读得不错！有节奏又很流畅。不过唱起来会更有趣的。咱们来听听！

……

师：咱们放慢速度随着老师的琴声一起学一学。

（学生分段学唱、自编动作记忆唱、完整演唱……教师帮助学生解决有附点及休止符的乐句，提醒学生唱好了一会儿可以玩游戏）

师：下面老师先找12个同学来扮演十二种生肖动物，在教室里玩玩排队的游戏。

(学生跃跃欲试，勇敢的同学戴上相应的头饰，站到台前来)

师：咱们先试试看，谁的耳朵灵？(唱) 小·猴 机灵 蹦又 跳……

(扮猴的同学就随音乐蹦跳出来……)

师：很好！其他同学一起来拍手唱，请这12位同学听好啦，排队游戏开始。

……

师：都想来排队表演啊？行！全体起立，随音乐一起表演吧。

……

师：老师来扮鼠大哥，谁愿意跟我走？(学生一组一组跟随教师在教室的空地上表演起来了)

[设计意图：新课程提出要"注重音乐实践、鼓励音乐创造"，学生在本环节中自信地唱、尽情地演，感受到了无比的快乐。"生肖大排队"游戏将活动推向了高潮。学生的主体性和创造性得到了充分的发挥。]

3. 拓展部分，享受一个"美"字

师：同学们，你们知不知道，十二生肖排在第一位的为什么不是威力无比的老虎或是能腾云驾雾的龙，却是个胆小的老鼠呢？

生：我知道。因为动物们在比赛的时候，老鼠一口咬住了牛的尾巴，牛使劲一甩就把老鼠甩到了最前面。(笑声)

生：我不同意他的说法。本来猫和老鼠以前是好朋友，听玉皇大帝说要选十二生肖，就商量好第二天一起去玉皇大帝那里报到。结果第二天老鼠早早地就去了，自己得了第一，把猫给忘了。所以，后来猫和老鼠成了仇人，猫见到老鼠就要吃。

师：这两个同学讲得都很有意思。其实，关于十二生肖有很古老的传说。(播放十二生肖动画影片)

(学生神情专注地看着，不时发出笑声和议论声)

师：仔细看，认真想，在比赛的过程中发生了一些什么事？龙、蛇、羊在干嘛呀？开快艇的开心狗怎么没拿第一呢？(点鼠标，放映提前停止) 比赛结果可想而知了，排最后的肯定是……

生：猪！猪！(学生喊起来)

师：为什么呀？

生：因为它太贪吃了，动作又慢。

生：它哪是在比赛呀，简直像在度假。

师：哦！那你们说说最喜欢十二生肖兄弟中的哪一位？为什么？

生：我最喜欢小老鼠。因为它是用智慧在比赛。

师：说得真好！

生：我最喜欢小狗。因为它帮助了咕咕鸡，乐于助人。

师：你看，多可爱的孩子！善于发现别人身上的优点。

生：我喜欢大飞龙和乖乖羊，他们互相谦让。

师：对！我们小朋友是不是也应该向他们学习呀？（众生赞同）

生：我喜欢小兔……我喜欢小猴……

师：我觉得他们十二兄弟都很可爱，因为它们团结互助、相亲相爱。还想看看它们其他的模样吗？

生：想！（欣赏十二生肖的剪纸、手工作品）

生：多了不起呀！真漂亮！

师：动物是美丽的，它们是我们人类的好朋友，大家都很喜欢它们。下面老师有个小小的要求，请听着音乐、发挥你的想象，你觉得这段音乐像什么动物，你就把它的样子给模仿出来，让老师欣赏欣赏你们的演技。（放几段速度、力度不同的音乐）

（学生听着音乐，自由地用动作描述着自己想到的动物形象）

师：谢谢小朋友们！大家的模仿表演很出色！今天的课就要结束了，老师也要跟同学们说再见了，你们有什么话要对老师说，有什么感受要与同学分享呢？

生：我觉得好开心！我知道十二生肖为什么这样排了。

生：老师，您能不能再给我们上一节音乐课？我还想唱生肖歌。

生：老师，您要是我们的音乐老师就好了。我会很想您的。

生：难得有这样的机会，让我认识了您这样一位新老师。

生：十二生肖真有趣。我很喜欢它们。

生：我喜欢这样的音乐课，我会把它写到日记里去。

……

师：谢谢大家！同学们的表现非常突出，咱们的合作也很愉快！让我们再一次全体起立，唱着《十二生肖歌》，表演着你喜欢的生肖动物跑出教室……（掌声响起）

［设计意图：恰到好处的媒体使用，使课堂教学得到了很好的延伸。在生

动有趣的情境下，让学生真切感受了生肖动物的可爱形象，使他们初步了解了"十二生肖"的由来，并从中受到"互相谦让、乐于助人"等来自动物身上的高尚品德的熏陶，同时还培养了学生的音乐注意力、想象力和创造力。]

（注：此案例在 2002 年深圳市"学习新课标，研究新方法，走进新课堂"展示活动中获优秀课例奖；2004 年 2 月发表在《人民教育》编辑部编著的《新课程优秀教学设计与案例》小学综合卷第 2 辑）

附歌谱：

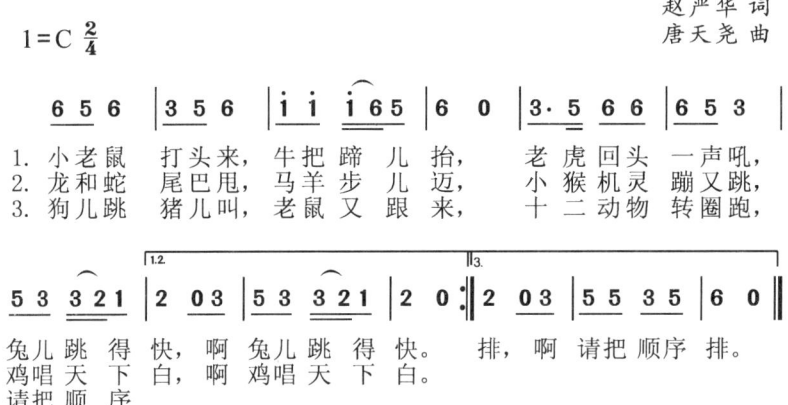

【课后延伸】

如何抓住学生的兴奋点展开教学

学唱一首新歌曲，对于低年级的孩子来说，一遍一遍的教唱很容易让人产生困倦感。因此，本节课着重引导学生在"找生肖、说生肖、唱生肖、排生肖、演生肖"的游戏活动中，学会演唱《十二生肖歌》。因为游戏和教学的巧妙结合，能激发学生的学习积极性，锻炼学生的思维能力。小学生的好奇心特强，如何抓住他们的好奇心、兴奋点，顺利而有趣地展开教学呢？

1. 抓住学生"喜欢动物又喜欢猜谜"的兴趣点，带领学生进入

孩子们天生就喜欢小动物，何况今天要说的是生肖动物呢？学生同时也很

喜欢猜谜语。"说它多可真多,咱们每人都有一个;说它少可真少,全国也只有十二个。"这谜语被教师生动神秘的语气这么一说出来,孩子们可就炸开锅啦,学生的答案不尽相同,有的不着边际,也有的一猜就中。绝大多数学生都知道哪种动物是自己的属相,老师接下来就引导学生沿着这个兴奋点,开始"玩一玩、找一找"的教学准备活动。

2. 抓住"老师又会怎么排"的疑问点,激发学生探究

学生齐心协力把十二生肖给找齐全了,可他们的队形很乱呀。于是教师抛出了第一个问题:"谁能把它们哥几个的顺序排一排啊?"有的孩子能迅速回答出"鼠、牛、虎、兔、龙、蛇、马、羊、猴、鸡、狗、猪",有的甚至说出"子鼠、丑牛、寅虎……"当学生正得意的时候,老师神秘地说:"我是这样排的。"已知的生肖排法和教师的排法有何不同呢?这一下子勾起了学生的好奇心,也引出了他们的兴奋点:"啊呀,这样唱着排呀,我也想试试。"那么下面的"说生肖、唱生肖"环节不就迎刃而解了吗?歌曲学唱就在这里得到了解决。

3. 抓住"好表现自己"的上进点,鼓励学生参与

当学生学会歌唱后,必须要基本上记住歌词才能参加后面的生肖排队游戏。这时,教师可以抓住学生"都想表演生肖动物"的兴奋点,先请出四位同学,教师唱到谁,谁扮演的生肖动物就跳出来,看谁反应快!然后反过来自己唱、教师跳,最后大家共同记住并完整唱出第一段歌词,即"鼠、牛、虎、兔"形象。接着,教师用同样的激励法解决后面的八个属相的歌词记唱。在"比比谁反应快"的游戏中解决记忆歌词的难点,全班几乎都会唱了,那"演生肖、排生肖"的高潮游戏就很容易玩出效果了。

虽然歌曲较长,有三段歌词,但孩子们在各种"兴奋点"的驱使下于玩中学唱,所以最后发出"老师,您能不能再给我们上一节音乐课"的呼声就很正常了。

二、在"搭房子"的游戏中学会歌唱

——《音乐小屋》课堂实录与课后延伸

【教学说明】

　　《音乐小屋》选自人民音乐出版社出版的《义务教育课程标准小学音乐实验教科书》第四册第七课。这是一首短小规整而充满趣味的创作歌曲,歌曲描绘了叮咚作响的音乐小屋带给人们的快乐,抒发了热爱音乐的孩子们的愉快心情。旋律以三度下行的音程起句,起伏而流畅,合着舒展的节奏,给人一种柔和的跳荡感。而歌词更是把一幢音乐小屋的美丽神奇逐句展开:以"叮咚"的门铃为主,穿插演唱"打开小门""推开小窗"……每一个文字、每一个音符、每一个节奏无不渗透着"快乐之美"。

　　本课设计构思精巧有趣,以"搭房子"游戏为切入点,始终围绕"音乐小屋"这条主线,通过欣赏"小屋"(导入部分)——搭建"小屋"(新授部分)——美化"小屋"(作品处理)——回味"小屋"(教学延伸)等活动引导孩子们经历了一个由欣赏美到创造美、表现美的过程。在轻松愉快的情境中教学将达成以下目标:学生能积极主动参与活动,尽情享受音乐小屋带来的快乐,激发他们热爱音乐的情感;掌握顿音连音的唱法,唱准歌中的两个长句"<u>音乐</u> <u>小屋</u> 在 <u>欢迎</u> 你 欢·迎 我,<u>我们</u> 的 <u>快乐</u> 都 在 <u>里边</u> 装";能主动参与听赏、创编、表演等音乐实践活动,并用甜美而快乐的歌声表现歌曲。

　　根据教学内容自制"门、窗、墙壁、门铃"等形状的音乐卡片,作为学生认唱熟悉后搭建"音乐小屋"的材料。将音符"do、re、mi、fa、sol、la"贴在积木凳上,以备老师搭房子时使用。打印数张乐器图片及动物图片装饰音乐教室,来营造"音乐小屋"的氛围,同时为学生创编歌曲提供素材。

附教学流程图：

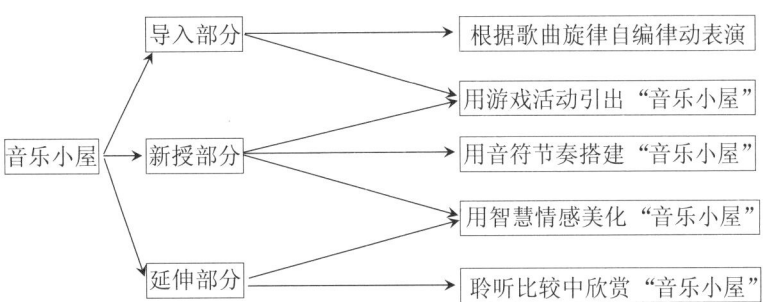

【课堂实录】

1. 感受体验——用游戏活动引出"音乐小屋"

师：同学们好！

生：老师好！

师：（双手叉腰）请你像我这样做！

生：（模仿动作）我就像你这样做！

（教师带领学生随歌曲伴奏做自编律动）

师：真漂亮！同学们，我想问问，你们搭过房子吗？

生：搭过。

师：用什么搭的呀？

生：积木。

生：橡皮泥。

生：沙子。

生：身体。

……

师：有这么多好办法呀！今天啊，张老师也想在这里用同学们的凳子搭一个房子。那借谁的呢？（学生小声议论、东张西望）听好了！老师唱什么音，你的凳子上如果有这个音，就请迅速把积木凳搬到老师身边来。（依次唱 mi、do、fa、re、la、sol）

……

师：谢谢！很好！老师的音乐墙在同学们的帮助下搭好啦。感觉怎么样？

生：不太好！

生：没有屋顶呢。

师：哦，那老师给它加上一个屋顶，还取了一个名字。现在怎么样啊？

生：（生鼓掌）音乐小屋。

师：多漂亮的音乐小屋，正是有了二（4）班同学的帮助，才能顺利搭成。为了感谢大家，我来表演一个节目。

生：好！（掌声）

师：听好了。（教师利用所搭的"音乐小屋"表演无伴奏范唱）

（学生热情鼓掌）

2. 模仿表现——用音符节奏搭建"音乐小屋"

师：谢谢同学们掌声鼓励！老师的音乐小屋搭好了，节目也表演完了。接下来，我想请咱班同学也来学着搭一个音乐小屋。不过，你们搭的音乐小屋是用节奏、旋律、歌词等音乐元素拼成的。只要你仔细聆听，用心参与，你们就一定能成功！有没有信心？

生：（犹豫地）有。

师：自信地告诉老师。

生：（稍大声）有！

师：你们看老师说话有没有自信？"我．最 棒。"（边说边拍胸脯）

生：（模仿老师）我．最 棒。

师：（邀请一生）请你跟老师学说一句话"欢迎｜你欢．迎｜我—"。

生：欢迎｜你欢．迎｜我—｜

师：大家一起模仿老师说。

生：（有节奏拍手）欢迎｜你 欢．迎｜我—｜

师：（拿出歌词卡片1）说得真好！那长长的一句话你会不会说呢？

生：（拍手）音乐小屋｜在欢迎｜你欢．迎｜我—｜

师：真棒！我发现这位同学特别积极，老师就请你第一个走进我的音乐小屋，把这张卡片贴到黑板上去。

（学生贴好卡片）

师：注意哟，老师的音乐小屋里有很多宝贝。只要你注意聆听，机会就会等着你。请看这张卡片。跟我一起读。

生：我们的｜快乐都｜在里边｜装—｜（也有学生读成：我们的｜快乐｜都在 里边｜装—｜，教师引导学生比较聆听，找出正确的读法）

师：你看来很快乐，请你走进音乐小屋吧！

（学生贴好卡片）

师：还有些音乐宝贝藏在哪儿呢？（指教室周围）竖起耳朵听！把你听到的卡片找出来，也放到黑板上去。

（教师依次唱出"5 3｜5 3 0｜4 2｜4 2 0｜1 1 5 1｜3 —｜

$\underline{1}\ \underline{1}\ \underline{\dot{5}}\ \underline{3}\ |\ 2\ -\ |$"等乐句,让学生在教室里寻找贴挂的卡片,并放进音乐屋里的黑板上。学生刚开始畏畏缩缩,后来争先恐后。)

师:同学们的表现真不错!不仅耳朵灵,反应也挺快。我的音乐小屋好神奇哦,它把黑板上这些卡片组成了一首好听的歌,你来听听!唱的是什么呢?(播放 CD)

生:小屋子很快乐!

生:小屋在欢迎我们!

生:小屋说"欢迎你欢迎我。"

师:既然音乐小屋这么欢迎我们,那我们赶紧进去吧。不过,进别人的屋子可要有礼貌哟,再听一遍音乐,听到门铃声请先敲门。

(生随音乐做按门铃的动作)

师:同学们能把门铃声唱出来吗?

生:能。

师:试试!

(学生跟录音唱一遍)

师:那下面老师跟你们来对歌。叮咚的门铃声由你们唱,其他的张老师唱。

(师生合作随琴演唱歌曲一遍)

师:想唱老师唱的部分啦?那请看歌谱吧。咱们先读一读黑色标记的歌词。

生:打开小门,推开小窗,音乐小屋在欢迎你欢迎我,我们的快乐都在里边装。

师:读得真好!那请你们来试着唱出来。这次老师唱门铃声,也就是红色的字。

(学生随钢琴跟教师合作唱)

师:咱们再跟录音一起来。

(学生随音乐一起学唱)

师:刚才有录音机里的小朋友帮我们唱。下面谁能单独来一句?

……

师:刚才这些同学的表现都很棒!那除了师生对唱这种形式以外,你还可以用什么方式来唱呢?大家想想办法。

生:我想到用乐器来唱。

师:哦,不错啊。那你来试试。老师给你伴唱。

(学生有节奏地敲碰铃,其他同学主动鼓掌)

师:这位同学唱得怎么样?

生：她跟老师的音乐配合得很好。

师：我们俩合作得很好。下面，老师请出六位同学来"接龙"唱。一人唱一张卡片，接唱准确又好听的，老师请他到黑板上用这些卡片再搭一个音乐小屋。

（学生大胆举手。唱得准确的同学，在黑板上用卡片组成一个房子，教师坐在学生的位置上跟其他孩子一起用歌声为他们加油）

师：哈哈，谢谢你们！请回座。看看他们的音乐屋搭得怎么样啊？

生：很好！很好！

师：那给点儿掌声鼓励一下！

（众生笑着鼓掌）

生：他们的屋顶太小了。

师：那老师这样帮助他们一下，你觉得怎么样呢？（边说边画一个半圆形的屋顶）

生：（议论）哇，好大呀！好像蘑菇房子，真漂亮！

3. 合作创造——用智慧情感美化"音乐小屋"

师：加上屋顶后真的好漂亮哦。不过，老师觉得他们的屋子里现在太空了。下面老师交给你们一个任务——邀请一些会唱歌的朋友进来。那请谁呢？怎么请呢？你们看看教室周围有这么多会唱歌的小动物、小乐器，看老师来邀请一个。（学公鸡叫一声，边改编歌词唱边摘下公鸡卡片放黑板上）老师请了谁呀？

生：公鸡。

师：谁来像老师这样请一个？

生：（摘下卡片说）我想请小鸭。

师：那你把小鸭的歌声唱出来吧！

生：（显得不自信，教师提示引导其他孩子帮忙唱）嘎嘎嘎嘎，打开小门，嘎嘎嘎嘎，推开小窗……

师：同学们真棒！给自己，也给这位同学掌声。

生：我想请小青蛙。

师：好，青蛙怎么唱歌？

生：呱呱呱呱，打开小门，呱呱呱呱，推开小窗……

（学生争先恐后举手，想上来。为了节约时间，多给孩子机会，教师让学生以小组形式商量邀请对象，再上来表演）

生：我们请小猫！

生：我们请小鼓！

师：那咱们欢迎他们两个组一起唱。

（一组学生唱小猫"喵喵"，一组学生敲小鼓"咚咚"）

4. 拓展升华——聆听比较中欣赏"音乐小屋"

师：整体还不错！谢谢你们！（学生掌声响起）下面请大家闭上眼睛，听一听这些会唱歌的客人从音乐小屋里又唱出了怎样的歌声呢？（教师改变拍子，弹唱歌曲一遍）

生：这首歌曲变慢了。

生：这首歌曲没有前奏。

生：这首歌曲很柔美。

师：这个词用得真好！正是因为歌曲的节拍改变了，所以它的情绪和速度都变了。如果我们用这样的情绪去唱我们今天学的音乐小屋好不好？

生：不好！那个很快乐！

师：那怎么表达我们的快乐呢？请这个同学来表现一下。

生：（边唱边做动作，其他孩子自觉地帮她有节奏地拍手）叮咚叮咚打开小门……

师：那我们就像她这样快乐地来一遍。

（生随伴奏唱起来。在教师的鼓动下，孩子们三五成群地手拉手蹦跳起来）

师：请回座位。看着你们快乐的笑脸，老师好开心。你们知道，这么快乐的歌曲是谁帮我们写的吗？是我国最著名的"儿歌大王"潘振声爷爷写的，他一生写了一千多首儿童歌曲。老师找了一些好听的歌放到了你们的音乐小屋，想不想听一下？

生：想！

师：如果你听到熟悉的歌曲，可以大胆地跟着唱。（放音乐）

（学生或拍手唱，或出来配合教师表演）

师：因为时间关系，我们没办法继续欣赏下去了。潘爷爷写这首《音乐小屋》就是为了告诉大家要热爱音乐、热爱生活，希望音乐小屋能带给我们快乐！通过今天的音乐课，不知道同学们有没有感受到呢？说出你的心里话跟大家交流一下吧。

生：谢谢老师带给我们很多好听的音乐。

生：音乐小屋带给我很多快乐！

师：希望所有的小朋友都跟你一样快乐！（边说边牵起两个同学的手）老师相信，只要你们喜欢，愿意去发现，音乐一定会带给你们更多快乐！请同学们排好队、唱着歌，跳出我们的音乐小屋吧！（师生合作牵起放在一旁的橡皮筋，顶成一个三角形的房子，同学们在音乐声中快乐地跳着离开教室）

（注：此课例2004年获广东省第三届中小学音乐优质课现场教学比赛一等奖）

附歌谱：

音乐小屋

1=F 2/4

> 5 3 | 5 3 0 | 1 1 5 1 | 3（5 3）| 5 3 | 5 3 0 | 1 1 5 3 | 2（4 2）|

叮咚 叮咚，打开小 门， 叮咚 叮咚 推开小 窗，

4 2 | 4 2 0 | 3 3 1 3 | 5 6 5 | 4 5·4 | 3· 0 4 2 |

叮咚 叮咚，音乐小屋 在欢迎 你欢迎我， 叮咚

4 2 0 | 7 6 5 1 | 2 5 4 | 3 2 3 | 1 0 :|| 1 5 0 | 1 0 0 ||

叮咚， 我 们的 快乐都 在里边 装。 装 叮 咚

附板书：

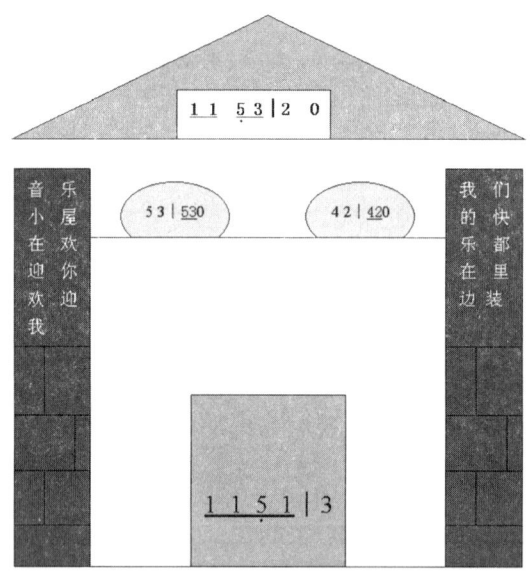

【课后延伸】

《没有课件也精彩》之由来

2006年3月，我以《音乐小屋》为蓝本撰写的案例《没有课件也精彩》发表在广东《新课程探索》上，此标题是它的由来的。

1. 多媒体辅助音乐教学风光初现

1998年，全国中小学计算机教育研究中心首次在国内推广"学科整合"的理念，即在各学科教学中，有效地融入信息技术，将教学系统中的各种教学资源和各个教学要素有机地集合起来，将教学理论、方法、技能与教学媒体很好地结合起来，在整个教学过程中保持协调一致，并发挥系统的整体优势以产生聚集效应。

1998年11月，中南六省区联合在全国率先开展了"多媒体辅助音乐教学"现场课交流比赛，我有幸执教小学五年级的音乐欣赏课《编钟》，并获得小学组第一名。当时，为了能用好多媒体，我在选材及制作上都花了一番心思：首先，所要展示的教学内容必须是要利用多媒体技术的。其次，多媒体整合教学形式一定要有所创新。于是，我选择了《编钟》一课。若想把我国战国时期的古老乐器"编钟"轻松有效地介绍给学生，利用信息技术手段是一种很好的选择，它能巧妙地连接起现代与古代，让学生能够多方位地了解遥远而神奇的编钟，感受编钟的无限魅力。此次不同于以往的带有浓厚的现代气息的教学比赛，极大地刺激了人们的听觉视觉，引起了听课教师的浓厚兴趣，著名教育专家吴斌老师也亲临比赛现场，并给予了高度评价。多媒体辅助音乐教学的风光初现，并随之在全国产生了广泛的影响，得到了充分的运用和发展。

2. 多媒体辅助音乐教学本末倒置

《音乐课程标准解读》中指出："信息技术给音乐教学带来重大变革，大大扩展了音乐教学的容量和空间，极大地丰富了教学手段和教学资源，而且有着十分广阔的前景……"由此可见，多媒体辅助音乐教学是一件符合时代需求的大好事。但是随着课程改革的逐步深入，各级各类的音乐教学比赛、研讨活动日趋频繁，人们随之见到的是音乐课堂上大量地使用多媒体课件，真的让人应接不暇。每次听完课，教师们都议论纷纷，"做这样的课件得花多少工夫啊？""平时上课能这样做吗？""拓展的东西太多了，眼花缭乱的，看着都不像音乐课""有的课件用得根本就没意义,多余嘛"……原因是每一节公开课都制作了精美而大容量的课件,而且课件多半都是请人制作的,课堂上,授课教师只要点击鼠标就可以。

当大家再回头望望,却惊觉地发现我们是"种了别人的田,而荒了自己的地"。由于我们教师对新课标理念的理解偏差,对信息技术与音乐教学整合的概念模糊,大量无谓的信息堆积导致音乐课上成了地理课、历史课、品德课等,丢掉了音乐的本性,变了味道。或者是用多媒体技术完全代替了传统教学手段,仅把它当成了黑板、录音机、录像机、摄影机,音乐教师独有的"弹、唱、跳、演"等特性也全部缺失。专家们不得不发出疾呼——让音乐回归本质!要清楚"多媒体"在音乐教学中的辅助地位,教师要能主宰它,而不应该成为它的附庸。

3. 怎样上出没有课件也精彩的音乐课

新课程改革并不是要摒弃一切传统的东西,而一味地去追求新奇和高度。传统的未必就是过时的、没用的。至今我仍然记得,湖北武汉一位叫许正的音乐特级教师,十几年前她凭着一颗爱音乐、爱孩子的童心,一双会玩花样的手制作出了许多精彩的课例。难道今天的我们就不能不用那些堆砌的课件而把课上活上好吗?我作为一个多媒体辅助教学的先行者,后来也开始反思:课件是教师预设的,而学生的思维是活跃多变的。显然,课堂生成的东西是电脑课件无法应对的,它需要的还是教师的智慧处理。其实,只要我们用制作课件一半的时间来挖掘教材本身的魅力,找出教材的亮点,多花心思站在学生的角度去设计,课就自然精彩了。《音乐小屋》就这样产生了。

看着《音乐小屋》这个课题,我想无论在视觉上还是听觉上,一定要给孩子们营造一个温馨漂亮的"音乐小屋"。这个小屋是有形的,学生可以看得见、摸得着、仿着做;这个小屋是有趣的,学生帮教师搭、玩中唱后会搭、乐中搭好后美化装饰;这个小屋更是有意义的,里面有音乐、里面有快乐。如果用电脑画,肯定很规整很美观,但一定是冰冷的,孩子是无法触摸的。于是我联想到美术,联想到人们装修房子的过程(看样板房—购买材料—装修施工—装饰新房—享受新房),一分析歌词很快就找到了突破口。歌词中的"小门、小窗、门铃"带给我灵感,我把一句句歌词都制作成了相应形状的卡片,让孩子们亲自动手搭建音乐小屋。所谓搭建,就是用这些模型卡片在黑板上摆放成一个完整的房子模型,学生学会唱哪一句就去摆哪一句。这游戏式的教学方法,既让学生身心愉悦，又降低了教学的难度，孩子们在玩中不知不觉就学会了歌曲。

没有多媒体课件，怎样吸引孩子们有兴趣参与呢？从学生的心理认知特点出发，围绕音乐小屋在构思上下工夫。以巧妙有趣的搭房子游戏为切入点，通过导入部分的"欣赏小屋"（看样板房）到新授部分的"搭建小屋"（买料装修），再到展开部分的"美化小屋"（装饰新房）、"回味小屋"（享受新房）等活动，引导孩子们经历了一个由欣赏美到创造美、表现美的过程。在"音乐小屋"里，孩子们快乐地游戏、歌唱、创作、表演……

通过这一次尝试，我深切体会到：只要我们真正理解了新的教学理念并将它转化为自己的教学行为，真正用心去思考怎样引领孩子们融进音乐当中，就算没有花哨的课件，他们一样会感受到音乐之美、快乐之美，一样会有所收获！所以，这样的课既节约时间和资源，又能达成有效教学，何乐而不为呢？

三、关注音乐，关注学生
——《这是什么》课堂实录与课后延伸

【教学说明】

歌曲《这是什么》选自人民音乐出版社出版的《义务教育课程标准小学音乐实验教科书》第三册第二课"时间的歌"。这一单元的主题包括两首关于时间的歌曲和欣赏曲《在钟表店里》与《调皮的小闹钟》。

以人为本，古已有之。它是一种价值取向，强调尊重人、解放人、依靠人和为了人。温家宝总理在讲话中提到："教育要符合以人为本的要求。学校要坚持'以人为本'的办学理念，以'依靠人、为了人、服务人'为基本出发点，尊重学生、关爱学生、服务学生，发现和培养学生的兴趣和特长，塑造学生大爱、和谐的心灵。"如何把以人为本的理念渗透在音乐教学中，我通过此课做了一些教学尝试——依靠学生已有经验，解放学生身心，促进学生全面发展。同时，根据不同层次学生的不同需要，我将教学内容进行了多种比例的搭配组合，以生动活泼的教学手段帮助学生感受音乐、取得进步、收获自信。课堂上，教师不是直白地"教"，是智慧的引导者，是平等的合作者；学生也不是被动沉闷地"学"，是主动参与者，是积极探究者，是音乐的享受者。

附教学流程图：

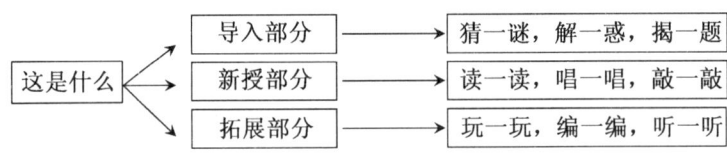

【课堂实录】

1. 依靠学生经验,互动铺垫教学

师:同学们好!

生:老师好!

师:今天,张老师非常高兴能够和咱们班的同学一起上这节音乐课。今天的课呀,咱们就从说谜语开始,这是什么呢?(手指黑板上板书的"这是什么"四个字)

师:请仔细听!(唱)会走 没有 腿—│会说 没有 嘴—│它·会 告诉 我们│什·么 时候 起—│什·么 时候 睡 —│

生:(安静聆听后数人举手)闹钟!

师:你们都同意吗?

生:同意!

师:哎呀,同学们的反应可真快!对,它就是咱们生活中一刻也离不开的小钟表。(边说边画)老师画得怎么样?掌声鼓励一下吧!

(学生鼓掌)

师:谢谢大家!(用手抚头做思考状)那老师就有点儿不明白了,"会说 没有 嘴—"没有嘴巴它怎么说话呢?

(学生积极举手)

师:请这位同学来模仿一下它是怎么说话的,(提示)它会发出怎样的声音呢?

生:叮铃铃铃……

师:你真聪明!咱们一起来学学这个声音?

生:叮铃铃铃……(声音比较刺耳,教师引导学生用好听的声音来模仿)

师:咱们来合作一下。老师唱歌,合适的地方请你们做摇手腕动作表示小闹钟的铃声出现了。(唱)会走 没有 腿—│会说 没有 嘴—│它·会 告诉 我们│什·么 时候 起│什·么 时候 睡—│

(学生受教师提示在"腿、嘴、睡"三个二分音符处摇动手腕,同时嘴里轻轻地发出"叮铃铃铃"声)

师:多漂亮的小闹钟啊!除了叮铃铃铃,它还会发出什么声音呢?

生:滴答 滴答

师：（摸摸学生的头）你很用心地观察生活！咱们一起来模仿"滴答"声。

生：（整齐而有节奏地）滴答 滴答……（等学生唱熟后教师继续配唱歌曲后半段，形成一种两声部的效果。）

师：再想想，平时生活当中，我们还听到过什么样的钟声呢？

生：当— | 当—

师：真厉害啊！这声音像什么？

生：像大钟。

师：那我们也来模仿它，这次加个动作来表示一下。（教师示范）

生：（模仿撞钟的动作和声音）当— | 当—（教师再次配唱歌曲后半段）

师：（翘起大拇指）咱二（5）班同学真棒！大拇指送给你们。"会唱 没有 | 嘴—|"这个问题我终于明白了，那老师还有问题请教呢！（继续唱）"会走 没有 | 腿—|"，没有腿它怎么走啊？

（好多学生举手）

师：请你来学学钟表走路。

生：（双手左右晃动）有一个东西撑住，就这样子摇来摇去。（会场发出笑声）

师：那就用你的手摇一下，老师给你配乐。

师：（改唱歌曲前半段）滴答 滴答 | 滴答 滴答 | 当0 当0 | 当— | ……（示意学生随音乐有节奏地晃动手臂）

师：真不错！还有发现吗？

生：这样！（弯腰，两手臂下垂，做钟表摆动的样子）

师：有创意！我们一起来模仿他！

（学生模仿动作，教师唱歌曲）

师：谁还发现了不同的走法？

生：这样子！（两手臂成垂直状，一手臂开始转动，表示时针分针在动）

师：很形象！请想学钟表走路的同学都站起来，咱们跟着音乐想怎么走就怎么走。

（学生陆陆续续站起来，并随着音乐学钟表各种姿态地走起来）

师：（鼓掌）谢谢同学们的表演，请坐下！刚刚看到好多有创意的小钟表在走呢，有的快有的慢。受你们的影响，老师也想来学学钟表走路了。（边唱边做动作）

（学生热情鼓掌）

师：老师刚才表演的这首歌就是咱们今天要学唱的一首新歌，它的名字叫（停顿一下，手指黑板）大家一起说。

生：（齐读课题）《这是什么》。（有点儿小声）

师：再大声地告诉下面的老师们，这首歌叫什么名字？

生：（声音洪亮地）《这是什么》。

[设计意图：.导课部分开门见山，以"唱"谜语的形式直接带学生进入音乐，引导学生从生活经验中寻找钟表不同的节奏音响，师生以合作互动的方式呈现歌曲。它为这堂课起了铺垫作用。]

2. 为了学生发展，聆听比较表现

师：多好的声音啊！刚才我都听到有同学小声地跟着老师哼唱了。咱们赶快来学这首新歌吧。先读读歌词，看有没有不认识的字。

（学生读歌词）

师：读得很好，没有一个字能难倒我们呢！下面请同学们眼睛看着歌片，耳朵听着老师的钢琴，小声地跟唱一遍。

（学生听教师慢速弹琴并小声跟唱）

师：我发现咱们二（5）班有很多聪明的小朋友。老师请你们再仔细听一听，这两句有什么不一样？（唱前两句）有什么不一样？请你说吧！

生：第一个"当当当"是高音，第二个"当当当"是低音。

（现场听课的教师发出了赞许的笑声，有些学生也情不自禁地鼓掌了）

师：厉害！大家想给他掌声就给呗！（全场掌声，又有一同学举手）你还发现了什么？

生：第一个"当当当"是从低到高，第二个"当当当"是由高到低。

师：你回答问题的声音真响亮！第二句的"当当当"确实是由高到低哦！（唱）$\underline{2\ 0\ 2\ 0}\ |\ 5\ -\ |$，咱们为他这用心的发现鼓掌；但第一句的"当当当"是相同的音高，你听！（唱）$\underline{5\ 0\ 5\ 0}\ |\ 5\ -\ |$，咱们一起来学一学。

（学生模仿教师的手号辅助动作，准确齐唱）

师：为什么我一蹲下来你们就唱准了呢？

生：（反应迅速地）因为低音要蹲下。（全场爆笑）

师：小家伙你太聪明了！老师刚才就是想给你们帮个忙，一蹲下来，聪明的孩子就知道要把这个音唱低一点儿。老师还想听听，再来一遍吧。（教师带领学生唱，用比较的方法指导学生唱准音的高低）

师：好棒啊！特别是后面两排同学不仅会唱，还加了动作。大家都来学学他们。（学生伸出两个食指在有歌曲的"滴答"声中模仿指针左右来回摆动两次，唱"当当当"时，则握拳抖动2拍后伸开手掌抖动）

师：请再听听，这最后一句又有什么特点呢？（读）它·会……什·么……什·么……这个"它"是谁？

生：闹钟！

师：闹钟很了不起吧？我们一起用夸奖的语气来读一读。

生：它·会……什·么……什·么……（得意地强调三个附点节奏）

师：夸得好！可老师还会这样夸它呢！你们听！（唱出来）5·5 65 | 3 2 3 |（它会告诉我们）……

（学生忍不住接唱但跑音了）

师：（笑）咱班同学都会自编小曲儿了。来吧，这句话跟着钢琴一起唱。

生：5·5 65 | 3 2 3 |（它会告诉我们）……

师：真棒！再来一次。

（学生唱的声音很小）

师：（启发地）当我们在夸奖别人的时候，一定是很真诚、很快乐的，对吧？那咱们夸奖小闹钟再大胆些好吗？

（学生第二次齐唱，有进步）

师：那有没有小朋友已经会唱这一句了？

（学生纷纷举手。站起一人唱得很小声）

师：这个小朋友唱得很不错！只是有点儿胆小。请举手的小朋友都来唱吧！

生：（大声地）它·会 告诉 | 我们 | 什·么 时候 | 起— | 什·么 时候 | 睡— |

师：当我们在夸奖别人的时候得大声告诉他，可当我们在睡觉的时候，还能不能这么大声唱呢？

生：（摇头）不能。（教师再做渐强、渐弱的范唱，学生齐模仿唱）

师：二（5）班同学真聪明！一点就通，一学就会。咱们完整地来唱一遍吧。

（学生随琴演唱）

师：掌声送给自己吧！（学生齐鼓掌）

师：那你们来评价一下，觉得自己唱得怎么样啊？

生：唱得很好！

师：这么自信？哈哈，老师也觉得你们唱得很不错！下面请你们听听北京的小朋友是怎么唱的？跟咱们班的小朋友有没有不同呢？（蹲下身子跟生一起听音乐）

（学生听到第二段的时候轻声跟着唱）

师：他们唱得跟咱们有什么不同呢？这两个同学最先举手，就请你们来回答。

生：北京小朋友唱得快一点儿，我们唱得慢一点儿。（会场响起掌声）

师：你真棒！（面向同学）他发现了唱歌的速度不同。（问另一生）你有什么发现呢？

生：他们唱"什么时候睡"有点儿太大声，应该弱下来的。

师：他多细心啊！他觉得北京小朋友最后一句没有我们处理得好。厉害！这个小朋友敢于质疑。好，还有小朋友有话要说。

生：我发现他们唱"滴答滴答"很短，"当当当"很长。

师：她又有了神奇的发现！音乐中的声音有长有短。所以我们在唱"滴答滴答"时要短促而轻巧，绝不能拖沓。太了不起了！那我们现在也加快速度，有长有短、有强有弱地再来一遍。咱们可用动作帮忙。

（学生随伴奏演唱，唱罢现场掌声响起）

师：谢谢孩子们在这么短的时间里把这首歌唱得这么好！老师这儿有两件小乐器，它们也想和你们一起学钟表唱歌呢。（拿出双响筒）认识吗？

生：双响筒。

师：那你上前面来敲一敲，看看这个小乐器怎么学钟表唱歌。

生：（随意敲）××××

（师生合作效果如下：师唱：<u>滴答 滴答</u> | <u>滴答 滴答</u> | 当0 当0 | 当— |
　　　　　　　　生敲：X　　X　 | X　　X　 | X　X | X　0 | ）

师：（拿出碰铃）它会怎么唱呢？就请后面这位一直积极发言的小朋友。

（学生用碰铃也敲出了同上的节奏，教师配唱歌曲）

师：好听吗？

生：好听！

师：两件乐器唱歌都很好听。那谁来告诉我，乐器的声音与钟表"滴答""当"的声音有何相似呢？请那位戴眼镜的男孩来设计一下，谁唱"滴答"，谁唱"当"比较合适一点？

生：我想让双响筒唱"滴答"，碰铃唱"当"。

师：这是你的创意，很棒哦！就请你指挥我们来表演一下吧。

（教师唱歌，两学生敲乐器，小男孩很自信很有节拍地指挥着，表演结束后大家热烈鼓掌）

师：你很厉害耶！这样的分工非常形象，指挥得也很好！那我们全体同学一起来玩吧。咱们分成两组，左边是双响筒，右边是碰铃。来，举起你的手，先模拟小乐器敲一敲。

（学生尝试模拟演奏双响筒ⅩⅩ ⅩⅩ｜ⅩⅩ ⅩⅩ｜或碰铃ⅩⅩ｜Ⅹ—｜。有的指挥，有的演奏，有的演唱，把前面两句合作表现得非常好）

师：那后面的乐句怎么敲呢？谁再来分分工？

（学生支支吾吾没说清）

师：还没有想好？没有关系。就用老师的设计吧，请碰铃组的同学每一小节敲一下，双响筒每一拍敲一下。一起试一试？

（学生练习唱奏后半段后，在机灵小指挥的指挥下完整地表演了一遍，会场响起热烈的掌声）

［设计意图：通过聆听、模仿、比较、表现的方式引导学生逐步学会歌曲，用双响筒、碰铃两件打击乐器启发学生感受音的长短，表现"钟表"走动的声音。加深理解音的高低、长短及速度的快慢等音乐要素的变化，提高他们的审美能力。］

3. 解放学生身心，游戏尝试创新

师：谢谢小演奏家们！下面我们来轻松一下——玩个游戏。（边说边拿出一长一短的两根指针）请一个同学上来比划钟点考考大家。

（学生跃跃欲试，其中一人到讲台前比划走动的钟表）

生：（兴奋地）3点！12点！5点！

师：张老师来考考大家。（接过学生手里的指针唱着问）滴答 滴答｜滴答 滴答｜几0 点0｜钟—｜？请大家唱着回答我。

生：（有几个学生迅速大声唱答）滴答 滴答｜滴答 滴答｜三0 点0｜钟—｜。（全场笑声、掌声一片）

师：请那个男孩子过来，你好像是咱班文娱委员，对不对？那你来唱着考他们。

（该生没像教师那样直接比划一个时间提问，而是边唱边有节奏地移动指针）

师：你很聪明，终于把他们难住了。大家仔细看看是几点钟？

生：三点半

师：那该怎么唱？

生：（受教师启发唱）三**0** 点**0** ｜半— ｜。

师：（比划指针）再请看这是几点钟？

生：（争先恐后地）9点。

师：老师有问题问你们。一般早上9点的时候，你会干什么呢？

生：睡觉。（一片哄笑）

师：你是个瞌睡虫啊？可不能一般9点都睡觉。我们还是来玩唱答的游戏吧！老师唱着问，你也必须唱着来回答哦。

（用"**33 13** ｜**5** — ｜"重复的两个乐句来玩师生接唱的游戏；老师穿梭在同学中间唱问"你在 做什 ｜么— ｜"，学生有的唱答"我在 看 ｜书— ｜"，有的唱"我在 玩陀 ｜螺— ｜"，有的唱"我在 学唱 ｜歌— ｜"，有的唱"我在看电 ｜视— ｜"，有的唱"我在 睡大 ｜觉— ｜"……教师及时地充分肯定学生，让学生品尝到了成功的快乐）

师：从同学们刚才的即兴演唱当中，我发现你们的生活真是丰富多彩！早上9点钟的时候，有的在看书，有的在唱歌，有的玩游戏，有的还在睡大觉（笑声），那老师想问问你们，有一句俗话说"一年之计——"

生：（立即接上，大声背书似的）在于春，一日之计在于晨。一寸光阴一寸金，寸金难买寸光阴。（台下热情鼓掌）

师：同学们太棒了！张老师至今还没发现二年级的学生能说出这么多时间谚语呢，咱们班的小朋友就是了不起！那你们对时间的认识也一定很深刻，说说自己的体会。

生：要珍惜时间。

师：（伸出大拇指）今天我们班的小朋友已经用行动告诉了张老师，自己是一个珍惜时间的人。大家在这么短的时间，不仅学会了一首新歌，还创编了一首问答歌（边说边用新编歌词覆盖原歌词）。请欣赏我们合作完成的作品！

师：（唱）滴答滴答滴答滴答，几点钟？

生：（唱）滴答滴答滴答滴答，9点钟。

师：（唱）你在做什么？

生：（唱）我们在唱歌。

合：啦啦啦啦啦啦啦……

师：唱"啦"的时候眉毛扬起来，会帮助我们唱出好听的声音。像老师这样唱。（教师示范，学生模仿）

（学生跟着伴奏分小组对唱、个别与集体对唱）

师：老师把原歌词盖住了，你们还能唱出来吗？

生：（自信地）能！（跟随伴奏音乐齐唱）

师：谢谢同学们！学了这么久，大家辛苦啦！下面老师要带你们去旅行参观。这次参观，不是用眼睛，而是用耳朵。请你闭上眼睛仔细听，我们的目的地钟表店到了。那里有没有我们熟悉的闹钟铃声呢？如果听到的话，请用动作表示一下。

（学生在《在钟表店里》音乐片段声中闭眼感受）

师：好，我们就放松到这里。（教师手拿一闹钟）听，滴答滴答滴答滴答！时间就这么一分一秒地过去了，我们的音乐课就要结束了。张老师虽然不能留住时间的脚步，但是很想留住可爱的二（5）班同学的歌声。最后大家再用好听的声音、有表情地把《这是什么》唱一遍。张老师要把它录下来带回家留做纪念。

生：（极其认真地唱起来）滴答 滴答｜滴答滴答｜……

师：同学们这唱的是无伴奏啊，很不错！今天我们学习了一首关于时间的歌曲（边说边板书"时间的歌"），歌曲的名字叫《这是什么》。请同学们来说一说，这节课有什么收获呢？

生：今天这堂课很好！我发了很多言，学了很多知识。

师：我们都要向你学习！这位同学很大方很自信，回答问题声音响亮。（学生鼓掌）

生：我知道了钟的多种声音。

师：那你可不可以清唱一句？

生：滴答 滴答｜滴答 滴答｜当当 当—｜。

师：你唱得真好听！（还有学生举手）最后一个机会给你吧，说说自己的感想。

生：我的感想就是——我从来没有上过这么开心的音乐课。

（话音刚落，下课铃响了；全场爆发出热烈的掌声）

师：谢谢二（5）班的同学们！同学们辛苦了！今天的课就上到这里。

（教师弹歌曲，学生唱着歌学钟表走出教室）

[设计意图：在游戏中培养学生即兴创编的能力；以另一首关于钟表的管弦乐作品来拓宽学生的音乐视野，提高学生的听辨能力。]

（注：此课例2007年获广东省第四届中小学音乐教学现场比赛一等奖；同年获全国第五届现场课比赛二等奖）

附歌谱：

这是什么

$1=F \quad \frac{2}{4}$

| 5·1 31 | 5·1 31 | 50 50 | 5 — | 5·1 31 | 5·1 31 |
| 滴答 滴答 | 滴答 滴答 | 当 当 | 当， | 滴答 滴答 | 滴答 滴答 |

| 20 20 | 5 — | 33 13 | 5 — | 33 13 | 5 — |
| 当 当 当， | | 会走没有腿， | | 会说没有嘴， | |

| 5·5 65 | 3 2 3 | 1·1 65 | 3 5 | 5·3 25 | 1 — ‖ |
| 它会告诉我 们， | | 什么时候起， | | 什么时候睡。 | |

【课后延伸】

异地教学如何因材施教

因材施教是指教师要从学生的实际情况、个别差异出发，有的放矢地进行有差别的教学，使每个学生都能扬长避短，获得最佳发展。而我的因材施教，是针对不同地区、不同班级的整体水平差异而采取的不同的教学方案。比如同一课题，面对不同层次的学生如何施教。笔者认为做到两点就可以：一、重组教学内容，即按原有框架，将教学内容重新组合，各项内容比例偏重略有不同；二、调整课时目标，按每班学生的实际状况，及时调整学生对教学目标的达成度。下面以我三次上《这是什么》的案例片段为例，谈谈面对不同地区、音乐素质有差异的班级如何因材施教。

如何打造学生喜欢的音乐课堂

案例（一）与反思

……

"我从来没有上过这么开心的音乐课！"最后一个发言的男孩子话音刚落，下课铃响了，会场里爆发出热烈的掌声！这是我在广东省第四届中小学音乐优质课教学比赛现场的一个令人回味的镜头。

在此要特别感谢承办此次大型比赛活动的石岐中心小学的校长，她心存"为了每一个学生，为了每一个学生的全面发展"的理念，向会务组提了一个条件："在我们学校上课可以，但绝不能挑学生，每个孩子都应有上音乐课的权力！"因此，我才有缘和中山市石岐中心小学二（5）班的54位同学一起来上这一节音乐课。这个班男孩子多女孩子少，班主任说班上同学喜欢多被鼓励，若限制太多，他们会很沉闷。我了解到这里的学生没有学过人音版的这个教材，于是我选择"唱会、唱好歌曲"为主，创编、欣赏仅为课堂的调味剂。孩子们在轻松愉快的氛围里积极主动参与各项音乐实践活动，从生活中寻找表现"钟表"的节奏"XX"、"X"、"X—"，用活泼的情绪演唱歌曲，能以对唱的方式即兴创编歌词，提升对时间的认识。

一节普通的音乐课，一张歌谱，两件小乐器，两根指针。没有五彩缤纷的多媒体课件，也没有需要卡车搬运的大型道具，学生却能从心底发出如此的感叹，究其原因，我明白——精彩的教学应来自于教师对学生的赏识、激励和唤醒。

1. 赏识学生，给他们自信

有一位心理学家说："人类本质中最殷切的需要是——渴望被赏识。"赏识，是指充分认识到人的积极因素，并加以肯定与赞赏。赏识是一种理解，更是一种激励。赏识对于成长中的学生来说是至关重要的，赏识激发学生的内在动力，可以帮助他们获得自我价值感、建立自信、走向成功。

怎么在最短的时间里让学生接受你、喜欢你，而且愿意跟你合作呢？这是异地教学的教师都要面对的问题。我觉得"赏识学生"是前提。首先在"说名字"的游戏中与学生交朋友，拉近师生间的距离，握住某小朋友的手说："我叫｜张娟｜我们 握握｜手—｜"，也要求他用同样的节奏来介绍自己。在变换交流对象的时候，"握握手"这个动作可以变成"拍拍头、拉拉钩、跺跺脚"等。学生可以跟教师做相同的动作，也可以变出自己的花样来。同时，在此游戏对话交流中，老师可以发现学生的特点，赏识他们。遇到胆怯而说不顺溜的同学，要帮助他、等待他；对思维活跃的同学，艺术地夸赞他；对不大吭声的孩子要理解他、鼓励他。这样，学生会增强自信心，会自觉地亲近你，会有兴趣与你继续合作。

2. 了解学生，让他们展示

给素昧平生的学生上课，如果不了解他们，怎么因材施教？怎么有的放矢呢？因为音乐，让陌生的教师、学生走进了同一间教室，这是一种难得的缘分。又因为这种缘分让新的师生成了朋友。遵循这样的思维，见面时我常常以"音乐—缘分—朋友"为主题，向孩子们建议来一个小型的歌友会，目的就是为了倾听同学们的歌声，了解他们的音乐素养；同时教师也可以展示一下自己的绝活，或唱或奏或跳，让学生欣赏教师、佩服教师。在这个唱歌交流的平台上，教师可以看出学生对待音乐的兴趣、态度，听出他们音准、节奏、表现力等基本素养的高低。关于几个音不准的同学，教师不应太直截了当地去打击他们的信心，可以小声而悄悄地告诉他们，"上音乐课最重要的是用好咱们的耳朵，如果你发现自己跟大家的音调不一样的时候就小声点儿或者多听一听再唱"，让孩子们记住必须带着灵敏的耳朵来上音乐课。

3. 信任学生，由他们参与

很多教师总是担心学生在课堂上说不出自己想要的答案，或者害怕学生不能在第一时间对自己设计的问题作出良好的反应，要么提前对部分学生做好铺垫安排，甚至全部教给学生，只等正式上课时按部就班地表演一遍；要么生硬地诱导学生往教师设计好的"陷阱"里跳。其实学生的能耐大着呢，我们做教师的可千万别小瞧了他们！

(1) 猜谜语，不要怕学生猜不出

从学生的心理分析，孩子们个个都喜欢猜谜语，这样的设计让全体学生都有了思考、参与的可能。所以，当我把歌曲内容当谜语唱出来的时候，学生的小手都纷纷举起，极大地调动了他们的参与热情。

(2) 找节奏，不要怕学生找不到

教师设问不是为了问倒学生，而是要调动学生参与的热情，激发他们求新求异的探究意识。我抽出歌词"没有嘴它怎么说？没有腿它怎么走？"设计成两个疑惑点，故意考问学生，去寻找钟表的节奏。由于钟表是他们生活中必不可少的一件物品，这一问题的提出立即得到了学生的热烈反应，他们或用嘴巴模仿钟表发出的声音，有的声音长，有的声音短，有的声音高，有的声音低；

或用肢体模仿钟表走动的形态,有的走得快,有的走得慢,真是花样百出。

(3) 玩乐器,不要怕学生错和乱

打击乐器是孩子们最喜欢玩的,把他们喜欢的东西递给他们,对于学生来说那是何等快乐的事情啊!拿起来就随心所欲地敲,这是很多孩子的习惯。我就顺着学生的心理,让他们随意敲,但是我说要给他们配点儿好听的音乐,如此一来他们能乱到哪里、又错到哪里去呢?不用教师提醒,聪明的孩子自然就会跟着音乐敲打起来。为了让两件小乐器各显其能,便邀请学生来当小设计师给它们分工,并指挥他们合作表演,获得了令大家满意的演奏效果。

记得第一次试教这节课时,当小设计师为手持双响筒和碰铃的同学分工并指挥他俩演奏后,其他同学们都想尝试。可没那么多乐器呀,我便让全体学生都举起双手来模拟敲打演奏。这时候,我担心那个小指挥不能胜任面对全体同学的指挥了,就果断地用自己取代了他的位置。可是我发现那个小指挥并不罢休,还一个劲儿在我后面指挥着大家,而且孩子们好像都看着他而没看我呢。这一刻,我真正明白,教师真应该完全放手了!相信自己的学生吧,他们一定会有精彩的表现!

(4) 编歌词,不要怕学生编不好

游戏中歌唱是低年级学生非常喜欢的一种形式。学生在我设计的"时间问答"游戏中,争先恐后地"说",快快乐乐地"唱",联想丰富地"编"。歌曲学会之后,当教师比划成三点钟后突然唱到"滴答 滴答｜滴答 滴答｜几0 点0｜钟—｜",学生居然可以整齐地接唱"滴答 滴答｜滴答 滴答｜三0 点0｜钟—｜"。当教师再以 33 13｜5 -｜为基调来单独问唱"你在 做什｜么—｜"的时候,学生的差异就显现出来了,有的胆大很踊跃,有的胆小不举手,有的一唱音不准,有的唱起来不自信。学生不会编或编得不好都很正常,这也许是他们的第一次尝试。教师此时应该是赏识激励你面前的每一个孩子,唤醒他们潜在的创新意识,帮助学生勇敢地表现一次,找到自信,获得成功的体验。

案例(二)与反思

"滴答 滴答｜滴答 滴答｜当0 当0｜当—｜……"学生一开口,那无法形容的跑调声令容纳近两千人的会场一片哗然!不过,浑然不知所以的孩子们还是热情地唱完了这首歌。

……

教师拿出一对碰铃,问:"同学们都认识它吗?"学生大胆回答:"喇叭!"

面对教师出示的第二件小乐器双响筒,学生又齐声回答:"锤子!"现场听课教师又发出一阵不可思议的议论声。

……

2007年11月24日,安徽黄山,全国第五届中小学优质课教学比赛现场。我有幸与黄山市实验小学二年级某班30位同学结伴学习,共同成长。据说这是特别为比赛挑选出来的好学生,同学们确实很可爱,语言表达能力也很强。可对于上音乐课的人来说,我遇到了一个很大的难关——这个班几乎有50%的学生音不准。这是我从教20年来没遭遇过的事情,平常见到的班级也有音不准的现象,一般只有10%到20%而已。见面时,学校的音乐教师也看到我让学生一个个跟我模唱do、mi、sol的情景,她告诉我,全校只有她一个音乐教师,这个班的音乐课由其他老师兼任。看到学生无辜又期待的表情,我想,就当做是上天赐给我一次挑战自己的机会吧!

学生已经学过《这是什么》这首歌曲,但唱起来却曲不成调。经过跟我的导师刘宏伟老师整晚地探讨,我们调整了教学目标,重置教学任务,减少教学环节。通过对学生状况的分析,我们感觉孩子们"听辨"的能力极度欠缺,这是导致音准差的原因之一。根据低年级孩子的身心特点,原则上,我们活动形式不变,实际目的是为了让孩子们在愉快的氛围中反复"聆听调整",尽量求得学生的歌唱水平的提升。同时,加大欣赏教学的比重,通过对乐曲节奏、主题、曲式结构的逐层听辨,提升学生的听觉能力。于是我带着"只要学生进步一点点"的期待走上了讲台。

1. 听—唱

歌曲的范唱录音是全国统一的,使用此教材的教师都用过,学生也都听过,我面对的学生平时就是依靠它来学唱的,现在若继续用听过N遍的范唱来纠正他们,其听力和音准不会有任何改变。而每一个教师的范唱却是独具个性魅力的,对学生来说也是有吸引力的,他们此时需要没有任何干扰地清晰地聆听——那就是教师的范唱。

(1) 比较中听唱

课一开始,我就以学生的齐唱和教师的表演唱进行比较,让学生能发现自己演唱中的问题。可惜学生对歌声的美感缺乏辨别力,只是说"老师有动作"。此时既不能打击孩子们的自信心,又要让他们明白"唱歌跑调"是个严重的问题,所以我特别强调指出,要想歌声好听,就得先把音唱准了。接着,我用钢琴弹奏单音去校正他们,用手势肢体语言去帮助他们,用轻声分句带唱去引导他们。如此不断地模仿强化,学生真的有了一些进步!

(2) 互动中听唱

有一位专家评委说:"大家都知道唱歌教学最关键的是音准,如果学生音不准就应该停下来纠正他而不应该走程序。"我想,在生动有趣的程序活动中,潜移默化地校正音准又何尝不可呢?再说这长期形成的虚假音高现象也不是40分钟就能解决的问题,何况依据孩子的心理特点,做一节课的音准训练是不太可行的。我在实施"帮老师解惑""认唱时间编唱歌词"等教学环节中反复强调着音准问题,不断用"唱高一点儿、有进步、像老师这样唱、你唱得真好……"等语言去提醒,用示范去带动。最后,发现学生自己编唱的新《问答歌》听起来漂亮多了。

(3) 伴奏中听唱

打击乐器一般是孩子们的最爱,可这里的孩子没有见过。他们把"双响筒"认成"锤子",把"碰铃"说成"喇叭"。当时我有点惊讶但并不气馁,我耐心地告诉学生乐器真正的名称,还让他们随意地敲,根据音乐想象着敲,全体参与合作地敲。学生不仅认识了两件小乐器,而且还掌握了它们的演奏方法,分享了与同伴合作的乐趣。更重要的是教师以乐器为"诱因",诱发学生更进一步地解决了"$\underline{51}\ \underline{31}\ |\ \underline{51}\ \underline{31}\ |\ \underline{50}\ \underline{50}\ |\ 5\ -\ |$"和"$\underline{51}\ \underline{31}\ |\ \underline{51}\ \underline{31}\ |\ \underline{20}\ \underline{20}\ |\ 5\ -\ |$"音高的难题。听着学生开头与结尾留给我的两段录音,我感到很欣慰!因为学生进步了。课后我仔细想想,碰铃的圆口是有点儿像喇叭,锤子的形状确实也有点儿像双响筒。多么富有想象力的孩子啊!我感到很内疚,因为我没有及时表扬他们。

2. 听—辨

在省里上这一课的时候,我的教学重点是学唱歌曲,而《在钟表店里》的片段欣赏只是作为一种拓展放松的手段。此次调整后的教学部署中,欣赏比例增加,所以我选择了欣赏一首完整的乐曲《调皮的小闹钟》,旨在培养学生的听觉注意力。

(1) 节奏听辨

因为乐曲中表现调皮的小闹钟行走的声音是由木鱼敲打的,所以教师用小木鱼敲击出"规则"的节奏和偶尔"调皮"的节奏,让学生感受听辨教师所敲节奏的变化,并用动作表现出来。

(2) 主题听辨

有了节奏听辨的基础，聆听"闹钟"主题时，学生很容易发现表现主题的乐器，并找到了它"调皮"的次数。这为后面的欣赏做好了铺垫。

(3) 结构听辨

聆听全曲，让学生初步体验ABACA的曲式结构。孩子们一会儿随木鱼敲打声有节奏地走动，一会儿站着不动，一会儿坐着伸懒腰，一会儿作出"睡觉"的动作，一会儿又模仿闹钟声音双手晃动起来……当学生用动作表示音乐中的闹钟"走走—停停—再走走—闹铃大作—最后走至损坏"的时候，我立即在黑板上画出了相应的图形谱：A段用绿色的磁铁打点，表示闹钟走动；B段用红色粉笔画长方形，表示闹钟停止脚步；C段用红色粉笔画长方形的同时，周围有8条不规则波浪线，表示8次闹铃声（如下图示）。尽管孩子们是第一次欣赏这一类音乐，但他们的表现实在是惊人。他们能随着音乐做合适的律动，能理解图型谱的含义，听辨出作品中调皮的闹钟形象及回旋曲式的段落结构，欣赏目标自然达到。

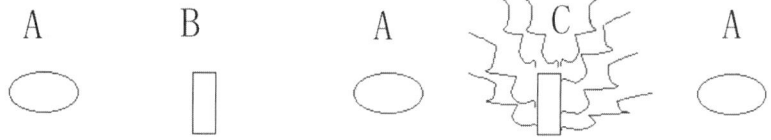

后话：

比赛一结束，有人说我傻：为什么不提出要求换学生啊？有人赞我棒：面对这样的学生居然那么自信从容而且让学生有了明显的进步！有人说我走程序：音准问题没解决好……每次上完课都会有太多的遗憾。要说这节课的问题，我觉得自己的开课没做好，结课也很匆忙。一开始没考虑到学生的感受：孩子们突然来到这样一个陌生的环境，还没回过神来，教师就要求他们把学过的歌曲唱一遍，歌还没唱完，台底下却发出阵阵嘈杂声……我的本意是想通过学生的演唱引出教师的范唱，形成一种反差对比效果，让孩子们自己去发现自己演唱上的问题，然后在教师的协助下来解决问题。可我没设想会场的情况，也没想到台下的哗然会对学生造成紧张。这对学生其实是一种伤害。我想，下次再遇到这样的学生，我就应该有了从容应对的经验。

我心存感激，感激让我心灵坦然地做了一回特别的教师！感激这次活动给予我个人能力的一次挑战！虽然没有如愿得到一等奖，但我得到了尹爱青、王懿影、郑莉等专家教授的充分肯定,得到了全国各地很多认识或不认识的教师们的理解和称赞,最重要的是我收获了自己执教生涯当中的一段特殊的经历。

案例(三)与反思

师:时间过得可真快!下课铃就要响了。同学们有什么话想跟老师交流的吗?

生:老师您好漂亮!我还想来这里跟您上课。

师:谢谢你的夸奖!

生:老师,您的歌声很好听,我还想跟您学唱歌。

师:只要你记住,唱歌的时候面带微笑,不要那么大声喊叫,将来你的歌声一定会比张老师的好听!

生:我想祝老师身体健康!

……

这段对白是黄山比赛结束一个月之后,应中央教科所之邀,我随特级教师刘宏伟在广东东莞塘厦举行的泛珠三角基础音乐教育常态教学研讨会上,再次执教《这是什么》时出现的。现场课,得到了与会专家及现场教师的高度评价。国家音乐新课标制定组组长王安国教授握着我的手说:"这节课真是太妙了!就这么两件小乐器,就这么两根小指针,却能把课上得这么有意思。"王教授的话让我很感动,他明白了我的教学心意,他能理解我对教学生命主体的那份关注。其实学生的歌声还是有不和谐的音高存在,但这不是我一个人一节课就能解决的问题,需要每一个教师每一节课去重视、去引导。

孩子们都说"我还想来这里跟您学唱歌",这是多么可爱的心愿!可我没有机会再去满足他们的愿望,但我愿意把自己的想法跟其他教师分享,也愿他们可以这么尝试着去对待自己的学生。

1. 送给学生一份得意

这次上课是跟东莞市塘厦二小二(6)班的同学们直接相会在上课的舞台上,带他们活动了一下后就直接进入上课状态。我导课的谜语才唱了两句,学生就跟着唱起来了,不过音准也存在问题。一问,同学们也都说学过,那就"顺水推舟"——既然学过,就请帮老师两个忙吧。此时学生的得意自不必说,个个积极踊跃地想帮教师弄清楚"没有嘴怎么说""没有腿怎么走"。教师便启发他们用声音模仿钟表"说话",用动作模仿钟表"走路",实际是想让学生多次聆听教师清晰优美的范唱,以修正自己的音高,同时也在尝试做一些二部和声训练。师生互动也烘托出一种民主和谐的气氛。

2. 借给学生一根拐杖

我常常想，学音乐的孩子就像学走路的孩子，教师就是他的一根拐杖。刚开始是需要这根拐杖搀扶的，时间久了他们一定可以丢掉拐杖，而走得从容自信。在歌曲教唱中，我经常把钢琴说成是学生的拐杖，先让他们听钢琴唱，再让他们跟钢琴唱，然后离开钢琴唱。久而久之，学生的听觉能力会提升，音准能力也会提高。

当孩子们在师生的歌声比较中发现了自己"歌词不清楚、音调不准、没有感情"等问题后，我没有着急，也没有抱怨学生的问题多，只是微笑地告诉大家："刚才你们那么热情地帮我找答案。下面该轮到老师来帮你们了。"接着我就运用我的"拐杖哲学"帮学生修正音准，确实收到了比较明显的效果。

3. 教给学生一个方法

音乐课堂上不仅要关注学生的情感态度，还要教给学生知识，培养各种能力，也要教给学生一些解决问题的方法。

遇到学生对歌词记不清，音的高低也把握不住时，教师可以提示学生用动作来帮忙。比如"会走没有腿"与"会说没有嘴"容易混淆唱错，可以用右手代替脚在左手掌上有节奏地行走，再用手指着嘴巴来分清这两句。比如一高一低的两处"5̲0 5̲0 | 5 — |"、"2̲0 2̲0 | 5 — |"，有的孩子容易唱一样高，教师可以让学生打着手号唱，也可以用肢体语言提示自己站立即高音，下蹲则为低音。

4. 留给学生一个空间

我曾经看过一节这样的音乐课，教学环节丝丝入扣，教师俨然像一个成竹在胸的指挥家，安排学生这样做那样做，一切都在她的掌控之中。学生相当配合，就这么有条不紊地完成了任务。课堂看起来很流畅、很完美，几乎找不到半点瑕疵。可细细思量，这应该是排练出来的"完美"，一个个充满活力的孩子却完全没有了自我，只是教师表演的一个道具！当我替学生难受的时候，我就会反复地问自己——你是否给了学生自由发挥的空间？我庆幸自己每天都在尝试。比如，玩乐器环节，学生可以大胆表现。首先想怎么敲就怎么敲，接着让他们想象着歌曲中的钟表形象来敲，最后找一个小设计师来给大家分工敲、合作敲。这一切完全是学生的创造，教师只是在旁边担任配音师而已。编歌词环节，更是学生自由发挥的高潮时刻。学生在这里唱学习、唱生活、唱一切可以编到歌曲里的事情……孩子们的思维活起来了，他们享受着歌词创编的乐趣，享受着焕发出生命活力的课堂。

创造性人皆有之，教师有，学生也有。给学生一个空间，就是在培养他们的创造性。可我们教师总是担心学生做不好，总以自己的思维去包办代替一切，这种没有问题的课恰恰就出了问题——扼杀了学生的创造性。恩格斯说："地球上最美的花朵便是人的思维，而创造性思维可以说是花中牡丹。"为了学生的全面发展，让我们一起努力吧！

四、音乐教学中渗透科学意识的培养
——《什么船儿》课堂实录与课后延伸

【教学说明】

歌曲《什么船儿》选自广东花城出版社出版的《义务教育课程标准小学音乐实验教科书》"走进音乐世界"第三册第六课《做个好孩子》。《什么船儿》是根据山西民歌《灯碗碗开花在窗台》填词而成，歌词选自游戏歌《点虫虫》。歌曲为3/8拍，显得非常活跃，旋律采用级进与跳进的写法，问答式的歌词展示了人类的伟大、科学的神奇，教育学生做一个爱科学的好孩子。歌曲把原曲缩减为三个乐句，最后一句完全重复第二乐句的旋律，是一个十分具有民歌特色的衬句。

本课旨在引导学生用神气优美的声音以及合适的速度音调演唱歌曲《什么船儿》，有表情地唱好典型的山西民歌的衬词特点。学生在学唱歌曲之余，了解一些有关船的知识，感受科学的神奇并激发起爱科学、学科学的意识。课前可让学生上网查找有关船的图片资料备用。

附教学流程：

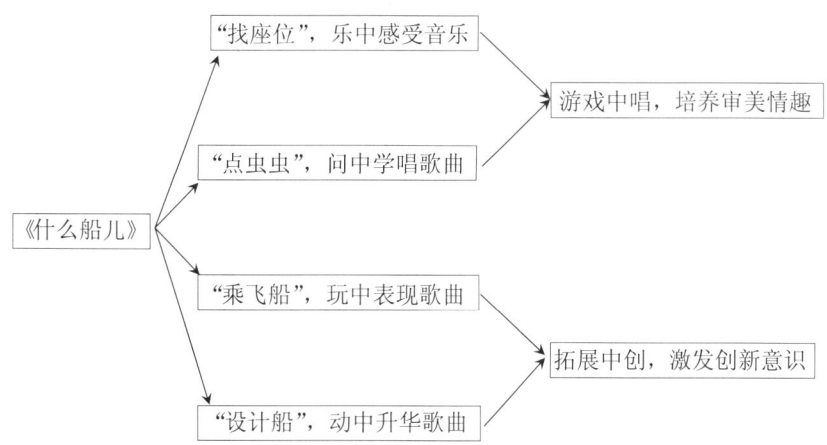

【课堂实录】

1. 在游戏中感受歌曲，理解歌曲，培养审美情趣

▲准备：事先在教室里摆好椅子成一个大半圆。椅背上贴上学生自制的名片，一为顺利开展游戏"找座位"，二为方便教师叫名字。

（学生在音乐教室外整齐排成两队）

师：今天我们要上一节唱游课。既然是游戏，就一定要遵守游戏规则。小朋友们，能做到吗？

生：（信心十足地）能！

师：为了方便活动，老师把你们的座位做了一些调整。所以咱们的第一个游戏就是"找座位"。怎么找呢？要闭上你的小嘴巴，用耳朵和眼睛去找。请大家听着老师的琴声，像小鸟一样飞进教室寻找贴有自己名字的座位，坐下后就随音乐找出每一个强拍，并拍手告诉老师。听明白了吗？

生：明白。

（教师反复弹奏歌曲旋律，或改变速度，或变化音区，或变化力度；学生自由做小鸟飞的动作，找到自己的座位并拍出三拍子的强拍点）

师：我看到了在音乐声中飞进来一群非常有修养的孩子。谁是最会听音乐的孩子呢？来跟大家交流一下刚才听音乐的感受。

生：我听到音乐有时慢、有时快。

生：有时高、有时低。

生：我听到音乐有时很大声、有时又很小声。

生：音乐一直是重复的。

师：哦，你是想说音调是一样的吧。同学们的听觉都很敏感，不仅强拍找得准，而且还能说出音乐发生过这么多的变化。表扬一下自己吧！（带头鼓掌）

▲规则：学生围圆而坐，老师"点兵点将"点到谁，就由谁来回答老师的问题。回答的方式有"说、有节奏地说、唱"。

师：下面我们来玩一个"点虫虫"的游戏。老师用一个问题来点，最后一个字落在谁身上就由他旁边的那位同学说出答案。开始啦！（逐个点学生，口念）什么船儿上月球？

生：宇宙飞船、火箭。（其他同学鼓掌表示赞同）

师：嗯，反应真快！那，什么船儿海底游？

生：鱼儿。

生：鱼是船吗？

生：潜水艇。

师：问题越来越难答了。什么船儿水面飞？

生：轮船。

师：不是"走"而是"飞"的哦，再想想？

生：快艇、飞机。（学生说出了不同答案）

师：同学们的答案也有道理。科学家们发现"气垫船"在水面上行走是最快的，简直就像在飞一样。最后一个问题，什么船儿冰海走？

生：（抓脑袋思考嘀咕着，突然有一个同学说）破冰船！

师：你真棒！（摸着学生的脑袋）看来这个孩子看的课外书不少啊。能在冰海上行走的是"破冰船"。一起来看看，我国唯一的极地破冰船——曾奔赴南极进行科学考察的"雪龙号"。（从学生中走回到讲台上，课件展示出学生不太熟悉的破冰船和气垫船）

师：下面老师变化节拍来问，看谁能模仿我的节奏说答案？什么｜船儿呀｜上月｜球．｜。

生：宇宙｜飞船呀｜上月｜球．｜。

师：（课件转出宇宙飞船图）very good！下面这个会有一点不同。什么｜船儿｜海底｜游．｜？

生：潜水｜艇儿｜海底｜游．｜。（课件显示潜水艇图片）

师：说得真好！如果能唱出来就更厉害了。下面展示的就是我们今天要学唱的一首问答歌——《什么船儿》。

师：接下来咱们继续用"点虫虫"的游戏来学唱它，看谁的音乐记忆力最好！

（教师手拿口风琴沿着圆圈行走在每一个学生面前，当学生唱时辅以琴声伴奏，帮助正音。方法一：老师唱，学生模仿。先模唱每一段的第一句，再唱第二句，"点子兵兵"经过每一个小朋友的面前，第一句有12个音符就点出12个小朋友，遇强拍音就顺手牵一人起立，其余依然坐着，被点到的12个同学就一起重复模仿老师的歌声，第二句同第一句的教法，有9个音符就点出9人，强拍音站起4人，9人共同模唱；方法二：老师问唱，学生答唱。先连问连答每段的第一句，再问答第二句，依然用"点子兵兵"点出12或9人来唱着回答老师的问题；方法三：老师完整问第一、三段，学生唱答二、四段；方

法四：学生自问自答歌中的四个问题）

师：咱们班的同学真能干！四个问题都唱答得非常好！下面老师来给大家唱一首歌，请仔细听听，它跟你们唱的《什么船儿》有什么相同和不同呢？（唱山西民歌——《灯碗碗开花在窗台》）

生：歌词不一样。

生：音调有点儿一样。

师：你们很会发现问题。老师唱的是一首山西民歌《灯碗碗开花在窗台》，《什么船儿》就是根据它的旋律来填词的，所以你们会感觉音调相同歌词不同。（唱）哎 咳｜咿呀乎 ｜呆呀格｜呆．｜，你们唱过这一句吗？

生：没有。

师：这是山西民歌中的一句衬词。跟老师来学一学。（示范唱，学生模仿）"呆"字要唱成"de"，是山西民歌的方言特色。

生：（模仿两遍）呆呀格｜呆．｜。

师：请大家翻开书本第35页，看着歌词，咱们来分男女声比赛唱，比比谁的声音最好听。先女生问男生答，再男生问女生答，每段的最后一句大家一起唱。

（由于原范唱速度偏快，调也偏高，学生对第一句和第二句之间的换气很难掌握，因此教师应该以学生为本，选择他们最舒适的速度和调来演唱，比如降低半音或大二度，以稍慢的速度唱）

2. 在拓展中表现歌曲、升华歌曲，激发创新意识

▲准备：全体学生面向中间原位坐，随音乐晃动身体拍手。请一个小朋友站在圈中扮宇航员，逐渐邀请更多的同学上来，边唱边做"乘飞船"的动作，动作附后。也可由学生自编。

师：请同学们看屏幕上的这位叔叔，他是谁呢？

生：（几乎异口同声）杨利伟！

师：看来大家对这位航天英雄并不陌生。那你们想不想像杨叔叔一样坐上飞船玩一玩？

生：想！

师：好，我们来玩一个"乘飞船"的游戏。要先选一个同学来扮演航天员。

生：（积极举手）我来我来……

师：就请特爱发言的邓中冶同学吧。（交代游戏规则和动作）

（歌曲循环播放；被邀请到的学生逐渐参与到游戏中，其他学生在座位上有节奏地拍手跟唱，等待被邀请"乘上飞船"）

师：游戏结束，请大家回位。下面我要考一考你们，歌中究竟唱了哪几种的船儿？

生：（七嘴八舌）宇宙飞船、破冰船、潜水艇、气垫船。

师：你们还知道哪些船儿呢？说出来听听。

（有几个学生上台展示自己上网查找的图片资料）

师：看到这么多奇妙的船儿，大家小组合作来尝试改编歌词唱一唱。每组同学自问自答编一种船就行（点课件出现歌词创编格式"什么船儿怎么样"），这个"怎么样"可以任由你们发挥想象来填空唱。可以问它的制作材料、它的形状、它的用途等等。

生：什么船儿呀（塑料造）？（玩具）船儿呀（塑料造）。

生：什么船儿呀（两头尖）？（月牙）船儿呀（两头尖）。

师：（伸出大拇指）太有想象力了。还有吗？

生：什么船儿呀（能打仗）？（军舰）船儿呀（能打仗）。

生：什么船儿呀（天上走）？（太空）船儿呀（天上走）。

师：小小年纪就能编出这么多有趣的歌词来，人类就是聪明！听完下面的故事，你会更加佩服我们的祖先。船究竟是怎么发明的呢？（点鼠标出现"船儿变变变"幻灯片演示）在很早很早以前，人们要过河，怎么办呢？于是他们想了个办法，抱住一根木头蹚过去（片1）。后来，人觉得抱住木头太危险，水流急的时候会把人冲走，便在木头上挖了个洞（片2），人们可以坐在上面划过河。再后来，人觉得风可以助人省力，便有了帆船（片3）。随着科技的发展，帆船由手动变成了涡轮式，再变成电动机，最后慢慢演变成了现在这些高科技的船只（片4、片5）。听了关于船的故事，你有什么话要说呢？

生：我觉得我们人类真聪明！

师：说得真好！

生：造船的人真伟大！他们会一直不停地想办法。

师：是啊，要是没有人类的发明创造，怎么会有（指板书）这些科学成就呢！

生：我们应该要好好学习，将来才会成为有用的人。

师：你太有才了！一切的发明创造都离不开人类，离不开科学。我们小朋友应该从小爱科学、学科学，长大了才会用科学。下面咱们拿起画笔，也来设计一款具有特异功能的船，看谁最有创意！

（教师提供纸张；学生在《什么船儿》的歌声中展开想象的翅膀，动手设计自己心目中最神奇的船，有的埋头画画，有的在跟同学介绍自己的船，音乐结束时，活动停止）

师：谁愿意到前面来展示一下自己的船呢？

生：我的船有报警装置，遇到险情一按钮就有个网罩下来保护船只和船员。

生：我的船有隐身的功能。

生：我的船头船尾有两个大夹子，可以迅速解救落水的人。还有四片像翅膀一样的东西，遇到危险可以立即飞走。

生：我的船可以海陆空到处行走，还有炮筒装置。

……

师：太厉害了，为这些未来的小科学家鼓掌！最后，我们再一起回忆一下今天学唱的歌曲《什么船儿》，大家自问自答，可以手举自己设计的船儿站起来唱。

（全体学生手举自己的"船儿"尽情表演歌曲《什么船儿》至下课）

附"乘飞船"游戏动作：

第一段（问）：第1～8小节，扮演"宇航员"的同学身体稍向前倾，两手向后抬起做飞船，在空地中上下左右摆动做飞行状。第9～10小节，"宇航员"任意选定一个同学相对而站，第11～12小节伸出右手在对方胸前点作按电钮状，左手朝后抬起，微屈两膝。

第二段（答）：第1～8节，被点到的同学与"宇航员"相对而站，各自用两手捂住耳朵，有节奏地作发电报状，即答唱歌曲。第9～12小节，两人双手对拍跑向圆圈中心，新成员站在"宇航员"的后面，用双手牵住其衣服。游戏重新开始。

第三段同第一段，第四段同第二段。只是"宇航员"的人数在成倍增加，1变2，2变4，4变8，直至全体同学都乘上飞船，游戏结束。

附歌谱：

什么船儿

1=F 3/8

根据山西民歌填词

稍快

```
 5̲ 5̲ 6 | 5̲ 4 | 3 | 5̲ 2̲ | 5 | 7̣̲ 6̣̲ 5̣ | 1 5̲ | 1̲ 7̣̲ 6̣ ‖
```

1.（问）什　么　　船　儿　（呀）上　月　　球？　　什　么　船　儿
2.（答）宇　宙　　船　儿　（呀）上　月　　球，　　潜　水　艇　儿
3.（问）什　么　　船　儿　（呀）水　面　　飞？　　什　么　船　儿
4.（答）气　垫　　船　儿　（呀）水　面　　飞，　　破　冰　船　儿

```
 1 5̲ 6̣̲ | 5̣. | 1 | 5̲ | 1̲ 7̣̲ | 6̣ | 1̲ 5̲ | 6̣̲ 5̣. ‖
```

海　底　游？　（哎　咳　咿　呀　呼　呆　呀　格　呆）
海　底　游。　（哎　咳　咿　呀　呼　呆　呀　格　呆）
冰　海　走？　（哎　咳　咿　呀　呼　呆　呀　格　呆）
冰　海　走。　（哎　咳　咿　呀　呼　呆　呀　格　呆）

【课后延伸】

浅谈音乐教学中渗透科学意识的培养

现代社会要求每一个公民都应该具备良好的人文素养和科学素养，所以，我们的音乐课堂也要与时俱进！教师应根据音乐教材的内容特点，适时地对学生进行科学意识的渗透培养。这也是时代发展的需要，是社会进步的需要。

目前使用的广东花城版小学音乐新教材中，编者就特别为孩子们选编了一些自然科学方面的内容。比如，第三册《奇妙的天空》，其中的《云》《闪烁的小星星》《小白船》等演唱和欣赏的歌曲，都让学生感受到了大自然的奇妙变化；《要做个好孩子》主题单元中的《小朋友，爱祖国》《什么船儿》，则是教育学生做一个爱祖国、爱科学的好孩子的绝好题材；第五册《风铃响了》的拓展知识，让学生明白了大自然风力级别的变化会给人们的生活带来些什么影响；第九册《奇妙的太空》主题则让学生欣喜地从音乐中看到了宇宙的神奇，歌曲《我驾飞船上蓝天》更让学生产生了美妙的幻想，憧憬着自己有一天也能乘上宇宙飞船的情境……整个小学阶段，有关科学的内容虽然不算太多，但只要我们教师做个有心人，深入挖掘教材，摸准学生的心理，化枯燥为有趣，变抽象为形象，适时渗透自然科学教育，一定能达到"源于教材，又优于教材"

的教学效果。

1. 乘飞船游戏，营造科学氛围

中国有句古诗说"随风潜入夜，润物细无声"，教学渗透就是指悄悄地潜入，无声地滋润，强调的是在不知不觉中让学生受到教育。《什么船儿》是根据山西民歌《灯碗碗开花在窗台》填词而成，旋律缩减为三个乐句，歌曲采取问答的形式，让学生了解到"宇宙船儿上月球，潜水艇儿海底游，气垫船儿水面飞，破冰船儿冰海走"等四种船的名称特点。当学生在多种形式的问答演唱中熟悉、理解了歌曲之后，我便设计了一个"乘飞船"的游戏，一为巩固熟悉歌曲，二为帮学生建立一种"我是小小宇航员"的自豪感，营造一种大家都可以乘上飞船的氛围。先以"航天英雄杨利伟"为引子，让学生从心理上佩服英雄，再推选一位爱思考并积极发言的同学扮演第一个"杨利伟"，让学生又产生羡慕感。随着游戏的深入，同学们不再停留在佩服、羡慕的层次上了，他们跃跃欲试，"我也想当宇航员"的情绪被调动激发，于是乘上飞船的"杨利伟"越来越多，以至全部都参与其中。"乘飞船"游戏让学生从心理到行为都经历了一次"科学氛围"的洗礼。

2. 制电子板书，彰显科学精神

板书设计是整个课堂教学的有机组成部分，任何一则好的板书都是为一定的教学目的服务的。我们音乐教师也应该充分利用这一资源，发挥其应有的教学功能。这首歌曲共有四段歌词，看似比较冗长复杂，而且其中问到的几种船儿，对于二年级学生来说有些还是比较陌生的。那么仅凭一纸普通的歌单，加上教师一句一句地教唱，学生必定会感觉枯燥、郁闷，所以融图示美与文字美为一体的板书设计便应运而生。

宇宙飞船

气垫船

什么船儿

潜水艇

破冰船

以艺术字书写的课题"什么船儿"出现在屏幕中间,四幅实景图片按先后高低顺序环绕在课题的四周。每一幅形象逼真的实景"船"图既是一句句歌词的答案,又隐隐约约地显示着一种科学的力量。这一张艺术的板书似乎在告诉孩子们,这就是科学精神,是中国人智慧的结晶!

3. 查网上资料,发现科学奥秘

上网学习是现代学生乐于尝试的一种方式,也是学生自主学习能力的体现。孩子们在日常生活中,或会去公园玩碰碰船,或在水上玩游乐船,或乘坐大型的客轮远航……船的种类繁多,我想,应该让孩子们自己去发现、去寻找。于是课前我给他们布置了一个任务——上网去收集一些船的资料图片,看自己能了解多少关于船的知识,然后上讲台展示。这里有一段学生课前跟我的幽默对话:"老师!不看不知道,一看吓一跳啊。""怎么呢?""船的种类形状各种各样,用途也是 N 多啊。这都是谁发明的呀?""那你再继续去查找,看是谁发明的来告诉老师。"我真的很庆幸让学生自己去收集资料,这其实是给了学生一把自主探究科学知识奥秘的钥匙。同时,学生的疑问也促使我去思考。在他的影响下,我在一本科普书上翻到了一则适合孩子们看的、图文并茂的关于"船的故事"。我把它的绘图制作成 PPT 给学生观看,自己配以神秘而有趣的语言进行解说,让学生从简短形象的故事描述中,了解了一段"船"的变迁史,明白人们从最初"抱着一根木头过河"的启示中,发明创造了"船",到如今又演变成了无数高科技的"船"。潜移默化的教育让学生感受到了人类的伟大、科学的神奇。

4. 设计别样船,培养科学意识

无数事实证明,一切发明创造都离不开人类,离不开科学。教育就肩负着培养创新型人才的职责,肩负着引导学生从小爱科学、学科学、用科学的职责。

游戏歌曲问答,让学生认识了宇宙船、破冰船、气垫船和潜水艇;自查资料,他们又看到了形状、用途及制作材料各不相同的"船";歌词创编又让学生初尝了把自己熟悉的船编成歌的创新体验;观赏"船"的演变史,更使学生对神奇的科学创新充满了遐想……这一系列的教学铺垫,无不让学生对伟大的人类祖先充满敬意和赞叹。教师便趁热打铁,提供事先准备好的卡纸,让学生学着做个"小小科学家",设计一款自己心目中最神奇的宇宙船、破冰船、气垫船和潜水艇。同学们可以折纸船，也可以画纸船，但必须给自己的船想象一个"特异功能"写在船身上。同学们在《什么船儿》的音乐声中，尽情地抒发着自己的奇思妙想，有的说自己的船不怕火烧，刀枪不入；有的说自己的船可以穿越时空两千年；有的说自己的船是世界上最轻的船，而人却能在里面生活一辈子……最后孩子们手持自己设计的特异功能船自豪地参与到歌曲表演中。

苏霍姆林斯基说过："任何一种教育现象，孩子在其中越少感觉到教育的意图，它的教育效果就越大。"课堂上没有一大堆的语言说教，却不留痕迹地把科学教育渗透在音乐教学的每一个环节，学生或歌唱或游戏，或神游网络或追溯远古，或动手或动脑，这样既帮助他们掌握了音乐知识与技能，又激发了他们的创新思维，培养了他们的科学意识。

（注：此文2009年发表于《音乐天地》第9期）

五、同题异构，各有千秋
——《对鲜花》课堂实录与课后延伸

【教学说明】

2008年11月19日，深圳市第五届音乐优质课比赛在福田区岗厦小学阶梯教室如期举行。深圳市福田区荔园小学李林岚老师与岗厦小学四（2）班同学在这里现场合作，达成了"能用自然优美的声音，较熟练地演唱北京民歌《对鲜花》，感受到'对歌'的情趣和风格特征，能积极参与模仿表现并进行简单的歌词即兴创编"的教学目标，并荣获一等奖。

歌曲《对鲜花》选自广东省出版集团花城出版社出版的《义务教育课程标准实验教科书》"走进音乐世界"第七册第五课《多彩的乡音》，原为人音版三年级的一个久唱不衰的老教材。《对鲜花》是一首北京民歌，也流传于河北一带，深受儿童喜爱。全曲由do、re、mi、sol、la五个音组成，旋律优美流畅，歌词押韵。歌曲中的附点、切分节奏，给人一种神气、调皮、得意的味道。一问一答的演唱形式，生动而俏皮，表现了儿童天真活泼的个性和他们对生活、对大自然的热爱。

【课堂实录】

1. 儿歌导入

师：同学们，我给大家读一首非常有趣的儿歌，请你们找一找，这首儿歌有什么特点。（出示幻灯片，朗读儿歌）"小小子儿，坐井台儿。摔个跟头拣个小钱儿，又买米，又买盐儿，又娶媳妇儿又过年儿。"找到了没有？有什么特点？

生：有儿化音。

师：你真棒！同学们，你们知道儿化音是属于南方方言还是北方方言呢？这是哪个地方的方言儿歌呢？

生：北方。

师：对了，是北方！这是一首北京方言儿歌。刚才同学们应该发现了，北京方言跟普通话是不是特别地接近？

生：是。

师：因为它是以北方方言作为基础的，但它与普通话不同的是，北京方言中有很多的儿化音。读儿化音时要求我们把舌尖快速地卷起："子儿，台儿，钱儿，盐儿，妇儿，年儿。"我们试一试，读一下！

生：（齐声朗读儿歌）"小小子儿，坐井台儿。摔个跟头拣个小钱儿，又买米，又买盐儿，又娶媳妇儿又过年儿。"

师：你们读得真棒！今天，你们把这首歌曲一定能学得非常好。今天我们要学一首北京民歌——《对鲜花》（板书课题），请同学们用北京方言来读课题，预备起！

生：对鲜花儿！（整齐地读出课题）

2. 学唱歌曲

(1) 教师范唱歌曲一、二段，学生练习歌曲中的儿化音

师：下面老师给大家唱一唱这首歌，请你们认真听，这首歌曲中有哪些字要唱儿化音。（教师在音乐伴奏下范唱歌曲一、二段）

师：找到了吗？

生：二。

师：哦，对不对？有同学有不同意见。你说！

生：花儿的儿。

师：是"花"还是"儿"？应该是什么字啊？

生："花 er"！

师：儿化音应该落在一个不是儿字的音上，到底应该是哪个字啊？

生："花 er"！

师：儿化音应该怎么读啊？

生：花儿！

师：（板书：花）你们刚才读得挺好的！还有什么字？

生：根。

师：（板书：根）请你用儿化音把它读出来。

生：根儿。

师：刚才这位同学读得很好，我们一起读一读！

师：花儿！

生：（跟读）花儿！

师：根儿！

生：（跟读）根儿！

（2）教师逐句范唱第一段，学生逐句模唱

师：你们读得好，不知道唱得好不好呢？请你们像李老师这样唱"我说一个一"

生：（唱）我说一个一，

师：你对一个一，

生：你对一个一，

师：（唱）什么尼开花儿在水里？

生：（唱）什么尼开花儿在水里？

师：这一句比较长，同学们唱得还不错，我们再来唱一遍！（唱）"什么尼开花儿在水里？"（强化切分音的难点学唱，加深学生印象）（学生模唱）

师：（唱）这朵鲜花儿瞒不了我。（学生模唱）

师：有些同学唱得特别好，把"我"，（3·2），这个字后面的一个小尾巴唱出来了！你们听到了没有？我们再来一遍！（唱）这朵鲜花瞒不了我。

（学生再次学唱这句，把"我"的旋律唱得更为准确一些了，但是唱"瞒不了我"的"瞒"不够准确，教师再次示范，直至学生演唱正确）

师：越唱越好了！（继续往下教唱）"呀根儿哟！"

师：这句是弱还是强？

生：弱。

师：那让我们用弱的声音来唱！（再次范唱）"呀根儿哟！"

（学生做到了按较弱的力度演唱这句）

师：（继续往下教唱）"菱角开花儿在水里。"

（学生学唱这句有部分学生音准不好，有些跑调）

师：哦，这句好像有一点点小问题。

（教师用钢琴演奏旋律，用伴奏帮助学生找到正确的音高感觉；学生跟伴奏演唱"菱角开花儿在水里"，教师再次强调"里"的"3·2"附点的演唱，用钢琴带学生唱这个字）

师：（教唱最后一句）"呀根儿呀根儿哟！"（学生学唱，基本正确）

(3) 练唱衬词

师：嗯，还不错。刚才同学在学唱的时候有没有发现有两句比较特别的歌词？

生："呀根儿哟！"

师：哦，你说的这句是第一句，还有一句在哪里呢？

(全体学生回答"呀根儿呀根儿哟！")

师：这两句话是啥意思啊？

(学生一脸疑惑，不理解这两句话的意思)

师：今天我们要了解一个新的知识，这是北京民歌中非常有特点的衬词！(板书：衬词)衬词没有实际的意思，但是却有很重要的作用哦！这两句我们一定要把它唱好，我再来检验一下同学们唱好了没有。请你们和我做个游戏，我唱前面，你们唱后面，看看是否能接上。

师：(唱)这朵鲜花儿瞒不了我！

生：(接唱)呀根儿哟！

(学生演唱的音准不太好，教师马上用钢琴伴奏，让学生找到固定的音高)

师：我们再来一次！(唱)这朵鲜花儿瞒不了我，

生：(接唱)呀根儿哟！(这次学生跟钢琴伴奏比较准确地演唱好了)

师：(继续下一句接唱)菱角开花儿在水里，

生：(演唱得不是很整齐和清晰)呀根儿呀根儿哟！

师：再来一遍！

生：(再次在钢琴伴奏中练唱，比较整齐，音准较好)呀根儿呀根儿哟！

师：刚才我在教大家唱这两句衬词的时候，声音是有变化的。第一句是怎么样的？

生：是弱的！

师：第二句是怎样的？

生：是强的！

师：真细心！

师：那我们按弱和强的变化来处理一次，再来唱一遍！

(教师唱前一句，学生接唱衬词时教师用钢琴伴奏，不断加深学生对这两句衬词的印象；学生的演唱不是很准确，教师反复用钢琴带学生唱，并及时对演唱提出要求，不断鼓励学生，学生的配合也很积极，直到演唱准确、熟练)

师：这朵鲜花儿瞒不了我，

生：呀根儿哟！

师：菱角开花儿在水里，

生：呀根儿呀根儿哟！

（4）完整聆听歌曲范唱，学生轻声跟唱，熟悉全曲

师：你们的歌声给李老师留下了很深刻的印象。下面我们完整地听一下这首歌曲，听听这首歌曲到底唱了些什么花？有什么特点？你们能不能记住？会唱的可以轻轻地跟唱。（播放完整的录音范唱，学生很认真地聆听，并轻声跟唱）

师：听清楚了吗？这里面一共唱了哪几种花啊？大家一起告诉我吧！

生：菱角、凤仙、山茶、蔷薇。（教师在黑板贴上花名的卡片）

师：那这几种花的特点你们记住了吗？这么多同学举手，我们一起说吧！

（教师问，学生答；教师同时贴上"在水里、像木耳、红满山、满身刺"的卡片，与花名对应）

师：你们一下就找到了答案，回答得这么响亮，等会儿老师要听听你们唱得怎么样！这首歌曲叫"对鲜花"，你们知道"对"是什么意思吗？

生：你说问题，我来答！

师：哦！你问我答！你有没有找到歌曲中的问句在哪里？

生：每一段的开头，第一句是问句。

师：答句呢？

生：后面，第二句一直到最后。

师：你是说第二排和第三排，是不是这个意思？（生认同）很好。那我们现在一起合作一下！你们问一问，我来答一答！有没有信心做好？

生：有！

（5）师生对唱，巩固学唱第一段

师：第一朵花是什么花？

生：菱角！

师：我现在要听听你们的歌声啊，看你们问得怎么样？

生：（随教师钢琴伴奏唱问句）我说一个一，你对一个一，什么尼开花儿在水里？

师：你们唱得真好！我也要好好唱！（边弹边唱答句）这朵鲜花瞒不了我，呀根儿哟，菱角开花在水里，呀根儿呀根儿哟！同学们有没有发现，李老师唱的这一句特别长！

生：（点头说）是！

师：我唱的，比较难，你们唱的比较简单！我觉得不公平，我们交换一下好不好？

生：好！

师：我唱问句，你们唱答句！

师：（唱）我说一个一，你对一个一，什么尼开花儿在水里？

生：（唱）这朵鲜花儿瞒不了我，呀根儿哟，菱角开花在水里，呀根儿呀根儿哟！

（教师用比较的方法纠正学生演唱的"这 朵 鲜 花 瞒 不 了 我"这一句，强调了"这"和"瞒"两个字的演唱风格，教师不断用歌声、琴声加以对比示范引领，学生基本上都能准确演唱了）

（6）运用表情和律动，体验歌曲对答的情趣

师：你们有没有见过菱角花啊？

生：没有！

师：老师这里有菱角花的图片。漂亮吧？

生：漂亮！

师：（出示课件菱角花的图片，并配上第一段歌词的幻灯片）我们深圳的孩子很少见到菱角花！菱角花是长在水中的，黄色的花瓣，叶子像荷叶一样非常漂亮。这首歌曲名字叫《对鲜花》，是一首问答歌，要想把歌曲唱得好听，那是不是问要问得精彩，答也要答得精彩啊？

生：是！

师：那你在出问题的时候，你会用一种什么样的语气和神态来考别人呢？

生：我会用一种疑问的感觉来问别人。

师：说得很好！有没有同学给她补充？

生：神秘！

师：嗯！同学们知不知道疑问和神秘的感觉怎么表现啊？我们试一试，带着眼神和表情来表现一下好吗？我看看哪些同学做得很棒！

（学生自由地边唱边体会疑问和神秘的感觉）

师：我看到有的同学想做动作了！你可不可以用一个动作表示我在问你哦！

（学生在教师的鼓励和启发下自由表现，一位女生举手，站起来伸出手指做了个表示"一"的动作，然后指着头思考的动作）

师：你可不可以边唱边做呢？

（学生大方地进行了演唱和表现）

师：她表现得好不好啊？

生：好！

师：我们用掌声鼓励她！（掌声响起）还有没有啊？我希望有更多的同学能大胆地表现！

（在教师的鼓励下，好些学生都站起来表现了自己创编的动作，有的伸出手指指前方，有的双手形成花苞的模样，有的做花开的样子……）

师：我发现刚才大家都做了这个动作！（做伸出手指思考的动作）还有这个动作也不错（做手摊开的动作），我加上这个动作问你们怎么样？（做双手叉腰问学生的动作）你说一说，刚才我做了一个什么动作？

生：叉腰。

师：我们加上这个动作，互相来问一问好不好？

（教师带领学生清唱第一段问句，边唱边表演，学生跟着教师学，边唱边做动作表演）

师：你们做得太好了！那答的时候，你怎么做呢？（启发学生）这个问题难不倒你啊，你会怎么想？

生：（坐在座位上主动地表演起来）这朵鲜花瞒不了我！（很神气地，在唱"瞒不了"的时候摆手摇头，表现出一副很不屑的表情，引起大家的哄笑）

师：你站起来做一下好不好？

生：（站起来边唱边表演）这朵鲜花儿瞒不了我！

师：你的动作非常好，很神气！同学们，当你觉得能回答问题的时候，你会非常自信，是吗？哟，有的同学拍胸脯的动作都做出来了！那我们就做着这个拍胸脯很自信的动作来唱"瞒不了我"。

（学生随教师边做边唱）

师：还有同学做这个动作，（做摆手推开的动作）挺好的！再来一遍！（学生再做）

师：我还要听听你们的声音是否有神气的感觉。（带着表情演唱启发）"瞒不了我"，要真的瞒不了你！

（学生再次边做边唱，动作和表情更加到位了）

师：太棒了！大家听李老师往后面唱，我唱两次"呀根儿哟"，一次弱一次强，我在想什么，我心里有一种什么样的情绪，请你们猜一猜。（教师带着

表情演唱答句，第一次衬词表现在思考问题的神态，第二次衬词表现找到答案之后开心的样子）

生：开心！

师：哪个地方开心？

生：呀根儿呀根儿哟！

师：你说的是第二次，对不对？那第一次我是在干吗呢？

生：想！思考！

师：哦，她说出来了，我在想，在思考！我们也带着这样的情绪，把歌曲完整地表现出来，回答得精彩一些，行不行？

生：行！

师：你在开心的时候你会用什么动作表现自己？（发现学生在下面比划动作，有的同学是这样的——双手指着脸蛋，笑嘻嘻的样子，还有这样的——双手做"V"的姿势。）（学生很开心地笑了）好，大家自由选择，我看谁最开心！谁思考得最认真、最神气！

（学生在教师带领下，边唱边表演答句部分）

（7）学生问答演唱第一、二、三、四段

师：现在我请女同学答，男同学问，带上表情和动作好不好，看看男同学棒还是女同学棒。

（学生随钢琴伴奏，按要求进行演唱和表演，参与很积极）

师：嗯，刚才有些同学唱得特别棒，表演得也特别好！刚才唱的是菱角花，下面是凤仙花了，大家想不想看一看？

生：想！

师：（出示凤仙花图片，并配有第二段歌词的幻灯片）凤仙花，像木耳！大家见过木耳吧！（和学生一起观察图片）请大家带上动作和表情，演唱第二段。注意衬词的地方，一次强，一次弱。

（学生随钢琴伴奏齐唱，并带上动作表演）

师：刚才唱的答句我还想听一遍。

（教师再次提示"呀根儿哟"附点的演唱，纠正学生对歌词演唱的清楚、准确度；继续对答学唱山茶花、蔷薇花）

（8）学习"押韵"的规律

生：刚才我们把四种花都唱了，你们有没有发现一个规律？第一种花，我说一个一，你对一个一，这个"一"和这段歌曲最后一个字"在水里"的

"里"字，有什么规律？"二"和"耳"，又有什么规律？"三"和"山"，"四"和"刺"（板书：一、二、三、四）这有什么规律啊？

生：同音。

生：音序一样！

生：谐音。

师：你们都说到了一点点。这个规律叫做"押韵"！（板书：押韵）它们的发音之所以相似，是因为它们的韵母相同，这样的方式是——押韵！（分别解释四段歌词中押韵的韵母字音）这种手法是我们中国民歌中经常运用的一种手法，押韵之后，让歌词更容易记，朗朗上口，更好听。现在我想让大家试着把歌词背下来，唱一唱！

（9）分组扮演花的角色，对答演唱全曲

师：我请第一组的同学当菱角花，第二组的同学当凤仙花，第三组的同学当山茶花，第四组的同学当蔷薇花。唱问句的同学要唱得非常神气，回答的同学要站起来回答，要回答得很自信、很开心！我们可不可以试一试啊？

生：可以。

师：我们可以不看歌词，就看黑板上的板书，把歌曲唱下来。考验一下大家啊！山茶花在哪儿啊？（第三组一个同学马上站了起来）这个同学反应特别快！很好！待会轮到你们唱的时候不要忘记了啊！"凤仙花"在哪儿啊？（第二组大部分同学都迅速地站起来）问的时候做问的动作，回答的同学要站起来回答！

（学生跟着伴奏，分组扮演花的角色演唱；答句演唱的时候，学生的演唱不是很肯定和自信）

师：唱完了，感觉怎么样？有没有遗憾？

生：有点慢了！（第一组的一个女生回答）

师：哦，你们是第一组要唱第一段的答句，没有反应过来是不是？没有关系，我们还有机会，我们再来一遍！现在我们要比赛！看看哪组回答得最响亮、最神气！要记住，不仅要回答自己这组代表的花，还有每一段的问句也要演唱哦！拿出你们最美的歌声和最自信的姿态来表演！

（学生跟随伴奏再次演唱，教师边听学生演唱，边提醒和启发学生表演，这次唱得比上一次好很多）

3. 拓展学习

（1）玩游戏，唱歌曲

如何打造学生喜欢的音乐课堂

师：用掌声表扬一下自己！想不想唱得更好玩一点？（生答想）北京的小朋友喜欢玩一个"打花巴掌"的游戏，你们会拍吗？我们来试一试？我们一定要跟着音乐节奏来拍。而且请大家注意，有的地方拍，有的地方是不用拍的！（带学生一起学问句的拍手动作）"我说一个一，你对一个一，什么尼开花儿在水里？"（做背手询问的动作）

（学生一直兴奋地拍）

师：后面这句我有没有拍？

生：没有。

师：为什么？

生：因为要问了。

师：是啊，我们只有在唱前面一句的时候拍手，后面要做好准备听别人回答了。

现在我请一、三、五、七小组的同学问，二、四、六、八小组的同学来回答。然后我们进行交换，一、三、五、七小组的同学回答，二、四、六、八小组的同学问。能不能反应得过来？请大家面对面坐好！谁先问？请举手。谁先回答？请举手。（再次明确学生是否清楚自己的演唱部分）请回答的同学要站起来回答哦！

（学生边拍手边清唱歌曲）

师：你们的表情真可爱，很棒！

（2）看图片编歌词

师：唱了这么久的歌曲了，我现在要请同学们动动脑筋了！请同学们看！（出示牵牛花图片的幻灯片）

生：牵牛花！

师：牵牛花像什么啊？

生：像喇叭！

师：（出示蒲公英图片的幻灯片）这个呢？像什么啊？

生：蒲公英！像圆球！像绒球！

师：我的问题是——请同学们"想一想，编一编"（出示编歌词填空的幻灯片）

我说一个（　），你对一个（　），什么尼开花儿像……

师：你能运用我们今天学的知识给这两种花编一编歌词吗？用上押韵的手法！你会怎么编？

生：（唱）我说一个一，你对一个一，什么尼开花儿像喇叭？

师：哦，这里有同学有意见，请说！

生：应该把"一"改成"八"！"八"和喇叭的"叭"才是押韵。

师：是的！我们一起来唱一唱自己编的这段歌词吧！

生：（清唱）我说一个八，你对一个八，什么尼开花儿像喇叭？这朵鲜花儿瞒不了我，呀根儿哟，牵牛开花像喇叭，呀根呀根儿哟！

师：还有一种花该怎么编？

生：我说一个五，你对一个五，什么尼开花儿像绒球？

师：我们想想，这个球字要用什么字来押韵？

生：（齐说）九！

师：对了，大家都想出来了。我给你们钢琴伴奏，我们一起来唱唱像绒球的歌。

生：我说一个九，你对一个九，什么尼开花儿像绒球？这朵鲜花儿瞒不了我，呀根儿哟，蒲公英开花像绒球，呀根呀根儿哟！

师：你们真聪明啊！肯定还认识很多花，自己下去后也可以试着用这样的方法编一编歌词，考考别人！希望你们能编出更多好听的歌词！

4. 小结全课

师：今天这节音乐课，同学们有什么收获呢？

生：高兴！

生：快乐！

师：那你学会了什么？

生：我很自豪，因为我会编歌词了。

师：你会不会唱了？

生：会！

师：李老师也很开心，认识了在课堂上这么积极、活跃、聪明的你们。

生：我学会了儿化音，知道这是北京方言里的发音。

师：那你唱一唱儿化音给我们听听。

生：什么尼开花儿在水里。

师：唱得真好！

生：我学会了衬词和押韵。

师：那请你唱一唱衬词！（唱）这朵鲜花儿瞒不了我……

生：（接唱）呀根儿哟！

师：菱角开花儿在水里，

生：（齐唱）呀根呀根儿哟！

师：今天这节课就上到这里！请同学们唱着我们今天学的歌曲离开教室。

(此实录由执教教师李林岚据现场录像记录整理)

附歌谱：

对鲜花

1=C 2/4

北京民歌

稍快

```
mf                              f
3 5  1 6 | 5 - | 3 5 1 6 | 5 - | 1 1 | 2 | 1 6 5 |
```
1. 我说一个一，你对一个一，什么（尼）开花儿
2. 我说一个二，你对一个二，什么（尼）开花儿
3. 我说一个三，你对一个三，什么（尼）开花儿
4. 我说一个四，你对一个四，什么（尼）开花儿

```
        mp
3·5 6 3 | 5 - | 3·1 1 6 5 | 6·5 6 1 | 3·2 1· 3 | 2 - |
```
在　水　里？
像　木　耳？　　}这朵鲜花儿瞒不了我（呀　根儿　哟），
红　满　山？
满　身　刺？

```
mf
5·3 | 5 5 3 | 2·3 5 6 | 3·2 | 3·2 1 2 | 1 - ‖
```
菱　角　开花儿在　水　里。
凤　仙　开花儿像　木　耳。　　}（呀　根呀根儿　哟）
山　茶　开花儿红满　山。
蔷　薇　开花儿满身　刺。

【延伸阅读一】

由李林岚上《对鲜花》所想到的
—— 《对鲜花》常规教学的十年又十年

1988年、1998年、2008年，这样的三个年头，就是因为《对鲜花》，很巧合地储存在了我的记忆当中；因为《对鲜花》，我实践并见证了它常规教学

的十年又十年——"照本宣科地教、有趣地教、指导青年教师扎实有趣地教"。

1. 不甘心就这么教

《对鲜花》这首北京儿歌原是人音版三年级的一个经典老歌。1988年开始担任小学音乐教师的我，就曾经年复一年地教唱过这首歌曲。那时的唱歌课无非就是"发声练习—视唱练耳—读歌词—唱歌词—处理歌曲"等这一套流程，没有一点花架子。教师教得机械，学生学得无趣。正因为自己照本宣科，灌输式地让学生学会了这首歌，这样的课堂并没给我留下什么特别的感觉，就是一首歌唱过而已。我不甘心就这么不快乐地教一辈子音乐。

2. 悟出快乐教学的真谛

1998年的一天，又到了《对鲜花》这一课。我尝试改变，打破了"我弹琴你唱歌"的旧传统模式，以猜谜语激发学生的兴趣入手，在游戏式的学习活动中与学生情感交融，打成一片，收到了事半功倍的效果。一节常规唱歌课就此引发了我的思考：教师如果想要快乐地教学，就应该更多地了解掌握学生的心理特点，关注学生的兴趣爱好，多花心思去挖掘音乐教材本质的东西。这就是我们应该要做的事情，我是这么想的也在这么做。

无论课程改革怎么改，我想万变不离其宗——"以学生为本，一切为了学生的发展"等宗旨怎么都不会变。无论课改途中出现的"跟风"现象多么严重，无论是"捡芝麻丢西瓜"还是"捡西瓜丢芝麻"的举措，我只要坚守"关注学生、关注音乐"这两条主线，教学上一定会有收获。从教几十年，我一直在追求一种"真实自然、朴实生动"的教学风格。我会永远记住著名音乐教育家尹爱青教授在第五届全国音乐现场比赛课后，让人给我这么一个普普通通的、且跟她素不相识的老师带的那句话——"一定要坚持自己"。这是一种鼓励，一种力量！这说明我拒绝课堂作秀表演，行走"真实自然、朴实生动"的教学之路没有错。

3. 教年轻教师怎样愉快地教

轰轰烈烈的八年课改之后，一切都似乎冷静下来，人们开始审视反思。经常有教师问我："学生怎么那么喜欢你的课呢？现在看你的课，跟课改前看你的课一样，总是那么清新自然，让人不知不觉受感染。"我总是笑着回答他们："真心对待学生，真心对待音乐，你也会有收获的。"跟身边一些年轻上进的同行朋友们探讨课改时，我也会真诚地表达自己的观点："要使我们的音乐课真实自然、生动有效，使孩子们喜欢你的音乐课，其实不难。备课的过程中、教学的活动中能真正站在学生的立场上去想去做就好了，也就是让学生成为课堂上的主体，教师只是一个引导者、一个合作者。这样的课堂，就一定会有精彩呈现，会让你有意想不到的收获。"

常跟我交流思想的李林岚老师就是一个生动的案例。李老师教学基本素养全面，又十分聪明好学，而且悟性极高。只要你谈到教学中的任意环节的任何一个意图，她都能马上领会，并转化成自己的教学行为。2008年，我上《对鲜花》十年之后，李林岚老师也偶然地选择设计了这一课。我尊重她的基本框架，但对她的每一句话、每一个环节都毫不客气地进行了仔细透彻的分析点评，在一次次的对话交流中给她渗透"关注学生、关注音乐"的理念。最后经过"刘宏伟音乐工作室"的全体同仁集体磨课后，李老师的《对鲜花》最终获得了深圳市第五届中小学现场教学交流比赛一等奖。

4. 同题异构，各有千秋

这两节《对鲜花》，一个恰当地运用了多媒体技术的整合，而一个就是一本书、一支粉笔加上教师的一副嗓子；一个抓住了北京方言里"儿化音"的特点，以读儿歌开场，一个抓住孩子们的好奇心强的特点，以谜语揭题。虽然这两节课入题的方式等方面都有太多的不同，但万变不离其宗。我们都抓住了歌曲的"眼睛"——在对鲜花的"对"字上下工夫；在"对"的神态语气上做文章。这样就等于牢牢抓住了这首歌曲的"神、韵"，才会生发出异曲同工之妙，受到学生的青睐。

【延伸阅读二】

<h2 style="text-align:center">师生齐参与，其乐融融</h2>

——我的《对鲜花》教学拾零

我尝试改变，改变那种唱歌教学中"发声练习—视唱练耳—读歌词—唱歌词"的旧套路。我不愿意让像《对鲜花》这么好听的歌曲，被我教得没有了生气，那么活泼可爱的学生被我教得失去了神采。于是，我的课堂我做主，我打破了"我弹你唱"的旧模式，从激发学生的兴趣入手，在游戏式的学习活动中与学生情感交融，打成一片，收到了意想不到的教学效果。

1. 开门见山，谜语激趣

没有师生问好，没有发声练习，我就以非常有节奏的谜面"我说 一个｜一 0｜你对 一个｜一 0｜什么 尼｜开花儿｜在水｜里—｜"直接进入教学活动中，学生一听是猜谜语，个个劲头十足，聪明的学生们脱口而出："荷花，荷花开花在水里！"虽然不是书本上的标准答案，但孩子们说得也没错啊，有的甚至能像教师一样有节奏地应答，这一问一答就揭开了本节课的序幕。教师接着又说出第二个、第三个、第四个谜面，学生争先恐后地应对着，道出了许多奇异的答案。教师也都给予了适当的肯定，学生的注意力集中了、兴趣调动起来了、思维也活跃了。我们将谜语似的歌词一一对应在黑板上，尽情地、问答式地唱读起来。重点要读好切分和附点节奏处，为后面的准确歌唱做准备。

（问）我说一个一，你对一个一，什么（尼）开花在水里？（答）菱.角开花在水里。
我说一个二，你对一个二，什么（尼）开花像木耳？　　　　凤.仙开花像木耳。
我说一个三，你对一个三，什么（尼）开花红满山？　　　　山.茶开花红满山。
我说一个四，你对一个四，什么（尼）开花满身刺？　　　　蔷.薇开花满身刺。

2. 发扬民主，激励创新

当学生表示不理解"凤仙开花像木耳"时，我想应该充分利用学生资源，便稍做启发"那你们想想木耳是什么样呢"，便有学生将自己吃过的、见过的木耳全画在黑板上，还告诉大家说看到木耳你就想象看到了凤仙花；有的学生不认识"蔷薇花"，同学则说可以画出仙人掌、玫瑰花来代替。为什么呀？因为它们都是"满身刺"。多么聪明的孩子啊！这些小小脑袋里不知装着多少奇思妙想呢，只要我们善于挖掘，给学生自由遐想、释放潜能的空间，很多知识会不讲自通。见学生的探究欲望正强，我趁机鼓励他们："既然大家能想到这么多办法，说明你们十分了不起。那，是否可以依据教师所给的节奏 X·X｜X X｜X X｜X 0｜，在歌曲一问一答之间巧妙地加一句话，以表示我们得意的心情呢？"一石激起千层浪！有的说加一句"这·个｜问题｜难不倒｜我 0｜"，有的说"这·个｜谜底｜我 知｜道 0｜"，有的说"这·个｜问题｜太简｜单 0｜"……趁学生还在思考的工夫，我也学学他们的样子，摆摆手拍拍胸，神气地唱道："这·朵｜鲜花儿｜瞒不了｜我 0｜呀｜根儿｜哟—｜什·么｜开花儿｜怎么｜样—｜呀·根 呀根儿｜哟—｜"学生一愣，转而乐了，也将自己刚才编的那句跟着教师模仿演唱起来，其间的得意自不必说了。

3. 关爱赏识，提高效率

由歌词对答转为歌词对唱，增加了难度，因为有了音高、音色等诸方面的要求。为了吸引学生，我变换多种对唱形式：师生对唱、男女对唱、一人问众人答或众人问一人答等。当学生们唱兴正浓时，我发现了一位"走神"的调皮男孩。于是，我请他起立和我对唱，结果他一个字也唱不出，同学们忍不住哈哈大笑起来。我走过去摸摸他的头对大家说："请你们不要笑，小安同学刚才只是没有注意而已。"转而又对他说："你想不想用心记住一个谜底？就只一个，好吗？老师很想与你对唱一段呢！"没有批评，没有指责，有的是商量的语气、友好的态度。结果后半节课这个孩子非常地投入，只一会儿工夫就记住了四个谜底，并让教师实现了与之对唱的愿望。

为激励同学们在短时间内尽快熟记歌词，我设计了"请朋友帮我一个忙"的小环节。当同学们唱到"我说一个一，你对一个一，什么（尼）开花在水里"，后面轮到老师答唱时，我则装出一副为难的样子，只得请同学"帮帮忙啦"，看到老师无可奈何的模样，学生觉得既有趣，又陡添自信心："嘿嘿，老师都有需要我帮忙的时候"，于是赶快动脑筋抢记歌词，以便在教师请到自己时，可以一展歌喉！

不知不觉，一节课就在愉快的歌声笑声中结束了。学生仍觉得不满足，还主动向老师提议往下编歌词呢！没有枯燥的识谱，没有机械的诵读歌词，也没有大量的课件展示，学生却学会了一首新民歌，了解了一些植物开花的特点，感受到了师生间平等融洽的关系，更建立了认真学习音乐的自信心。何乐而不为呢？

第二章

创设情境的音乐课堂

一、我的小手会唱歌

——《大鹿》课堂实录与课后延伸

【教学说明】

《大鹿》选自人民音乐出版社出版的《义务教育课程标准实验教科书》第三册第九课《美丽的动物》。这是一首具有童话色彩的法国儿童歌曲。第一乐段旋律明快跳跃，叙述了小白兔来到大鹿家的情景。第二乐段是小兔和大鹿的对话，表现小兔的旋律在高音区发展，凸显了小兔面对猎人的紧张恐惧心情，表现大鹿的旋律在中低音区呈现，显得沉着勇敢，表明了与小兔团结一心、不怕风险的决心，刻画了勇敢助人的大鹿形象。旋律的跳动及情绪上的起伏，加上极具故事情境的拟人化歌词，使这首歌曲深受学生喜爱。整堂课在"激趣""体验""拓展"等环节中，充分引导学生有兴趣地参与演唱歌曲、表现歌曲，学会用自己的两只小手来表现音乐中所描绘的动物形象，学习大鹿勇于助人的精神，懂得同学之间更应该团结友爱、互相帮助。附教学准备"头饰两个、门板一块、玩具猎枪、兔公仔一个、书中插图转化为PPT三张、钢琴、音响"。

附教学流程：

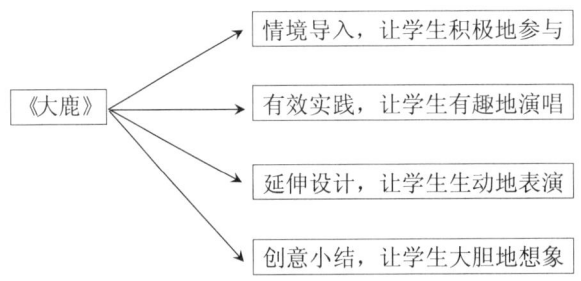

【课堂实录】

1. 情境导入，让学生兴奋地"动"起来

（学生听着新歌旋律走进教室坐好；屏幕上显示着教材里的插图情景之一"大鹿站在房子里"及新授课题"大鹿"）

师：（手拿一可爱的小兔公仔向学生打招呼）同学们好！

生：（乐呵呵地发出不同的声音）老师好！小白兔好！

师：今天的音乐课，我们要学会用音乐讲述一只小兔（举起小兔，再手指屏幕）和大鹿的童话故事。咱们先听听他们俩打招呼！（教师变换音色用歌曲的节奏学大鹿和小兔互相问候）鹿呀 鹿呀｜你好吗｜，兔儿 兔儿｜我很好｜（学生都笑了，教师又面向学生语气一转）兔儿说要跟你们玩呢，二（3）班的｜同学 们请你｜把手 举起 来 —｜。

（学生都高兴地、听话地举起双手）

师：做得好！（继续以小兔的语气跟学生互动）二3班的｜同学 们请你｜把手 拍一｜拍—｜。

（学生很整齐地拍手）

师：（边说边拍，用眼睛提问）哪位 同学｜耳朵 灵可以｜跟我 拍一｜拍—｜

生：（拍手）XX XX｜XX XXXX｜XX XX｜X - ｜

（师生以说话的方式互动，用语言的节奏解决了歌曲中的难点节奏）

师：这么复杂的节奏也没能难倒我们班的同学。下面请你们听两段音乐，看哪段音乐里边出现了刚才拍打的节奏。（清晰准确地在钢琴上弹出歌曲反复记号内的两个乐句）

生：第二句是我们拍过的节奏。

2. 有效实践，让学生趣味地"唱"起来

师：小耳朵真灵！老师要开始讲大鹿和小兔的故事啦。请闭上你的眼睛，仔细地听！（范唱后）你听到了什么？

生：我听到小兔在敲门。

生：有猎人在追打小兔。

生：大鹿站在房子里，请小兔进他家。

师：嗯，这就是咱们今天要学唱的一首法国童谣——《大鹿》（点鼠标出现歌谱），咱们一起来读读歌词。

生：（自然有节奏地）大鹿站在房子里，透过窗子往外瞧，林中跑来一只小兔……

（前面几句十分顺畅，最后一句不太整齐，因有前面的节奏教学铺垫，再次指导学生很容易就读准了）

师：下面我们就分角色来学唱，看谁进步大！老师演大鹿，你们都是可爱的小兔。来跟着钢琴声敲门吧！（为让学生唱得舒服，降半音弹）55 55｜546｜

生：（唱）鹿呀 鹿呀｜快开门｜

师：发生了什么事呀？（弹）44 44｜435｜

生：（唱）林中 猎人｜追来 了｜

师：哦，我明白了。（自弹自唱）33 33｜32 444｜55 67｜1-｜
兔儿 兔儿 快进 来咱们 手把 手挽 牢

生：（再巩固唱一遍）鹿呀 鹿呀｜快开门｜林中 猎人｜追来 了｜

师：兔儿 兔儿｜快进 来咱们｜手把 手挽｜牢-｜（唱后）哪个小兔可以单独跟大鹿老师PK呀？

（学生踊跃举手；男女生各选派一代表分别跟教师对唱）

师：你俩都很棒！下面我们交换角色唱，老师来演小兔。（自弹自唱）鹿呀 鹿呀｜快开门｜林中 猎人｜追来 了｜，诸位大鹿可要救救小兔啊！（学生笑了）

生：（跟琴唱）兔儿 兔儿｜快进 来咱们｜手把 手挽｜牢-｜

[设计意图：本环节以"教师示范引导——学生聆听跟唱"为主。先放慢速度唱，后回原速唱；先师生对唱，后生生对唱；先局部，后整体。即先从大鹿小兔的对话唱起，再加上旁述完整唱。难点乐句"兔儿兔儿快进来，咱们手把手挽牢"出现时，指导学生"来"字要唱得短促而轻巧，快速换气弱唱"咱们"，强唱第一个"手"字。弄懂反复记号‖：：‖的应用。待学生会唱全曲，教师则可功成身退，只需引导它们以某种形式趣味演唱歌曲，如"大鹿、小兔、旁白三人分角色独唱"，或"分旁述男女生角色齐唱"等。]

3. 个性设计，让学生生动地"演"起来

师：同学们唱得真棒！下面看老师换一种方式来唱，请细心观察。我怎么在唱歌？（拿出事先准备的纸板，置于桌前当门窗，教师躲在后面用两只手分

别扮演大鹿、小兔进行对话，即手语表演）

　　生：老师用两只手在表演唱歌。

　　师：喜欢吗？（学生大声说"喜欢"）喜欢就举起双手学我做吧。

　　（学生兴趣浓厚地模仿教师手上的动作，对教师给的两句动作留白，进行了充分的想象和发挥，如"林中猎人追来了"，有的模仿教师用手指着远方，有的双手搭头上摆头摇晃做害怕状，有的双脚直跺；如"咚咚把门敲"，有的模仿教师双手互拍，有的有节奏地踏脚，有的拍桌椅……）

　　师：同学们的表演很有个性！很开心！不过，你们再观察一下老师的表情，只有开心吗？（离开门板做手语表演）

　　生：老师的表情好着急、好紧张。

　　生：好害怕！

　　师：是谁紧张害怕？为什么这么紧张害怕呢？

　　生：小白兔。因为猎人要杀他。

　　师：哦，这么可怕！那谁来试着用刚学的动作，配上声音和表情表现这个紧张害怕的小兔？

　　生：（笑着不好意思地演）鹿呀鹿呀快开门……

　　生：（没等老师发言就嚷起来了）他好像一点儿都不害怕。

　　师：那应该怎么办呢？请同学们看看书上的插图，小白兔为了逃命怎么样啦？

　　生：拼命地奔跑，篮子都扔了。

　　生：蘑菇也撒了一地。他还在大声喊救命啊救命啊！

　　师：你真会想象！我们就用这样的心情来表现一下。

　　（引导学生质疑原唱，根据故事情节的发展对歌曲的演唱速度、力度和情绪变化进行处理：第一句中速稍慢、平静的；第二句渐快渐强；第三句快速、强、紧张害怕的；第四句速度、力度同第三句，情绪是勇敢而坚定的）

　　师：刚才同学们开动脑筋，想了很多办法来处理歌曲。下面我们就完整地表现一遍，看能不能令自己满意。

　　（学生随钢琴伴奏有速度、力度、情绪变化地表现歌曲）

　　师：（鼓掌）咱们班的同学真是了不起！下面老师想把同学们分成两种角色，一、三、五、七组扮演"大鹿"，二、四、六、八组扮演"小兔"，老师就是——

　　生：（没等老师说完，抢着说）旁白。

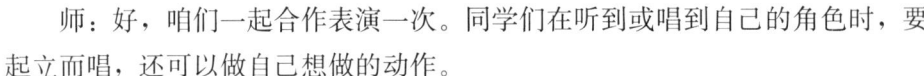

师：好，咱们一起合作表演一次。同学们在听到或唱到自己的角色时，要起立而唱，还可以做自己想做的动作。

（学生第一句"大鹿"起立观望；第二句"小兔"起立蹦跳；第三句"小兔"继续站立，紧张地敲门呼喊；第四句"大鹿"勇敢而坚定地把"小兔"拉进门，双手紧握并互相拥抱）

4. 课堂总结，让学生想象着"说"出来

师：（鼓掌）你们太有才了！掌声送给自己！大鹿和小兔这么团结友爱，猎人将会怎么办呢？请你们发挥自己的想象，为这个童话故事编个结尾。

生：猎人潜伏在树林里，等小兔一出来就把他给抓住了。

生：这个猎人一气之下，把大鹿和小兔都打伤了。

生：猎人被动物们的团结所感动，放弃杀小兔了，还把蘑菇送到了他们家。

生：猎人害怕大鹿用脚踢他，用犄角顶他，就收起猎枪回家了。

生：猎人看到大鹿和小兔那么互相关心帮助，羞愧地说："对不起，我错了！我不该捕杀小动物。"

……

师：同学们设想了这么多的结尾，没有谁对谁错，只有希望看到和不希望看到的。

有这么美丽的动物在我们身边该多好啊！让我们一起来爱护它们吧！今天的课上到这里。谢谢大家！（《大鹿》歌声响起）

附动作说明：

右手伸出食指、无名指和小指，其余两指相捏，做成"鹿角"状；左手伸出食指和中指，其余三指相捏，如平常做成"兔耳朵"状。

1～4小节，右手"鹿角"从胸前有节奏地左右摇晃到头顶；

5～6小节，左手"兔耳朵"有节奏地从腰前跳至头顶；

7～8小节，双手击掌五次后，迅速恢复"鹿角、兔耳朵"状；

9～12小节，"兔耳"面向"鹿角"先有节奏地点头，表示敲门，然后手指着斜前方，告诉"大鹿"猎人来临；

13～16小节，"鹿角"面向"兔耳"有节奏地点头，然后双手手腕交叉相靠，左右各晃一下，表示大鹿和小兔团结友爱。

附歌谱：

大 鹿

1=F 2/4

法国童谣

```
5 1 1 2 | 1 7 2 | 5 2 2 2 | 2 1 3 | 5 1 1 2 |
大鹿 站在  房子里， 透过 窗子  往外 瞧， 林中 跑来

1 7 2 2 | 5 5 6 7 | 1 - ‖ 5 5 5 5 | 5 4 6 | 4 4 4 4 |
一只 小兔，咚咚 把门 敲，      鹿呀 鹿呀  快开门， 林中 猎人

4 3 5 | 3 3 3 3 | 3 2 4 4 4 | 5 5 6 7 | 1 - ‖
追来 了。 兔儿 兔儿  快进来,咱们 手把 手挽  牢。
```

【课后延伸】

运用情境教学，激活音乐课堂

情境教学创始人李吉林老师说："缺乏美感的教学，会使课堂教学变成没有情趣的单纯的符号活动。我们的教育倘能让学生获得一种美的享受，这对其明天的发展必将产生深远的积极影响。"本人非常认同这一观点。一是因为情境教学之美，二是因为音乐教育之美，二者若能完美结合必定可以让音乐课堂变成孩子们乐于参与的常美、常新的课堂。我欣赏李吉林老师的情境教学法，我羡慕她那些情境教学实验班的孩子们，总可以在那么美的情境中、那么快乐自信地学语文。我常常想，要是我的学生能够像那些孩子喜欢语文一样地喜欢我的音乐课，那该有多美啊！于是我尝试在自己的课堂上创设有趣的教学情境，让孩子们也能够快乐、自信地学音乐。

爱因斯坦说："兴趣是最好的老师。"只有保护好孩子的好奇心、求知欲和兴奋点，才能培养起他们的兴趣，让他们自觉地走进美好的音乐世界。那么，如何创设合适的情境来培养学生兴趣、激活音乐课堂呢？

1. 保护学生的好奇心，在表演情境中"悟"音乐

表演情境，能激发学生学习的兴趣，营造愉悦的课堂气氛，调动学生学习

的积极性与主动性。美国心理学家研究发现"学生获得信息的总效果等于7%的文字加38%的声调加55%的面部表情"。因此，自然得体的动作、表情、姿势，更容易拨动学生的心弦，点燃学生创造的火花，使得人与音乐、人与角色之间能够产生良好的情感共鸣。

如教学《大鹿》一课时，随着音乐由舒缓到紧张的进行，让孩子们以自己的两只小手分别扮演"大鹿"和"小兔"，进行惟妙惟肖的、问答呼应式的歌唱表演，既加深了学生对音乐的理解，准确地背唱了歌词，同时还领悟到音乐展现出的大鹿和小兔互相帮助、遇到危险能团结一致的好品质，也让孩子们在情境的驱动下设想故事结局时，意识到了猎人捕杀小动物是不环保的行为，是应该禁止的行为。在《小白兔乖乖》的表演情境中，为使学生更加入戏，除了稍事布置教室的座位环境外，还给大灰狼披上披肩、在头饰上戴上花头巾，让兔妈妈提上花篮，也戴上头巾。孩子们犹如身临其境，积极踊跃地即兴表演着"大灰狼、兔妈妈"等角色，如此结合表演进行分角色的演唱，更能让学生鲜明地感受到狼、兔、兔妈妈等不同的音乐形象及音色，同时让孩子们悟出在日常生活中要有安全意识，要学会保护自己。

实践证明，对于形象思维占优势的儿童来说，生动、直观、形象的表演情境，最容易触及他们的精神世界，并使其产生积极的情绪体验，去音乐中领悟"知、情、意、行"。

2. 保护学生的求知欲，在问题情境中"找"音乐

问题情境是指教师有目的、有意识地创设一种以促使学生去质疑问难、探索求解的情境。音乐教学有时候也不妨以问题为载体，以音乐的方式呈现，也可以直接以设问的方式提出，这样既能满足学生的求知欲，培养他们的发散性思维，也抓住了音乐教学的根本内容。

比如，《这是什么》这节课一开始，"问"和"境"同时呈现：教师把歌曲部分内容当谜语唱出来，并请同学们帮忙解决两个疑惑问题的时候，学生的小手都纷纷举起，极大地调动了他们的参与热情。学生为什么积极？首先因为他们喜欢猜谜语，更重要的是音乐教师的谜语是唱出来的，跟其他学科教师比起来特别的与众不同，也就特别能引起学生的注意和思考，他们愿意去猜、去想、去说、去做，就这样通过问题去寻找各种钟表的节奏和律动，在寻找的过程中不知不觉地听唱了歌曲，感知了音乐形象。《爷爷过生日》一课的情境创设却是先有"境"后有"问"：教师手捧生日蛋糕、唱着生日歌，轻轻走近学

生,"你们猜猜,老师今天想给谁过生日呢"这一问题抛出,会让学生注意力相当集中地聆听歌曲范唱,找出答案,同时揭示目标课题。又比如在《编钟》一课的教学中,教师却直接以设问的方式提出"看到这两个字,你最想了解什么",这一类问题就是在创设积极思维的情境。问题抛出立即让学生开启了智慧的思维之门,有的想知道编钟的样子,有的想知道它怎么演奏,它的背景是什么,还有的想了解编钟的声音,当孩子们能够自主提出这么多问题的时候,为了寻找答案,他们一定会对整个教学过程充满激情。

3. 保护学生的兴奋点,在游戏情境中"玩"音乐

小学生多以形象思维为主,他们的注意力不稳定但表现欲强,兴趣不持久但可塑性强。因此,我常常会依据一定的教学内容而创设生动形象的游戏情境,旨在激发学生兴趣,启动思维过程,培养创新意识。游戏情境既符合音乐学科寓教于乐的特点,又适合孩子们的身心特点和认知规律。

比如《音乐小屋》的教学,我用"搭音乐房子"的游戏为一条教学主线贯穿整个教学过程,游戏情境时隐时现。从协助教师搭建一个实体(积木块)的音乐小屋开始,到通过自己的努力,用旋律、节奏、歌词搭建一个虚拟(卡片摆成)的音乐小屋为止,学生始终在玩中学,乐中学。在二年级《这是什么》的歌词创编环节,老师设计了一个"认时间"的小游戏,既跟生活紧密相连,又不失音乐性。教师自制颜色不同的两根指针,比划成自己想要的时刻表,神气地考问其他同学。在这样简单有趣的游戏情境中,同学们争先恐后,有的大声抢答几点钟,有的想上来当考官,大家先说后编再对唱,将教学活动推向高潮。

4. 保护学生的仁爱心,在生活情境中"想"音乐

小学生的情感十分丰富也最容易转移。情境教学正是利用移情的作用,将学生的情感巧妙地移入所感知的对象,从而最大程度地发挥情感的纽带作用和驱动作用。音乐教学中培养学生的仁爱之心,要紧密联系学生的生活环境,从学生的已有经验出发,创设有助于他们自主学习、合作交流的情境,让它成为一种愉悦的情绪体验和积极的情感体验。

如《爷爷过生日》一课的生日 Party 场景的创设,就是为了引导学生学会关爱爷爷、尊敬长辈。通过生日会上给爷爷送礼物的环节,想一想爷爷最需要的礼物是什么,再把它编进歌曲里面唱给爷爷听,以此表达对爷爷的关心和爱护。《洗手绢》让孩子在洗衣服的劳动场景中,一边劳动一边联想音乐节奏,

发现劳动中有音乐,教会他们要做一个爱劳动的好孩子,做一个爱妈妈的好孩子。《大海》一课将"大海"搬进教室,学生欣赏大海美景,想着大海音乐,深深懂得爱护大海、保护环境是每个公民的义务和责任。

在教学中创设生活情境,既拉近了艺术与生活的距离,使学生在情境之中,能主动地利用已有的知识去探索、去发现、去理解并学会新知识,又使他们学会了与同学合作、独立思考、积极主动地解决问题的方法。

在情境之中教与学,不只是学生学得投入、学得高兴,教师也感觉教得轻松。要想我们的音乐课堂真正地活起来,并散发出自身的魅力,从学生的心理、生理特点出发,巧设、趣设音乐教学情境便是一种很好的方法。

二、快乐歌唱，快乐劳动
——《洗手绢》课堂实录与课后延伸

【教学说明】

《洗手绢》选自人民音乐出版社出版的《义务教育课程标准小学音乐实验教科书》第一册第六课。教材围绕"爱劳动"的主题编有两首歌曲、两首欣赏曲及三种节奏型。我选择将《洗手绢》《劳动最光荣》及多声节奏进行组合教学：从歌曲欣赏入手直奔"劳动"主题，在洗衣律动中巧妙引进新授歌曲中的典型劳动衬词"哎啰哎啰哎"展开教学。歌曲表演教学完成后，创设了一个真实的劳动场景，让学生体验劳动过程中不同的情景动作，找出与之匹配的劳动节奏，再将音乐节奏与其他的劳动形象进行联想，并在音乐声中享受劳动的快乐。这节课曾获广东省首届中小学音乐教学现场比赛一等奖，跟我合作的学生来自佛山市同济小学一年级。

附教学流程图：

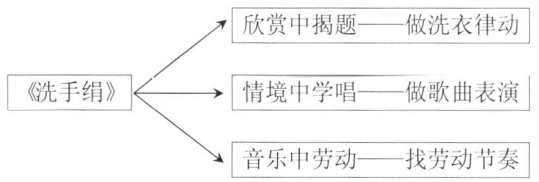

【课堂实录】

1. 听一听

师：小朋友们好！

生：老师您好！

师：同学们的声音真响亮！今天的音乐课，咱们先来欣赏一段视频，请小朋友准备好自己的耳朵和眼睛，听听歌里唱了"什么"最光荣呢？

生：劳动最光荣！

生：（抢着说）劳动的创造最光荣。

师：耳朵真灵！劳动创造最光荣。（边说边板书"劳动"）你们发现歌中哪些小动物在劳动啊？

生：雄鸡、小喜鹊、小蜜蜂、小鸟……

师：你觉得它们劳动的时候快乐吗？

生：（很多人）快乐！

生：（一个人）不快乐！

师：（意外地）你感觉谁不快乐吗？

生：小蝴蝶。

师：（突然醒悟地）是呀，小蝴蝶很贪玩，不爱劳动又不爱学习，它肯定少了很多快乐。咱们不学它。（摸着那个学生的头）你真细心！

师：今天，咱们来学学这些勤劳的小动物，做个爱劳动的小能手，也做个快乐歌唱的小能手！（边说边继续板书单元课题《爱劳动》）

2. 做一做

师：请拿出你的小手准备好啦！先跟老师来做一个劳动的律动。（放洗衣律动的音乐，即歌曲旋律的无限重复版）

（学生有趣的模仿教师做"挽袖子—抹肥皂—搓衣—清洗—晾晒"整个洗衣程序。律动音乐反复5遍，每遍动作如下：①拍手2次，挽袖2次；②拍手2次，抹肥皂2次；③拍手2次，搓衣2次；④拍手2下，清洗2次，嘴里齐喊"洗呀洗呀快快洗呀"；⑤拍手2下，晾晒2次）

师：这样的劳动好玩儿吗？

生：好玩！

师：知道我们刚才干的是什么活儿吗？（边说边重复"搓衣"动作）

生：洗衣服。

师：隔壁班的小朋友见你们洗得这么热闹，他们说："我也要洗。"你听！（唱）哎啰｜哎啰｜哎啰｜哎0｜哎啰｜哎啰｜哎啰｜哎0｜哎啰 哎啰｜哎0｜，我们大家一起来试试，一边洗一边给自己加油。

生：（跟教师模仿唱做）哎啰｜哎啰｜哎啰｜哎0｜

师：有个小朋友说，哎呀洗得那么慢，看我的！（唱结束句）哎啰 哎啰｜哎0｜

生：（跟教师模仿唱做）哎啰 哎啰｜哎0｜

3. 唱一唱

师：佛山的小朋友不仅爱劳动，声音也很漂亮哦。下面老师来说一段歌谣，请你们仔细听一听、想一想，歌谣里边的小朋友又在干什么呢？（边说边贴图述）红太 阳｜白云 彩｜妈妈 洗衣｜我也 来｜白手绢｜花手绢｜自己 洗来｜自己 晒｜。

生：在洗衣服，洗手绢。

生：自己洗自己晒。

师：听得真仔细！这个小朋友正在洗手绢呢！（边说边揭示课题"洗手绢"，出示部分歌词）咱们一起来夸夸她！

生：（读词）红太阳白云彩，妈妈洗衣我也来。白手绢花手绢，自己洗来自己晒。

师：从歌谣中，你发现她有什么优点呢？用一个词来说。

（学生根据对歌词的理解夸她是个"爱劳动""能干""心疼妈妈""懂事"的孩子……）

师：真了不起！同学们能给这孩子找出这么多的优点，（伸出大拇指）说明你们也很棒！今后也要做个爱劳动的好宝宝，做妈妈和老师的好帮手。好不好啊？（生呼应）我看啊，这个小朋友还是一个快乐的孩子，她一边劳动还一边唱歌呢。你们听！（放范唱）

生：听歌曲范唱，随老师在"哎啰"处做搓洗的动作。

师：来，同学们加油！我们自己来试着唱一唱。

生：（跟钢琴）红太阳，白云彩……哎啰哎啰哎。

生：（跟范唱）红太阳，白云彩……哎啰哎啰哎。

师：下面老师来演这个爱劳动的孩子，你们唱"哎啰"为我加油，准备好喽。红太 阳｜白云 彩｜妈妈 洗衣｜我也 来｜（自弹自唱并指挥学生唱）

生：哎啰哎啰哎啰哎……

师：白手绢｜花手绢｜自己 洗来｜自己 晒｜

生：哎啰哎啰哎啰哎……

（师生交换角色唱；还可以请小朋友设计其他的演唱形式）

师：唱得真好！谁愿意来扮演这个爱劳动的孩子呢？就唱前面两句。

生：（跃跃欲试）我可以！

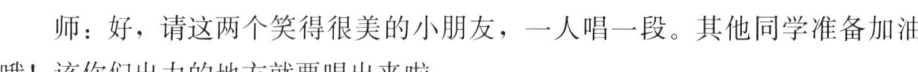

师：好，请这两个笑得很美的小朋友，一人唱一段。其他同学准备加油哦！该你们出力的地方就要唱出来啦。

（学生合作演唱全曲）

4. 演一演

师：哇，咱们班不仅有劳动能手，还有好多唱歌能手呢！掌声在哪里呀？（学生笑着鼓掌）老师想看看小朋友们谁会用自己的身体动作来一起唱歌呢。

（学生边听范唱边做动作）

师：真漂亮！请这几位同学来给大家讲一讲，你这个动作是表现什么呢？

生：（两手臂高举过头左右两边晃动）我这样就好像云彩在天上飘动。

生：（两手比划一个圆形）这是太阳。

生：（手一伸一收）指着妈妈和我。

师：好棒哦！那你们能不能跟着音乐来做？给全班同学示范一下。

（学生示范表演第一段）

师：想参与他们一起表演的同学都可以站起来，还可以走到前面来。

（学生随伴奏演唱《洗手绢》，第二段随教师模仿做）

师：同学们的动作很漂亮。但歌声还有一点问题，没有跟上音乐。下面，咱们再自信地来一次。

（学生随伴奏完整演唱）

5. 找一找

师：请同学们回座位坐好啦。看看老师手里拿了什么？

生：脸盆，毛巾。

师：你们都会唱《洗手绢》了，是不是真的会洗呢？老师要在这里检查一下。谁先来洗给大家看一看？

（学生甲慢慢地搓洗了几下）

师：咱们仔细观察，看谁能把她搓洗衣服的节奏拍出来？

生：X X X X

师：真棒！哪位小朋友再来洗一个不同节奏的？

（学生乙快洗）

生：（快拍）XX XX XX XX

师：真是个爱劳动的好孩子啊！洗得这么欢快。（请学生回座）有一个小朋友他这样（师边说边表演）洗一下，歇一会。谁再来配合一下，把这个节奏拍出来？

生：X O X O

师：还有人这样洗呢。（好像在搓洗很重的衣物似的）

生：X－X－（如果学生想不到就由教师来带）

师：（屏幕显示三种节奏型即"XX、X、X－"）下面，咱们分小组来进行洗衣服比赛如何？甲组同学按照"XX"节奏用手拍洗，乙组同学呢按照"X－"节奏用脚踩洗，老师洗最快的那种，看谁洗得最具有音乐节奏感？

（学生兴趣浓厚地先分练再合，并用踏脚和拍手等声势为自己演唱的歌曲伴奏）

师：音乐节奏无处不在，包括我们的劳动生活中。请看看书中 36 页的这几幅图，同学们都在干吗呢？

生：有的在擦桌子。

生：有的在扫地。

生：有的在钉桌子。

师：这些小朋友都在有节奏地劳动着，谁来帮忙找找"扫地"是哪种节奏呢？

（学生很快就发现"扫地"即"X－"，钉钉子＝"XX"，擦桌子＝"X X XX"，有人对钉桌子和擦桌子的节奏有异议，可以让学生分别试一试）

6. 动一动

师：Very good！下面咱们一起来跟着音乐愉快地劳动吧！第一遍，请看清楚老师手里的卡片来变化劳动的动作，第二遍你想做什么动作就做什么，可以自由发挥。不过一定要跟着音乐的节拍哦。（播放《劳动最光荣》）

（学生在音乐声中，一会儿扫地拖地，一会儿擦桌子擦窗户，一会儿修桌椅……干得非常愉快；音乐结束，《洗手绢》歌声又起，在教师的引导下学生继续进行歌表演）

师：今天，每个同学的表现都很好！大家在劳动中学会了歌曲，还在音乐中体验了劳动的快乐。希望小朋友们今后都能做个爱劳动的小能手、爱唱歌的好孩子。这样，你的生活一定会有很多快乐。

（注：此课例 1997 年获广东省首届中小学音乐教学现场比赛一等奖）

附板书:

爱劳动
——洗手绢

妈妈洗衣我也来

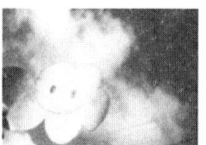

自己洗来自己晒

附歌谱:

洗手绢

$1=C$ $\frac{2}{4}$

6 65 | 6 i | 3 32 | 3 5 | 6 65 | 6 i | 3 32 |
1. 红 太 阳， 白 云 彩， 妈妈 洗衣 我也
2. 白 手 绢， 花 手 绢， 自己 洗来 自我

3 5 ‖: 1 12 | 1 12 | 3 2 | 3 0 :‖ 6 6 65 | 6 0 ‖
来。 哎哟 哎哟 哎哟 哎。 哎哟 哎哟 哎
晒。 哎哟 哎哟 哎哟 哎。 哎哟 哎哟 哎

【课后延伸】

让快乐成为音乐课堂的一种习惯

有人常说:"真羡慕你们学音乐的人! 整天都跟音乐打交道，多开心啊。"是的，作为一名音乐教师，我感到幸运又幸福。因为音乐，我的胸襟变得开阔，我的心灵十分纯净，我的心态永远年轻，人生因此变得简单而又富有; 因为音乐，我走上了音乐教学这条幸福充实的道路，我的身边平添了许多可爱的

人和事，我美好的记忆变得越来越丰满。因为音乐，我有快乐！一份快乐与人分享就变成了无数的快乐。所以，我总是带着"让音乐也成为学生的朋友，让快乐也成为学生的习惯"这份美好的愿望走进我的课堂。

《洗手绢》是一节低年级的唱歌课，也是一节劳动教育课。怎样让这类具有教育意义的课堂充满音乐又充满快乐、怎样让那些"平时在班级大扫除或者轮值的时候，能不干就不干，能少干就少干"的人，从小就能体会到劳动的快乐呢？单纯的说教肯定是行不通的。笔者认为教材中"爱劳动"这一单元的音乐都能起到良好的熏陶感染作用。我以"会唱歌的劳动能手和爱劳动的快乐歌手"作为本节课的目标抓手，从小处着眼，帮助学生寻找到了歌唱的快乐、劳动的快乐，获得了丰富的情感体验，使之"德、智、体、美、劳"诸方面素质都得到了培养。

1. 微笑是快乐

镜头一：教师节到了。某教师收到学生送来的一束鲜花贺卡，小卡片上还写着一行工整的字："祝老师教师节快乐！我很喜欢音乐，希望以后您走进我们教室能多点微笑。"由此可见，学生是多么在乎教师的"微笑"啊！

每天面带微笑进课堂，对于每个教师来说都是很容易做到的，但却是有点难坚持的。教师也是人，也有七情六欲，有时难免会把自己不好的情绪带进课堂。这似乎是我们在给自己找借口。如果想一想魏书生老师的那份坚持，我们又怎么会做不到呢？微笑有利于身心健康，微笑能给人带来愉悦，微笑表示了和善友好，微笑就是一种快乐。

首先，心里暗示自己要多点儿"微笑"。微笑着面对学生，微笑着表达。跟学生的交流应亲切自然，切忌拿腔拿调或是像表演小品似的高调夸张，教学过程中更不要吝啬自己赏识激励性的语言，这是令师生关系愉悦、微笑常在的一个法宝。其次，享受回馈的微笑会让你更懂微笑。当我们知道，每一段音乐的情绪都会透过教师的脸庞准确无误地传达给学生的时候，无论是聆听劳动音乐，还是歌谣的诵读，或是歌曲的范唱，教师都不要忘了自己微笑的表情。因为快乐就从这里蔓延开去！你带给学生的只是一张笑脸，可学生回馈给你的却是几十张笑脸，这是多么划算的"一笔账"啊。

2. 音乐有快乐

镜头二：有一次，学生唱完《Do Re Mi》，理所当然地了解了《音乐之声》，认识了善良可爱的玛丽娅，有一个同学突然问我："玛丽娅为什么这么快乐呢？"我说："因为她热爱音乐，音乐带给她很多快乐！"他说："那我以后要

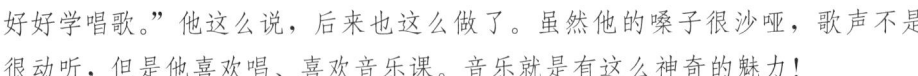

好好学唱歌。"他这么说，后来也这么做了。虽然他的嗓子很沙哑，歌声不是很动听，但是他喜欢唱、喜欢音乐课。音乐就是有这么神奇的魅力！

歌曲《劳动最光荣》的节奏十分欢快活泼，以此为导入，让学生聆听音乐，感受快乐，想象着音乐中的小动物们快乐而忙碌的身影；最后又以它为结束音乐，让孩子们在扫地、抹桌子的时候，跟随音乐的节奏，享受音乐的快乐，首尾呼应，形成一个整体。主打歌曲《洗手绢》更是以它短小的曲调、衬腔的运用、童谣式的歌词等，展现出音乐融入生活的极大魅力，吸引着孩子们的参与，享受着音乐中的快乐。

3. **劳动更快乐**

快乐的情绪是可以传递感染的，享受劳动就是在享受快乐。怎样帮学生在劳动中寻找快乐呢？设计新颖有趣的洗衣律动，使学生发现劳动是很好玩的一件事，愿意去做；首尾呼应的欣赏聆听，让学生眼前仿佛看见了喜鹊、蜜蜂它们"盖新房、采花蜜、忙梳妆"的快乐身影，感受到了辛勤劳动的小动物是可爱的、快乐的，发现像小蝴蝶那样偷懒是可耻的、是不快乐的；而"洗手绢"的歌曲演唱，更是让学生懂得了"自己的事情应该自己做"的快乐。

4. **心情大快乐**

音乐中体验劳动，劳动中寻找音乐。学生在一节课里，发现了这么多的"快乐"，并积极主动地让自己变成了一个爱劳动的快乐小歌手，心情必定有一份大大的快乐了。

我国伟大的人民音乐家冼星海说："音乐，是人生最大的快乐；音乐，是生活中的一股清泉；音乐，是陶冶性情的熔炉。"如果我们给予学生陶冶性情的熔炉不是昙花一现的一节课，而是每节课；如果我们让音乐真正成为学生生活的一股清泉，那我们的孩子将会跟音乐结缘，拥有人生最大的快乐！

三、围绕故事情境,展开音乐实践
——《小白兔乖乖》课堂实录与课后延伸

【教学说明】

《小白兔乖乖》选自广东省花城出版社出版的《义务教育课程标准实验教科书——走进音乐世界》第一册第五课《动物世界》。《小白兔乖乖》是一首民间儿歌,表现的是一个学生熟悉的童话故事,充满儿童情趣,为学生所喜爱。歌曲的基本节奏由 X 、XX 、X-组成,旋律中有两处完全重复,简单易学。但由于孩子们小时候可能听到幼儿园老师和妈妈哼唱过这首儿歌,他们有些与本教材不同的习惯唱法,纠正起来会有些困难。本课将《小白兔乖乖》的歌曲表演唱和乐曲欣赏两个内容进行组合,旨在调动学生的参与意识,培养他们的听觉能力及歌曲表演能力。

附教学流程图:

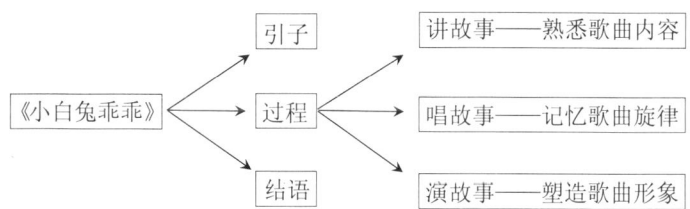

【课堂实录】

1. 教学引入

(教师播放音乐后,微笑着站在教室门口迎接学生的到来。学生在《在农场里》的音乐声中唱着跳着走到自己的座位前,音乐结束后坐下,等待教师上课)

师:(等小朋友的歌声一结束,便顺着《在农场里》的音调改变歌词唱跳着来到小朋友中间,用眼神和歌声吸引学生的注意力)兔 儿在|农场|跳 0|跳 0|兔 儿在|农场|跳 0|跳 0|……|兔 儿|跳跳|跳 —|0 0‖。

(学生新奇而安静地聆听了一会儿,便高兴地跟着教师唱跳起来)

师：（唱罢拿出一张兔子卡片）老师刚刚唱的兔儿就是我们今天要学唱的一首民间儿歌里面的主角。（边说边将卡片贴黑板上）

2. 教学过程

（1）讲故事

师：传说中，（点课件显示画面1，同时响起代表小白兔的小提琴演奏的旋律）在一座大森林里，住着小白兔们幸福的一家。兔爸爸出了远门，兔妈妈出去找食物，就留下了小兔子们在家看门。（显示画面2，代表大灰狼的圆号演奏的旋律响起）有一只可恶的大灰狼知道了，立即装扮成兔妈妈的样子来哄骗小兔子。小兔子们很机灵，从门缝里往外一瞧，发现是狡猾的大灰狼，便手挽着手，勇敢地说："你是大灰狼，不让你进来！"（显示画面3，同时响起代表兔妈妈的大提琴演奏的旋律）这时，真正的兔妈妈回来了，大灰狼只好偷偷溜走了。小兔们赶紧开门将妈妈迎了进来。

（学生神情专注地看着屏幕，和着缓缓流淌的音乐聆听教师有声有色地讲故事）

师：你们说，小白兔乖不乖呀？（生答略）你还可以用什么话来表扬她们一下呢？

生：小白兔很聪明！

生：很勇敢！

生：很可爱！

师：多乖巧的小白兔啊！今天，老师就是要教会你们唱这个故事。（揭示课题，点击显示《小白兔乖乖》的歌谱画面）

（2）唱故事

师：眼睛看歌谱，耳朵听老师的歌声，看你能不能听出大灰狼和兔妈妈的声音分别出现在哪里。

（教师用不同音色有表情地范唱歌曲，让学生感受三种角色的音色变化，判断出大灰狼和兔妈妈的声音，并上前用教鞭指出，然后点课件，谱面上立即显示出"大灰狼唱""兔妈妈唱""小兔唱"的画面）

师：孩子们真聪明！下面请你听着歌曲，再用动作告诉我"是谁在唱"。

（学生随歌词的出现，尝试用动作表现出来。比如，大灰狼来了，就张大嘴巴鼓着眼睛，手乱抓；小兔子唱，就竖起耳朵蹦蹦跳跳；兔妈妈来了，也是竖起耳朵蹦跳，只不过跳得很慢）

师：同学们的表现力可真强，老师一看就明白了。那，我们赶紧选择一个自己喜欢的角色来学学它的声音吧。

生：我想唱小兔子。

生：我想唱兔妈妈。

生：我想唱大灰狼。

师：请想唱小兔子的小朋友到老师跟前来。哇，这么多呀！

（学生高兴地围坐在教师身边）

师：请想唱大灰狼的同学坐在左边，唱兔妈妈的同学坐右边。

（将学生按兴趣分成三组。小组人数多少不等没有关系。如果没人选的角色，教师可以做一些调配。学生随教师的琴声学会自己选的那几句歌词，同时也可以听会别人唱的部分。用教唱法纠正孩子们容易唱混的地方：如"我要进来"这一句，本教材上是"3 35 | 2 - | 一字一音"，有些教材上又是"3 53 | 231 | 一字多音"。歌曲最后一句本教材是 25 32 | 1 - |，有的是 61 23 | 1 - |）

师：歌曲学完了，咱们来比一比，看哪个角色唱得准、声音模仿得像。

（学生跟钢琴伴奏连起来练习一遍）

师：大家说说，哪一组唱的动物的声音最形象？

生：大灰狼！大灰狼的声音很粗，很吓人。

师：我们小朋友年龄这么小，想模仿大灰狼那低沉的声音是相当不容易的。可他们的表现真的很不错！只是最后这句"我要进来"，"要进"两字合起来是一拍，应该连起来唱。像老师这样唱……

生：（唱）我 要进 | 来 — |

师：下面咱们不分小组跟音乐伴奏来一遍。不管你喜欢哪个角色都可以唱，不过音色要有变化哦。

（学生选择自己喜欢的角色有表情地唱，有的从头到尾，三种角色都唱；有的只唱一种角色）

师：这次我想请两个小朋友单独来演唱大灰狼和兔妈妈，谁愿意？

生：（积极举手）我来，我来。

师：好，就请师壮和圆圆小朋友吧。其他孩子都唱小兔子的歌。

（领唱的两个学生分别对着教师的话筒唱自己的段落，"小兔子们"不仅齐心协力地认真唱，还做了些"摆手"和"拍手"的动作）

师：小朋友们唱得很棒，如果能加上动作表演唱就更好了。老师来教你们做一些很有趣的动作,好不好?

生:好。

师:我们先学小白兔吧。伸出自己的双手挡在眼前当门,跟着老师有节奏地探头往左边看看,收回;再往右边看看,收回。

(学生模仿教师的动作,重复做完1~8小节;其他动作略,见后附)

师:咱们全体同学都当小白兔来边表演边唱一遍吧。

(学生做前面学的动作,跟音乐演唱)

(3)演故事

师:(鼓掌)同学们表现得都不错!不过要真正地演好这个故事,我们还得做一些准备工作。故事里面有三个角色,(边说边把兔妈妈和大灰狼图片贴在小白兔旁边)老师这里还有三件乐器,(随意贴乐器图片在黑板上)谁认识它们?你能帮它们找到合适的对象吗?

(学生还没等教师说完,就叫出了小提琴、大提琴的名字)

师:(顺势)小朋友说得对!不过要用耳朵从音乐里听出来就更厉害了!这个金黄色的、圆圆的像喇叭一样的家伙就叫圆号哦。下面一起听音乐,一会儿老师要请能安静聆听的孩子上来将乐器和角色连线哦。

(学生听一段摆一对,教师最后提供声音特点卡片让学生对号入座。黑板上最后呈现如下板书)

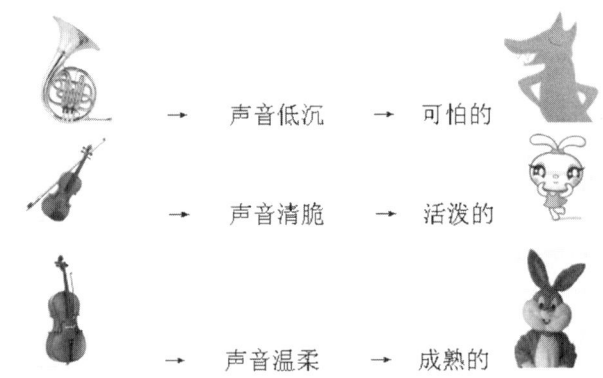

师:了解了故事中三位角色的声音特点,下面我们就来尽量模仿乐器音色表现的三种动物形象吧!为了表演的气氛更加强烈,我们来给大灰狼和兔妈妈化化妆。

(教师从积极举手的学生中选出两位性格反差较大的学生,让他们戴上各自的头饰后进行化妆:给大灰狼披上披肩,并在头饰上再戴一花头巾,以便伪装,给兔妈妈也戴上头巾,提上花篮。其他学生全部扮演小兔子,在座位上表

演或者只请几位小朋友上来扮演小兔子，用一块板当小白兔的家门。此表演可以换角色后继续进行）

3. 教学小结

师：这节课，小朋友们听啊、唱啊、演啊，积极性非常高。通过对儿歌故事的学习，咱们从小白兔身上学到了什么呢？

生：要分清好人和坏人。

生：思想品德老师也说过，不能随便给陌生人开门。

生：小白兔很勇敢，他们团结一心。

师：说得真好！只有加强安全意识，大家才有幸福安宁的生活！今天的课就到这里。（唱 12 34│5 -│）同学们再见！

生：（接唱 54 32│1 -│）张老师再见！

（在《小白兔乖乖》的歌声中，教师带领学生唱着跳着出教室）

（注：此教案于1999年获全国"好词好歌好教案"比赛获一等奖，并在《中小学音乐教育》杂志上发表；以上实录根据李妲娜老师当年的点评建议进行过修改）

附歌谱：

动作提示：

第一段

大灰狼唱：1~6小节，做张牙舞爪状，有节奏地朝小白兔家走；7~8小节，手拍胸一下，叉腰张腿指小兔家。

小白兔唱：1~8小节，腿并拢，身坐直，双手并拢，手心朝里，挡于眼前，作门状，头隔"门"有节奏地左右探头观望；9~10小节，双手任意摆动，表示"不"；11~14小节，手指大灰狼，（狼害怕地蹲在地上）然后双手叉腰，到最后一个"开"字，双手五指并拢挡于眼前，作"关门"状。

第二段

兔妈妈唱：1~8小节，手提菜篮，有节奏地蹦跳进场。

小白兔唱：1~8小节，同第一段；9~10小节，一字一拍手，表示高兴。11~12小节，双手抱胸，头靠左肩，显出撒娇样；13~14小节，双手五指并拢先作"关门"状再两手分开，手心向外，表示"开门"。

【专家点评】

本课例《小白兔乖乖》将音色（乐器、人声）与角色结合进行教学，主题明确。教案设计通过各个环节（如教师范唱、听、学生分角色学唱与表演等）让学生体验和表现。主题突出，手段多样、简洁。希望开头的组织教学、练声等教学环节能更紧密结合本课内容，使整个教学成为一个有机整体，也有利于教学目标的完成。最后出示的节奏卡片可考虑一年级能接受的程度。

——中国音乐家协会音教委副主任、音乐教育家　李妲娜

【课后延伸】

浅谈小学唱歌教学中的角色表演

在小学唱歌教学中，我经常运用"角色表演"这一教学方法，即根据教学内容组织学生分角色唱、分角色演。"角色表演"既激发学生兴趣，又加强了学生对音乐的理解记忆。角色表演可以让一个个音乐形象鲜活起来，活化歌曲内容，使得学生在一种仿真情境下歌唱，增强教学效果。

1. 角色表演的活动特征

这种活动适合学生的年龄特点。小学生好奇心强，喜欢形象生动的东西，喜欢引起别人的注意，乐于接受教师的表扬。他们喜欢游戏，爱唱歌，模仿能力强，也乐于表现自己，但是自我约束能力较差。分角色表演可以集中学生注意力，满足他们对视觉、听觉的新奇要求，更形象地记住歌词意境。

此类活动符合教学趣味性原则。兴趣是发展学生智力的前提，是推动人们审美求知的重要力量。唱歌教学要避免单调、机械性地一遍遍跟唱，尤其是在低年级更应该富有趣味性。而角色表演正符合音乐教学趣味性原则，它创设具体生动的场景，激发学生兴趣，帮助学生体会理解歌曲的音乐形象，更形象地记忆音乐。

2. 角色表演在教学中的运用

在《小白兔乖乖》的教学过程中，学生明白了歌曲里有大灰狼、小白兔和兔妈妈三种角色，而每个角色的声音、形象、动作特点，学生从小就在妈妈的故事里找到了答案。所以，用不同形式的角色表演来展开情景教学，必定会生动、形象又有趣。

（1）分角色唱，唱得有趣。按照歌曲内容，让学生进入角色唱。人的声音具有可塑性，可强可弱可高可低，学生的模仿能力也很强。在老师的示范引导下，学生很快就能模仿出尖尖细细的小白兔的声音和低沉粗重的大灰狼的声音，虽然孩子们由于年龄小，对大灰狼的音色把握得不太好，不过尝试一下就可以了。受音色变化的启发，学生很快就设计出了多种角色演唱形式，如学生唱"小白兔"，老师唱其他部分；男生唱"大灰狼"，女生唱"小白兔"，老师唱"兔妈妈"；找出两个领唱分别唱"大灰狼"和"兔妈妈"，其他同学唱"小白兔"等，以此来加强歌曲学唱的趣味性。

（2）分角色演，演得形象。在创设的情景中，让学生融入角色演。一年级的孩子天生好动，表现欲望也很强烈。边唱边加上动作，或者模拟一种情境来表演，这对于他们来说是一项十分乐意参与的活动。这类表演分为两类，一类是歌表演，即边唱边做动作，比较规整漂亮一些，以师生创编的动作为主；二类是情景剧表演，即学生根据教材内容自由即兴地表演。这类表演需要教师做一些辅助性的工作，比如，准备一张纸或一块板当成小白兔的家，再帮大灰狼和兔妈妈戴些头饰化化妆，备一只兔妈妈采蘑菇的篮子，几只小白兔站在门里。这样的场景，这样的打扮，一定会调动起学生的参与热情，让表演越发形象逼真。

（3）分角色奏，奏得生动。在音乐的回旋中，让学生投入角色奏，用圆号、大提琴、小提琴来表现这三种角色。当学生认识这三种乐器之后，可把学生分成三组即兴表演三种角色，听到属于自己的角色的音乐响起就模仿乐器演奏起来，还可以用歌声来烘托气氛。

角色表演是学生在音乐课上喜闻乐见的一种参与方式。它不仅能激发孩子们的学习兴趣，锻炼学生的胆量，更能使他们熟练而有趣地掌握所学内容，还可以增强自信心，增强同学之间的协调合作能力，提高学生对音乐的理解力、记忆力和表现力，给我们的课堂带来勃勃生机。但是，我们常常也会看到，课堂上的角色表演似乎只是少数几个学生的事情，有时甚至是教师的独角戏。角色表演活动的设计要具有音乐性、科学性、人文性和可行性，应该在面向全体学生的基础上来突出个性，让每个学生都有事可做。角色表演更不能片面地追求表演表面上的热闹，要关注学生是否参与、又是如何在参与。这样才能做到评价时有的放矢，才能把握契机，因势利导，使角色表演收到预期的效果。

四、两幅情景画在歌曲处理中的妙用
——《牧童之歌》课堂实录与课后延伸

【教学说明】

《牧童之歌》选自广东出版集团花城出版社出版的《义务教育课程标准实验教科书——走进音乐世界》第七册第三课《放牧歌谣》。编者围绕"放牧歌谣"这一主题,安排了《牧童之歌》《牧童》《牧羊姑娘》和《牧羊女》等四首背景都不一样的歌曲,要求学生能比较歌曲的背景,掌握《牧童之歌》《牧童》与《牧羊姑娘》在歌曲内涵上的不同。

本课时选择组合的教学内容是学唱《牧童之歌》、欣赏《牧羊姑娘》。《牧童之歌》是一首四句体歌曲,在段落内部采用了并置式对比手法。歌曲的篇幅虽然很短,但第三句的材料与主题形成鲜明的对比,歌曲中大跳($\dot{6}6$)引入的抒情旋律转变为起伏相间的级进旋律和跳动的节奏,就好像神气的牧童骑马奔驰在草原上一样。歌中采用了旋律线、节奏、音调三方面的对比,表现了哈萨克族儿童放牧时的勇敢与豪放。课时目标要求学生可以初步感受两首歌曲的背景、情绪的不同及牧童生活的变化;能够唱准大跳音程及附点八分音符,能用自然好听的声音演唱《牧童之歌》,体会并表现由于节奏的变化带来的音乐形象、音乐情绪的细微变化。

附教学流程图:

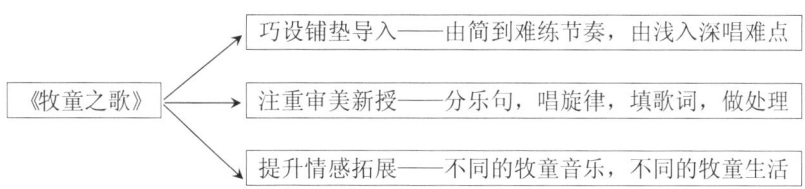

【课堂实录】

1. 导入部分——"简洁有铺垫"

师：新莲小学的同学们，早上好！

生：老师早上好！

师：（出示双响筒）大家都认识它吧？

生：双响筒。

师：对！请你们仔细听老师敲打的节奏并把它拍出来。（慢速敲打）

（生拍 XX X | XXX |）

师：真棒！请听第二条。（由易到难）

（生拍 XX XX | XXX |）

师：同学们的耳朵真灵！下面老师可要增加难度了。（敲）X·X X·X | X·XX |

（学生拍得不齐）

师：再听！像不像马蹄声？咱们用嘴巴帮忙读出来。（用肢体语言提示敲打）

生：（手拍口读）哒.哒 哒.哒 | 哒.哒 |

师：太棒啦！难度系数继续增加。同学们可听仔细啦！（有强有弱地敲）

（生拍 XX X·X | XX X·X | XX X·X | XX X·X |，后面拍得有点乱）

师：怎么能让自己拍到满分呢？一用心听，二用脑记，三用嘴巴帮忙。（师再敲后问）这个节奏是很有规律的，谁来找找看？

生：好像一直在重复相同的节奏。

师：嗯，你很用心听，而且在动脑筋。准确地说是 XX X·X 这个节奏型重复了四次。（边说边贴在黑板的一角）咱们再一起来拍，嘴巴帮忙说"哒"。

（最后有人多拍了一下，学生感觉好遗憾）

师：别着急！老师告诉你们一个小秘密，拍节奏的时候可以在心里数数帮助自己记忆。XX X·X 就可以在心里数着1、2、3、4（3长4短），这样数拍四个来回。最后一次机会了，同学们加油！

（学生拍 XX X·X | XX X·X | XX X·X | XX X·X |，教师在每拍的第一个重音处伸出指头提示）

师：100分！多聪明的孩子，为自己鼓掌！

（生很兴奋地鼓掌）

师：下面请同学们看看黑板上这些上上下下的音符，可以认唱一下吗？

生：（随师教鞭点唱）m、f、s、l、s、f、m、r、d、r、m、f、m、r、d、x。

师：不错啊！这是你们的唱法！下面我们用刚才的节奏来唱唱这些音，先听老师唱，（慢速而清楚地）3 4 5·6 | 5 4 3·2 |……大家一起来！

生：3 4 5·6 | 5 4 3·2 | 1 2 3·4 | 3 2 1·7 |。（最后两小节没唱好）

师：不要紧！咱们跟着钢琴来唱。

（学生前两小节唱得很好，最后一小节还是有问题）

师：（笑着）看来这第二座山有点难爬呀！模仿老师划拍唱。

生：1 2 3·4 | 3 2 1·7 |。

师：这座小山终于给我们顺利爬过去了！（出示此句歌词）再把音符换成这句话来读读唱唱。

生：（不用教师带，自信地读）骑上 骏·马 | 扬起 鞭 |……

师：真聪明！咱们把它唱出来吧。

生：（跟着钢琴）3 4 5·6 | 5 4 3·2 | 1 2 3·4 | 3 2 1·7 |
　　　　　　　骑上 骏 马　扬起 鞭，　赶着 牛 羊　下河 滩。

（这是歌曲中最有特点的一句，也是一个难点乐句；先慢后快解决附点音符的演唱，指导学生突出"骏马"和"牛羊"，把"鞭""滩"的尾音唱出来，为后面教学的顺利进行扫清障碍）

师：这样富有动感的歌词让你想到或者看到了一幅什么样的画面呢？

生：（指着课件页面显示的主题）放牧。

生：我看到有人高兴地骑马奔跑。

生：有人赶牛羊到河边喝水。

师：真会想象！我们今天要学唱的新歌就是"放牧歌谣"当中的一首。（边说边板书）请大声齐读一遍歌名，给自己加深印象。

生：《牧童之歌》。

生：（突然地）老师，牧童是谁呀？

师：牧童是放牧的儿童，跟你们差不多大的孩子。《牧童之歌》就是这些牧马放羊的孩子们唱的歌。

2. 新授部分——"审美出效果"

师：请翻开课本第三课找到这首歌曲，快速浏览一遍歌词。请听范唱并用你的手指头告诉老师，这首歌曲可以分为几个乐句？

生：边听边出示手指头。

师：老师看到有几种答案呢。请你们再注意观察老师，我会用呼吸来告诉你歌曲究竟分几个乐句。仔细听哦。（唱旋律）

生：4个乐句。

师：（伸出大拇指）下面我们来玩一个"明明白白分乐句"的游戏。

（师生先降调练唱，以D或C调轻声地交替接唱歌曲旋律，即学生唱1、3句，老师接2、4句，或反之。这样既可以让学生更加清楚乐句的划分，掌握一个乐句用一口气呼吸的演唱方法，还可以在反复倾听中熟悉歌曲旋律，唱准小二度及八度大跳等音程）

师：接下来，老师不参与了，你们分组来比赛，比比谁的声音美、谁又唱得准。老师给你们伴奏。

甲组：6̲6̲ 3 | 2̲1̲ 2 | 1̲2̲ 1̲7̲ | 6̲5̲ 6̣ ‖

乙组：6̲ 6 | 5̲3̲4̲ | 3̲4̲ 3̲2̲ | 1 - ‖

甲组：3̲4̲ 5̲·6̲ | 5̲4̲ 3̲·2̲ | 1̲2̲ 3̲·4̲ | 3̲2̲ 1̲·7̲ ‖

乙组：6̲7̲ 1̲2̲ | 3̲ 3̲ | 1̲1̲ 7̲5̲ | 6 - ‖

师：唱得不错！现在我发现同学们已经具备了自己填词演唱的能力。相信自己吗？

生：我们试一试！

（教师弹单旋律，学生填唱歌词。由于前面教学有铺垫，加上歌曲本身大多一字一音比较容易上口，通过跟钢琴唱、跟范唱唱、跟伴奏唱、发现问题随时纠正唱等手段，学生自然就能够比较熟练地演唱全曲）

师：新莲小学的同学真是很厉害呀！这首歌曲几乎是你们自学而成的哦。歌曲唱会容易，要唱好它就得花点工夫了。下面请同学们看看老师的演唱，眼前会浮现什么样的情景呢？（加动作跟伴奏，有感情地表演唱）

生：火红的太阳慢慢升起，绿草被风吹动，马儿把头仰起，我骑马赶羊来到河滩。

师：这位同学用自己的语言描述了歌词的情境，张老师的学生则用画笔表达了自己的想象（张贴画片1、2）。两幅画的情境跟歌曲哪几句话相近呢？

生：风景画是前两句，人物画是后两句。

师：请同学们再比较一下，这两幅画相对而言哪幅是动态的，哪幅又是静态的呢？

生：牧童骑马是动态的。

生：红太阳、绿草地，是静态的。

师：（在画下面板书"静""动"）歌曲中这一静一动的结合，会不会让你产生一些灵感呢？比如，歌曲的演唱形式、乐器的选择、伴奏音型的设计等方面，我们能不能做点儿对比处理呢？

生：我觉得女生唱前两句，男生唱后面应该比较好。

师：为什么这样安排？

生：因为女生比较安静一点，男生开朗爱动一些。

师：好主意！她是从演唱者的性格上来安排的，还有其他的创意吗？

生：找一个人唱前面，其他人唱后面。因为人少会安静些，人多就会显得很热闹。

师：你太有想法啦！这是从演唱人数的对比来决定的。咱们都试唱一下，看效果如何。可以考虑加上动作来表演。

（男女生分唱；一人领众人和）

师：两种形式都不错！但我觉得动静对比还可以夸张一点儿，特别是第三乐句的动感不够强烈。知道《牧童之歌》是哪里的民歌吗？

生：（看书）哈萨克族民歌。

师：是啊，哈萨克族素有"马背上的民族"之美称。哈萨克族人以此为生，以此为傲，骑马是他们的一项十分过硬的本领。当我们在表现"骑上骏马扬起鞭，赶着牛羊下河滩，唱上一首歌呀心花开放"这几句时，应该想到哈萨克族人的自信、勇猛、快乐和豪放。咱们男子汉们先来表演一下。

（很多孩子大胆地前倾着身子假装扬鞭催马，脸上洋溢着笑容快乐地唱着）

师：（鼓掌）小小牧马人，好棒啊！大家一起动起来！

生：（快乐自信地假装拉起缰绳或挥着鞭子）骑上 骏.马 ｜扬起 鞭.儿｜……

师：表现很棒！这回老师再给大家提供两件小乐器，谁愿意来当设计师？（生积极举手）请你们俩合作吧！商量一下怎么分工、怎么敲。

（学生讨论后，一人用三角铁敲 X － 或 X －｜0 0 为歌曲前两句烘托；一人

用双响筒敲ⅹⅹ|ⅹⅹ|或ⅹⅹ|ⅹⅹ|为后两句助兴）。

师：真好听！谢谢两位设计师！（生鼓掌）假如没有乐器，也不能用动作，不分男女声，前后乐句的动静对比还可以怎么处理呢？

生：开始小声一点儿，后面强一点儿。

师：这是个很好的办法！运用力度的强弱对比出不同的音乐形象。还有吗？（生没反应）老师来出个主意，用连音与顿音的不同唱法以示比较。（前后各示范一句）大家试着把我们俩的设计表现一下。

（学生在教师指挥下，第一二句mp至mf唱得连贯，而后面的f唱得有弹性，有跳跃感）

师：同学们真不简单！下面请大家合作，用这些同学的点子来完整表现歌曲。

（在欢快的伴奏音乐中，女生用连贯的声音演唱静态的"风景画"，男生用有弹性的声音唱动感的"人物画"；女生唱时男生辅以三角铁伴奏，男生唱时女生辅以双响筒伴奏。反之亦然。有的同学扬鞭，有的学生骑马，有的学生手臂高举左右迎风摇摆，有的学生双手比划成太阳慢慢升起……）

3. 拓展部分——"提升有呼应"

师：谢谢同学们的精彩表现！掌声送给自己啊！这首歌唱了这么多遍，歌中的小牧童给你留下了什么印象？站起来就说吧。

生：小牧童很快乐。

生：他的生活一定是幸福的。

生：他很勇敢，可能也很调皮。

师：这确实是一个十分快乐的小牧童，他生活的环境自在惬意，景色诱人。接下来，老师要请你们歇一会儿，去静静地聆听另外一个牧童的生活故事，它的音乐又是怎样的呢？

（《牧羊姑娘》是一首对唱歌曲。音乐起，教师随机邀请一女孩扮演牧羊姑娘站在台前，教师走到教室后面，面对"牧羊姑娘"问唱一段；第二段走到"牧羊姑娘"背后演双簧似的答唱。令人称道的是小女孩的表现太出人意料了，她即兴随老师的歌词做了精彩的配合演出）

师：谢谢大家的掌声！我想这掌声就是属于这位"牧羊姑娘"的。听了这首歌，大家可以表达一下自己的心情和感受。

生：这段音乐速度很慢，好悲哀。

生：感觉很惨。这个牧羊姑娘好可怜。

生：李×ⅹ同学要哭了。

师：真是个善良的孩子！同学们对音乐的感悟能力很强！这两首歌曲塑造的都是牧童形象，却唱着不一样的心声。新中国成立前的牧羊姑娘过着挨打受骂、忍饥挨饿的日子；新中国成立后的牧童，放牧则是他快乐生活的源泉。（课件显示两首歌曲的背景、内涵、情绪、速度等要素的对比情况）

师：最后，让我们调整情绪回到《牧童之歌》的情景中，老师还有一段跟它相关的乐曲请大家欣赏。（播放钢琴独奏《欢乐的牧童》，或这段乐曲由老师演奏或本班学生会弹更好）听后你有什么话要说吗？

生：这是钢琴演奏的。

生：好像跟我们唱的《牧童之歌》有些一样啊。

师：是的，这首钢琴独奏曲名叫《欢乐的牧童》，是音乐家根据我们唱的这首哈萨克族民歌改编而成的。你感觉乐曲的速度和情绪怎么样？

生：速度很快，情绪很欢快。

师：好，让我们都来做一个欢乐的牧童吧！（歌曲伴奏响起）

（学生在教师的指挥下分男女生动静对比表演唱）

师：谢谢同学们的真情演出！今天的课就上到这里。（钢琴独奏《欢乐的牧童》又响起）

（注：此课例曾在"刘宏伟音乐教学工作室"面向全市的活动中公开展示，著名音乐教育家曹理教授亲临现场指导）

附歌谱：

牧童之歌

$1=F \quad \frac{2}{4}$

6·6 3 | 2 1 2 | 1 2 1 7 | 6 5 6 | 6 6 |
红太阳　从天上　慢慢地爬上，风吹

5 3 4 | 3 4 3 2 | 1 — | 3 4 5·6 | 5 4 3·2 |
绿草　马儿把头扬。　骑上骏马扬起鞭，

1 2 3·4 | 3 2 1·7 | 6 7 1 2 | 3 3 | 1 1 7 5 | 6 — ‖
赶着牛羊下河滩，唱上一首歌呀心花开　放。

【课后延伸】

授之以鱼不如授之以渔
——引导学生自学歌曲的启示

中国有句古话叫"授之以鱼不如授之以渔",说的是传授给人既有知识,不如传授给人学习知识的方法。道理其实很简单,鱼是目的,钓鱼是手段,一条鱼能解一时之饥,却不能解长久之饥,如果想永远有鱼吃,那就要学会钓鱼的方法。

以往教唱一首歌曲,经常是教师唱一句学生跟一句,称之为"教唱法";或者设计一些活动让学生参与,使之在反复无意识地聆听中学习,称之为"听唱法"。一节课下来,学生似乎也学会了这首歌,但离开教室可能就忘记怎么唱了,因为它不是学生主动而是被动获得的结果,并没有给学生留下能经得住时间考验的印象。现代教学论认为,教学过程既是学生在教师指导下的认识过程,又是学生知、情、意、行全面发展的过程。学习归根结底是学生的内部活动,是在教师指导帮助下主动参与、充满情趣的活动。所谓"知"就是学生初步达到预定的知识能力目标;"情"就是学生在心理上产生成功的喜悦,师生的情感得到交流与满足;"意"就是通过学习,学生树立克服困难的信心和意志。因此,教师在教学中不但要尊重学生,创设和谐、愉悦的氛围,使学生产生信任感、亲切感,同时还要重视课堂教学艺术,注重形象性、趣味性地揭示音乐教材本身的魅力,调动学生的积极性和主动性,使他们生动活泼地学习,达到知、情、意相融。

《牧童之歌》是一首仅有四个乐句的单段体歌曲,而且大多一字一音很容易上口,学唱它对于四年级的学生来说不是一件难事。所以我从听觉入手,抓住歌曲的"眼睛",首先在对节奏旋律的学习上教给学生方法,学生学会曲谱后就可以完全丢掉"老师"这根拐杖,自然地进入对歌词的演唱和处理。可一直以来,教师们都认为唱谱是最枯燥乏味的技能训练,特别在新课改理念的支撑下,似乎更加没人敢啃这块难啃的骨头。怎样做才能不枯燥呢?个人认为首先要让学生感觉不难;其次要让学生感觉有趣。面对四年级的孩子,他们自以为自己已经长大了,很能干。如果教师总是像对待低年级学生那样直接"授之以鱼",总是要他们被动接受,那他们对音乐的学习很快就会失去兴趣。所以,教师应该改变自己，要"授之以渔"，应根据学生的认知规律，采用艺术的手段，引导学生自己去发现、去探究、去实践，学生才能掌握方法、获取知识、提升能力。

1. 化难为易抓特点（解决难点）

备课时，首先，教师要反复吟唱，找出歌曲的亮点和难点。歌曲中的第三个乐句 $\underline{3\ 4\ 5\cdot 6\ |\ 5\ 4\ 3\cdot 2\ |\ 1\ 2\ 3\cdot 4\ |\ 3\ 2\ 1\cdot 7}$ 与主题形成鲜明对比，起伏相间的级进旋律和跳动的节奏，就好像神气的牧童骑马奔驰在草原上一样。它既是本课的难点，也是歌曲最富特色之处。教师若"授之以鱼"，让学生直接跟老师唱几遍，学生也能学会，此句也就算不上什么难点。但这样做却剥夺了学生在尝试中学习和锻炼的机会，不仅会限制其音乐能力的发展，产生"老师教我才会"的依赖心理，长此下去还会使其丧失宝贵的自信心。其次，教师要想办法让学生感觉难点并不难。所以我设计从节奏听拍入手，由简（$\underline{X\ X\ X\ |\ X\ X\ X}$）到难（$\underline{X\ X\ X\cdot X\ |\ X\ X\ X\cdot X\ |\ X\ X\ X\cdot X\ |\ X\ X\ X\ X}$）引导学生逐步深入地探究，既培养了学生的听觉，又给了学生继续学习的信心和勇气，重要的是让学生了解到准确听记节奏的方法。著名教育家陶行知说："教师的责任不在教，而在教学生学。"因此，教师要"授之以渔"，使学生由"学会"向"会学"发展。

2. 明明白白分乐句（学唱曲谱）

学生一旦掌握了正确拍读节奏的方法，为自己熟悉的节奏对应上旋律进行视唱就应该没有多大问题，注意音准即可。但为了保持孩子们自主学习的兴趣，教师得想办法让枯燥的唱谱变得有趣，于是在课中设计了师生做一个"明明白白分乐句"的游戏。教师把乏味的技能训练说成是游戏，首先学生从心理上得到了认同，也就降低了此项练习的难度系数；其次在师生的互动中，既检验了学生自学曲谱的效果，又让学生具有成就感，因为是自己跟教师比拼、跟同伴合作的结果。对学生来说，解决旋律演唱问题的结果并不重要，是否做得完美也不重要，真正有意义的是让他们学会了思考，学会了合作，享受了解决问题的过程。这不但可以促进学生音乐能力的提高，更促进了他们非智力因素的发展。

3. 两幅画中找灵感（处理歌曲）

有些教师在课堂上要么对学生的能力估计过高，自己都无法回答的问题却要设计给学生，让学生听一遍两遍的歌曲却要他们准确演唱；要么是对学生不信任不放心，各个环节都想"包办"，以为这样可以让学生少犯错，使他们更快地获得成功，体现课堂的完美。课中，我通过前面的教学引导，认定学生已经具备了自己填词演唱并处理作品的能力，所以我借助两幅画把此任务完全交给了学生。听着熟悉的旋律，毫无障碍地填唱对应的歌词，让学生感到信心满满，成功在望。他们之所以得心应手，是因为有了学习的方法，有了积极探究的兴趣。两幅画正好是歌词的完美写照。学生通过赏画、分析、创意设计和参与实践，明白了"怎么唱才好""为什么要这么唱"等问题。孩子们在主动学习、解决问题的过程中获得了成功，增强了自信，提高了自主性。

  一堂课没有过多、过新的环节和方法，只是抓住音乐最基本的要素——"节奏"和"旋律"，坚守"要让学生感觉不难、要让学生觉得有趣"的宗旨，通过两幅画让学生理解演绎歌词内涵，自主塑造音乐形象，让学生实实在在地提高了听觉能力、音乐记忆能力、审美能力。在教学中，教师充分发挥主导作用，适时渗透方法指导、相机点拨，最大限度地把时间与空间给予学生，培养了学生自主、合作和探究性学习的意识。著名科学家达尔文曾说过，世界上最有价值的知识是关于方法的知识，教给了学生方法就是交给了学生"点石成金"的指头，交给了他们捕获猎物的猎枪，学生就可以用它去索取知识的金山，捕获猎物。让我们牢记苏格拉底的名言——"教育是点燃火苗，而不是灌满瓶子"，也记住古人的话——"授之以鱼不如授之以渔"。

五、营造海的情境，感受美的乐章
——《大海》课堂实录与课后延伸

【教学说明】

《大海》选自广东出版集团花城出版社出版的《义务教育课程标准实验教科书——走进音乐世界》第四册第六课。本课组合的教学内容有小提琴独奏《大海》、管弦乐曲《天方夜谭》和歌曲《大海》。本课以欣赏《大海》和学唱歌曲为主，"以审美为核心"的理念贯穿整个教学设计，说大海、看大海、演大海、唱大海、赞大海，引导学生自主欣赏大海的"诗、画、乐"，感受、体验大海之歌表现的大海之形态，以自由方式赞美的大海之美，以此来提高学生的审美能力、创新能力，激发学生热爱大自然的美好情感。

附教学流程图：

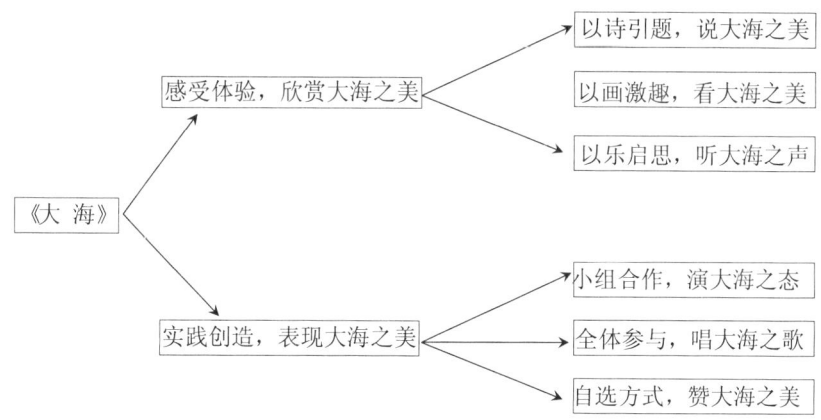

【课堂实录】

从三拍子入手，让学生进行有美感的课前活动，玩中穿插拍打新歌的节奏：

（师说）手 前 伸	（生边说边动作）来 来 来
手 背 后	摇 摇 摇
手 叉 腰	嘎 嘎 嘎
手 上 肩	转 转 转
手 抱 胸	抬 起 来
手 握 拳	向 上 升

（拍手）× × × ǀ × × × × ǀ　　　（模仿）× × × ǀ × × × × ǀ

（可继续变换歌曲节奏来玩）

1. 感受体验，欣赏大海之美

（1）以诗引题，说大海之美

师：同学们好！下面我们开始上课。老师有一首很美的诗要先送给同学们。（小提琴演奏的《大海》旋律响起，教师深情地朗诵歌词）

（学生认真聆听后鼓掌）

师：谢谢同学们！我有三个问题想请教你们。一是你听到什么乐器在演奏？

生：（大声抢答）小提琴。

师：（竖起大拇指）二是它的演奏形式又是什么？

生：（犹豫了一下）独奏，小提琴独奏。

师：完全正确。三是老师朗诵的诗歌在赞美什么？

生：大海真美……很大、很宽……像摇篮……鱼虾满船。

师：（边听边板书"大海"二字）说得真好！这么美的诗歌，如果有节奏地读起来，会是什么感觉呢？以"大海，大海，多大多宽"这一句为例，谁来试试？

生：大海 ǀ 大海 ǀ 多大 ǀ 多宽 ǀ

师：（边记录学生的节奏边说）不错！还可以怎么读？

生：大海— ǀ 大海— ǀ 多大— ǀ 多宽— ǀ

师：很好！哪位同学再来读个跟他不一样的？

生：大—海 ǀ 大—海 ǀ 多大— ǀ 多宽— ǀ

师：请看黑板！这是刚才几位同学创作的不同的节奏，大家一起拍读一下。

生：（拍读）①x x｜x x｜x x｜x x｜。

②x x -｜x x -｜x x -｜x x -｜。

③x - x｜x - x｜x x -｜x x -｜。

师：你认为哪个节奏更像大海？为什么？

（学生各抒己见，一致赞同三拍子的感觉）

师：同学们真行啊！那我们就用一种三拍子的节奏来朗诵这首诗，（电脑显示出有歌词的歌曲节奏）一起有感情地赞美大海。

（学生在教师的启发下朗诵着，并即兴自由地以动作抒发自己对大海的感情，如摇头晃脑、伸手舞臂、有节奏拍手）

师：真不愧是大海边的孩子，读得有感情！你们可知道，咱们居住的地球其实是一个大大的水球，因为71%为海域，29%才是陆地。这么宽广的海面，它一定是变化多端的，谁来说说自己曾经见过的大海是什么样子？

（学生有的回忆着说，有的想象着说）

师：大海这么神奇！我们一起去海边看看。

生：啊？怎么去啊？

（2）以画激趣，看大海之美

师：老师想了一个办法，真的将多姿多彩的大海请到了我们身边，（掀开遮盖布）让我们一起来分享吧！（小提琴旋律再次响起）（当时巧遇珠海市香洲区政协主席林伟明先生搞摄影展，便借用过来，十分唯美的画面。当然也可以用网络图片代替）

（学生边看边议教师课前布置好的大海美景画展）

师：同学们看完画展有什么感受？

生：我觉得这个摄影师真伟大！他能够拍到这么多不同地区的海景。

生：（七嘴八舌）大海真漂亮！我喜欢那海滩上还有几只小企鹅的大海。我喜欢黄昏时候的大海。我发现有的大海是蓝色，有的是黄色，还有的是白色。我真想去看看夏威夷的海……

师：同学们感受很多啊，说得真好！感谢摄影师，让我们欣赏到了这么多美丽的大海！

（3）以乐启思，听大海之声

师：刚才同学们用眼睛发现了世界各地大海的美景。下面老师想考考大家，看能不能用耳朵听出音乐中描写的神奇大海的样子。（播放管弦乐曲《天方夜谭》剪辑片段一）

（音乐结束，屏幕上出现描绘大海情境的词语：风平浪静、激情、海浪翻滚、优美、气势宏伟、热闹，学生可以选择恰当的词语说出来，也可直接说出自己的感受）

生：海浪翻滚。

生：黑色、恐怖。（其他学生笑了）

生：狂风怒吼的大海，很吓人。

师：暴风雨来临之前的大海就是很恐怖的。下面请听肖邦的钢琴独奏《大海》。（教师弹奏一片段）

生：（掌声响起）激情，气势宏伟，热闹。

师：支持你们的理解。再听一段！（小提琴独奏《大海》）

生：优美，轻柔。

生：风平浪静的海。

师：同学们的耳朵真厉害，说得也很好！音乐就是这么神奇，它可以用旋律、节奏、力度、速度等要素把多姿多彩的大海表现得淋漓尽致。下面咱们就来唱一唱关于大海的歌。

2. 实践创造，表现大海之美

（1）唱大海之歌

师：请先听老师范唱，找一找有没有自己会唱的地方？（随伴奏有表情地演唱，跟学生交流）

（学生听后由衷地给教师鼓掌）

生：就是小提琴刚才演奏的那首歌。

生：歌词我都会，是我们刚刚朗诵过的那首诗呀。

师：对呀！那你们一起来试着唱一唱？

（学生随钢琴降调自然唱起来了，因为有前面的欣赏铺垫，词、曲、节拍已经熟记在学生心里）

师：唱得不错！大家可不可以像前面朗诵的那样，加点身体动作来帮助我们更好地赞美大海呢？

（学生边唱边做动作）

师：请看老师在黑板上画了两个什么记号？（画 f、p）

生：力度记号。强弱，f 表示强，p 表示弱。

师：咱们再唱一遍，看看这两个记号放在哪里最合适。

生：（随琴唱后发现）f 放在歌谱的第三排"大海呀大海"那里。

生：p 放在歌谱的最后一句。

师：为什么呢？

生："大海呀大海"这里是最高音，要唱强一点。

生：我要补充。因为这里是第二次唱"大海大海多大多宽"，所以要强一点儿。

师：是的，高音处高潮部分要唱强；又一次唱起，进一步赞美大海，更需要激情，所以要唱强。（伸出大拇指）你们都太有才了！那谁来说说选择 p 的理由。

生：最后一句说"太阳月亮也睡在里边"，睡觉的话肯定很安静呀。

师：掌声送给她！说得真有道理！咱们一起来体验一下强弱的感觉。

（学生跟着伴奏音乐唱，开头结尾都唱得很好，但在 f 处爆发得太突然了）

师：（再次示范唱）"大海呀大海多大多宽"，好像要伸开双臂去拥抱整片大海，内心的情感特别强烈，但并不表示要大声喊叫哦。模仿老师的声音再试试。

（学生整体表现好）

（2）演大海之态

师：（边说边出示道具）老师这儿有一张蓝色皱纹纸，打开它就像一块布。如果用它来演大海，你会怎么做呢？

生：我，我来。

师：就请你吧，把自己想到的做出来，让大家评价一下。

（学生像奥运冠军似的手举皱纹纸，在讲台前跑起来，其他学生笑倒一片）

师：你在表现什么呢？

生：（歪着脑袋想了想）海水很快地流向远方啊！

师：（摸摸学生的脑袋）你真聪明！谁还有不同的做法？

生：我想找个人一起合作，可以吗？

师：当然可以，你自己找个朋友吧。

（两个好朋友分两头拉住皱纹纸，不停地上下起伏抖动，但没有规律；教师一边鼓励其他学生为他们配唱歌曲，一边指导这两个孩子随音乐的节拍"你上我下"地起伏抖动，表演结束，同学们给予了热烈的掌声）

师：谢谢这么有创意的你们！大家的掌声已经对你们作出了高度的评价。还有谁想做？

生：我觉得还可以像摇篮那样左右摇晃。（教师肯定）

生：我们四个人来表演。（四人各拉一角蹲地上，轻轻地抖动）

师：（蹲下身子）刚才他俩表现的是波浪有点起伏的海面，你们想告诉大家什么?

生:蔚蓝的海底世界。

师:既然是海底世界,老师帮你们设计一点儿珊瑚水草吧。(教师把备用的皱纹纸撕成小条交给附近的学生,带动他们边唱边挥动手里的"海草"加以衬托)多漂亮的海底世界啊!

(学生表演结束,在掌声中回到座位上)

师:现在咱们每个人都来回忆歌中唱了什么,哪些是我们可以模仿表演的。

生:大海、点点白帆、鱼虾。

师:请刚才表演"上下起伏"的同学、说可以"左右摇晃"的同学、还有演示"海底世界"的同学再次上前来,继续拉住你们的"道具"。

(这些学生在老师的歌声中有节拍地摇动手里的道具,其他人观赏)

师:就在这样的背景下,其他同学可以自由选择扮演"鱼虾游来游去"或者"划船而行"。但大家都要注意一点,就是必须在音乐中进行,音乐停,你们各自的动作造型也要停止。老师要看看哪里是最美的海景!听明白了吗?

生:明白了。

师:让我们一起来为歌曲营造一种大海的情境。(音乐响起)

(3)赞大海之美

师:面对多情的大海,艺术家们都有自己独特的表达方式。有摄影绘画,有作词编曲,还有吟诵、舞蹈……你们又想怎样来表达自己对大海的赞美之情呢?可以选择用一句话或唱一首歌或做一个动作来表达,也可以听听同桌的建议。

(同桌交流)

师:谁先来?

生:(嘴里喊着并伸出双手指向前方)大海啊大海,我爱你!(全体哄笑)

师:(笑)真够热情!

生:我想画一幅画。

师:好想法!选择画画的同学可以回家把对大海的赞美画出来,下节课拿回来给老师和同学欣赏。

生:我最喜欢去小梅沙玩了,因为那里的海很漂亮。

生:大海呀大海,是我生活的地方。(只会唱这一句)

生:我唱今天学的歌"大海大海,多大多宽……"(其他同学都跟着唱起来)

师:同学们都说出了自己的心里话。是啊,美丽的大海谁不喜欢呢?可请

大家看看。（展示两张满是垃圾的海滩图片）

生：（不可思议地）哇！

师：这是老师暑假去大梅沙拍到的照片，当时的景象真的令我吃惊不小。游人从水里爬起来身上就挂着这些烂树叶、碎木渣。（停顿一会儿）音乐中的大海是那么美，可现实当中却有这样的大海，而且就在我们深圳，就在我们的身边。同学们说该怎么办呢？

生：（七嘴八舌地）我们应该爱护环境，保护海洋，不乱丢垃圾，还要阻止别人乱扔垃圾。

师：说得好！让我们从自己做起，从环保小事做起，为海边的美丽常在而加油！（《大海啊故乡》的音乐响起）

生：老师再见！

（注：本课例曾提供给深圳市螺岭外国实验学校的李鲁红老师做参考，由她代表深圳参赛获全国第三届优质课比赛二等奖）

附歌谱：

大 海

佚 名 词
雷雨声 曲

$1=F$ $\frac{3}{4}$

稍慢 抒情地

$\underline{5} - \underline{12} | 3 - 3 | 2 \cdot \underline{3} \underline{16} | \underline{5} - - | \underline{5} - \underline{12} | 3 - 5 |$
大　海，大　海，多大多　宽，　　摇　呀，摇　呀，

$4 \underline{31} 3 | 2 - - | 3 \cdot \underline{4} \underline{56} | 5 - - | 3 \ 2 \ 1 | \underline{6} - - |$
像只摇　篮。　摇　过去　呀，　　点点白　帆，

$\underline{5} \cdot \underline{5} \underline{13} | 2 - - | \underline{2} \underline{6} \underline{7} | 1 - - | \underline{6} \underline{5} \ 3 | \underline{5} \underline{65} - |$
摇　过来　呀，　鱼虾满　船。　大海呀　大海，

$6 \ 5 \underline{31} | 2 - - | \underline{33} \underline{2} \underline{11} | \underline{22} \underline{1} \underline{5} | \underline{5} \underline{5} \underline{23} | 1 - - \|$
多大多　宽，　太阳月 亮也　睡在里边，睡 在 里　边。

【课后延伸】

音乐教学如何体现审美性

音乐教育是实施美育的重要途径之一，其本质在于它的审美特性之体现。"以审美为核心"被确定为《音乐新课程标准》基本理念之首，新课标同时还明确指出："以音乐审美为核心的基本理念，应贯穿于音乐教学的全过程，在潜移默化中培育学生美好的情操、健全的人格。音乐基础知识和基本技能的学习，应有机地渗透在音乐艺术的审美体验之中。音乐教学应该是师生共同体验、发现、创造、表现和享受音乐美的过程。在教学中，要强调音乐的情感体验，根据音乐艺术的审美表现特征，引导学生对音乐表现形式和情感内涵进行整体把握，领会音乐要素在音乐表现中的作用。"那么，在我们的教学实践中该如何突出"以审美为核心"的理念呢？

1. 注重教学环境的审美性

这里所说的教学环境包括音乐课堂上的听觉环境和视觉环境。我们在教学中不仅要注重视听环境选择设计的优美，还要注意二者之间的和谐统一。

视觉环境包括教师的仪表形象、课室的装饰布置、课件画面的设计制作、板书展示等一切纳入人们视线的人和物。比如，教师的穿着打扮要令人赏心悦目；教具的使用、课件的制作须讲究美观实效；板书设计要新颖独到，线条文字图画等都应该是优美而恰到好处的；音乐功能教室也要有音乐学科的审美特点，有时为适合某教学内容的需求还可以做些必要的装饰，创设一种情境，引起学生的遐想。比如，上《大海》这一课时，正好有朋友搞了一个摄影展，我便从中挑出了十几幅地域形态不同、色彩各异的海景图片，摆放在教室周围，意味着把大海搬进了课室。这既对课室有一定的美化作用，又创设了一种教学情境，学生可参观欣赏大海之美，可模仿表演大海之态。

听觉环境包括环绕于学生听力范围内的一切声响。音乐是通过听觉感受的艺术，我们带给学生的视听内容更要讲究美感。因为好的音响能给人的听觉带来快感，诱发美感的产生。比如，教师的语言是否规范精练，语气语调是否亲切而抑扬顿挫，是否符合学生的年龄特点；教师的范唱范奏是否准确动听，能否打动学生；音响音像资料的音质是否清晰、悦耳，音量大小是否合适等，都是教师课前应该注重的审美特性。比如，在进行《大海》一课的组织教学时，我依据新授歌曲是3/4拍的特点，特有意编一个三拍子的节奏带学生做，既是一种教学铺垫，其有趣的语言节奏又能集中学生的注意力。这具有动感而又动听的三拍子韵律让学生的听觉受到感染，激发起大家的一种美感，一种骄傲——"我是最美的一个！"集中展现了孩子们可爱完美的群体形象，带给人们一种视觉上的享受。

2. 挖掘教学内容的审美性

教材是教学的依据，是学生获得音乐审美感受和体验的客观条件。我们所选的教材要具有审美品质，能够唤起美感，可以激发学生的学习兴趣，它是音乐教学审美化的基础和前提。歌曲《大海》有诗一般美的歌词；一把小提琴奏出的音调似乎如蔚蓝的海水真的奔流于心，让你魂牵梦萦；那上下起伏的旋律让你思亲、想家，而你又似乎荡漾在温暖的海面或是飘荡在美丽的天空……这能让你生发出无限遐想的优美曲调，难道不是一份具有感人的艺术魅力的音乐教材吗？

音乐教师不仅要会选择具有审美特征的教材，还要善于发现和挖掘其中的审美因素，并将自己的审美体验积极地融入对教材的分析、处理之中，形成一种强烈而浓郁的审美动力，去感动我们的学生。《大海》的教学分为"欣赏"与"表现"两大块。在欣赏部分，我抓住教材中的三个亮点，即一首诗（歌词）、一幅插图画（意境）、一段小提琴独奏（旋律），展开"引题、激趣、启思"的教学环节：教师以深情的朗诵感染学生，以精心挑选的画展渲染情境激发学生，以不同情绪的音乐听辨启迪学生……引导学生充分欣赏感受大海的宽广美丽、神奇多变的同时，让学生在不经意间将融入审美教学中的新歌词、曲、节奏、节拍等知识技能烙印在心了。所以在歌曲教唱环节，当我第一次声情并茂地范唱歌曲时，学生的眼睛里分明已经有了歌词描绘的憧憬，挥动的手臂上已经有了起伏的旋律线条，晃动的身体里也有了清晰的节拍。我认为，当学生欣赏的审美体验达到极限时，其情感表现一定会真情流露，所以孩子们能够在最短的时间里，对作品进行二度创作，并以自然优美而准确的歌声表达了《大海》的意境。

3. 遵循教学方法的审美性

音乐教学作为审美教育的一种方式，有着与一般学科不同的教学方法，它遵循其"情感性—愉悦性—参与性"的审美原则，注重从感性入手，以情动人，以美感人，自始至终让学生在一种平等、民主、互动的教学氛围中，保持一份快乐的心情，并积极主动地去参与音乐教学活动，充分享受音乐带来的愉悦及审美体验。

(1) 情感性

音乐是情感的艺术，情感又是音乐审美过程中最活跃的心理因素。教师在教学中应该依据情感性原则，有效打开学生的心灵之窗，使其在情绪的勃发与激动中享受美感、陶冶情操。比如，教师在《大海》的课堂上组织教学的律动，就是依据情感性原则而设计的，在最短时间内拉近了师生间的距离，愉悦了学生的身心。这近似"朋友之间玩模仿游戏"的开课刺激了学生的兴奋神经，激发了他们的参与兴趣。当小提琴演奏的旋律响起，教师说要以诗一般意境的歌词朗诵作为礼物送给学生时，学生又增添了一种被重视的感觉。当学生情感的火花被点燃时，他们会十分愿意听从教师的引导，愿意主动去参与"聆听、想象、演唱、探究、创编"等活动，并大胆与同学分享大海的美丽与深情。

(2) 愉悦性

众所周知，音乐能使人在精神上产生愉悦和美感。在我们的教学中，如何把握愉悦性原则呢？从心理学的角度看，人都是有好奇心的，所以新课导入要新颖而不拖泥带水，目的是激发学生兴趣、集中他们的注意力。教师的语言要富有激情和煽动性，不要放过任何一个赏识、激励学生的机会。教学过程要寓教于乐，让学生愿意学，快乐地学。趣味化、游戏化的教学不仅能激发学习兴趣，而且能使学生身心愉悦并获得审美体验。每一项活动的设计皆要以学生为本，参与性强，有实践价值，目标难易度适中，活动结果要让学生有成就感。

(3) 参与性

审美是人类的一种自由的精神活动，它以情感、兴趣等心理为动力。关于学生在音乐课堂上的审美活动，教师不能采取强制的方式，而必须是学生积极主动地参与，音乐审美活动才会有效果。其实，参与性原则是以情感性、愉悦性为重要前提的，它们是相互依存，相互融合的。在我们的教学中，师生都应该怀着对各项音乐审美活动渴望的心情，积极愉快地投入。教师要运用灵活多样、生动活泼的教学方法替代枯燥乏味的填鸭式的课堂模式，充分调动学生的自觉性、主动性，培养他们自由快乐的参与意识，克服被动学习的消极心理。

在《大海》的"表现"板块，教师完全遵循了"情感性—愉悦性—参与性"的审美原则，采用"唱大海之歌""演大海之态""赞大海之美"三种形式，多方激活学生的审美心理，想唱让他唱，想演任他演，想说由他说，充分发挥了学生的自主性、参与性和创造性。学生在这里享受到了跟同伴合作的乐趣，获得了创新审美的体验。

第三章 多元组合的音乐课堂

一、让古老的编钟鲜活起来
——《编钟》课堂实录与课后延伸

【教学说明】

《编钟》选自沿海版九年义务教育六年制小学音乐试用教材第八册第六课，现为广东教育出版集团、花城出版社出版的《义务教育课程标准实验教科书——走进音乐世界》第十二册第3课《多彩的乡音》。这是一节音乐欣赏综合课，重点介绍中华民族的瑰宝——编钟，欣赏编钟音乐，听辨编钟音色并在合成器上模拟演奏。在教学活动中，学生能认识我国古老而辉煌的打击乐器"编钟"，能感受其变化的音色特点及丰富的表现力，激发爱国热情。本课所做的教学准备有多媒体课件、电子合成器一台、打击乐器几件、编钟卡片等。所采用的教学方法是让学生从听觉入手，融合音乐、历史、文学等艺术形式，以参与式的自主学习为主。

附教学流程图：

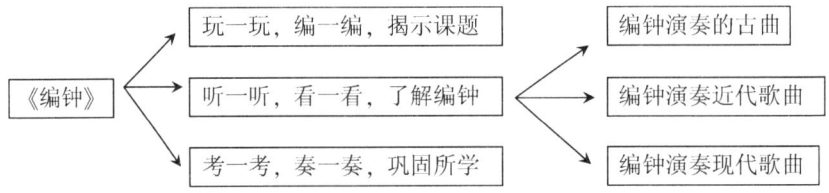

【课堂实录】

1. 用没音高的打击乐器引出有音高的打击乐器

（背景：自制的乐器架上悬挂着几种打击乐器）

师：同学们，请看看这些乐器都是属于哪个乐器家族的？

生：打击乐器家族。

师：那谁想来试一试、敲一敲？

（生拿鼓棒任意敲小鼓）

师：很得意啊！可不可以敲出点节奏来？

（学生敲 ХХ ｜ХХХ ｜）

师：非常好！谁再来玩其他的乐器？

（生用三角铁敲 Х－｜Х－｜）

师：也不错！想上来表现一下的同学赶紧抓住机会！

（生用木鱼敲 ХХ ｜ХХ ｜ХХ ХХ｜ХХ ХХ｜）

生：（乐呵呵地敲锣）咣——，各家各户鸡鸭小心！咣——（会场爆发一阵笑声）

……

师：（以鼓为例示范"强、弱、快、慢"的变化）同学们发现没有？刚才这几位同学使用的这些打击乐器只可以发生力度和速度的变化，但没有音高的变化。今天老师就要带你们去认识一种有音高变化的打击乐器——编钟。（贴一张写有"编钟"二字的剪成编钟形状的卡片）

2. 用多媒体技术展示远古的编钟神韵

师：看到课题，你们最想了解什么？

生：我想知道编钟是什么样子。

生：这个乐器，它怎么演奏？

生：编钟会发出什么声音呢？

……

师：好，今天张老师就协助大家把这些疑惑弄清楚。咱们先来听一听编钟的声音。（点课件）

师：听完了。你认为编钟的声音有何特点呢？可以跟旁边的同学交流一下，再说出来跟大家分享。

生：（讨论后）编钟的声音像碰铃、像三角铁。

生：有的声音很低沉，有的又很清脆。

生：像庙里的钟声，很洪亮。

生：声音轰轰的，像打雷，又好像有回音。

……

师：（边听学生发表见解，边写出他们描绘时的用词"低沉、清脆、洪亮") 同学们的听觉真灵敏！用词也十分的形象！接下来，你们想了解什么？

生：（有点儿心急地）我想看看它是什么样子。

师：（课件展示编钟图）编钟是一种编组且能变音的打击乐器，它分高音、中音、低音三组，横式排列着。

生：（看编钟图发出惊叹声）哇！

师：大家也可以看出它们有的——（手指图片留给学生说）

生：有的大、有的小。

师：对！正是因为编钟的大大小小，它才有了音色的不同、音高的变化。（点界面）大编钟的乐声雄浑低沉，仿佛天空响起了隆隆的雷声。

（学生在教师的提示下模仿演奏大编钟，并发出低沉的声音）

师：（点界面）中编钟的声音则高昂洪亮，仿佛清澈的溪水欢乐地向前流淌。

（学生模仿演奏中编钟，并模拟唱其音调）

师：咱们再来听听小编钟的声音。（点界面）它清脆悦耳，仿佛成群的黄鹂在纵情歌唱。

（学生模仿演奏小编钟的姿势并哼唱）

（教师边演示画面边说，同时在黑板上快速画出"闪电、流水、小鸟"的简笔画，形成完整板书如下，简笔画略）

高音组（小编钟）　　　像小鸟　　　清脆、悦耳
中音组（中编钟）　　　如流水　　　悠扬、明亮
低音组（大编钟）　　　似雷声　　　低沉、浑厚

师：这么罕见的乐器究竟是谁制造的呢？又是从什么时候开始出现的呢？（教师讲述一段历史故事，媒体演示一幅幅画面）1978年，在湖北随州的一座古墓里，人们发现了一座地下音乐殿堂。这个音乐殿堂里面有大中小编钟，一共64件。埋葬在古墓里的主人是谁呢？原来是战国时期的一个贵族，名叫曾侯乙。当年曾侯乙的生活非常奢华，每天设宴饮酒，并叫歌女们跳舞作乐，他

特别喜欢听编钟奏乐。后来，曾侯乙死了，劳动人民创造的编钟作为殉葬品，被他带进了坟墓。现在，这套编钟又回到了劳动人民手中，被陈列在北京历史博物馆里，供人们参观欣赏。如果大家有机会可以叫爸爸妈妈带你们去看看。后来，湖北歌舞剧院的叔叔阿姨们重新把编钟搬上了舞台，又奏响了新的乐章。

［设计意图：多媒体以流动逼真的画面展示了古老的编钟文化，使学生更进一步地了解了编钟的来历、形状及声音特点，深切感受到了我国劳动人民那惊人的创造力，不知不觉受到了爱国主义的熏陶。］

师：从同学们的表情和议论当中，我已经感受到了大家在为之惊叹。下面让我们一起来见识一下编钟的现场演奏。（播放古乐《楚商》的视频）

（学生凝神屏息地观赏）

师：（小声而缓慢地提示）听！编钟的声音是否真的如雷声、如流水、如鸟鸣？

生：（欣赏完毕）真的好气派啊！

生：有一种古朴美！编钟上面好像有文字呢。

师：对，它是用青铜制造的，上面刻的是一种象形文字。下面，老师想请同学们来演奏一小段《楚商》。看谁的耳朵灵，能用动作分辨出大小编钟的声音。（播音乐）

（学生举起双拳有模有样地随音乐敲打）

师：神奇的编钟不仅可以跟乐队合奏，也可以单独演奏；不仅能演奏古乐，也能演奏现代音乐。下面我们就来欣赏编钟演奏的两首歌曲。（播放学生学过的近代歌曲《苏武牧羊》）

（教师指挥学生用竖笛跟着编钟音乐吹奏第一段，或辅以歌声伴唱）

师：听出来了吗？《苏武牧羊》是纯编钟音乐还是跟乐队合奏的？

生：纯编钟音乐。

师：下面咱们再来听一首编钟与乐队演奏的现代电影插曲，跟着音乐咱们也即兴合作一段编钟乐舞吧。老师随编钟音乐卡拉OK，（生热情鼓掌）你们呢，也有任务的，听到大小编钟的音响就随兴演奏，或者大胆地随编钟音乐自由起舞。（《牧羊曲》响起）

（学生有人专心聆听，有人做演奏编钟状，只有两位女同学给老师伴舞）

师：谢谢支持！嗯，没有给大家排练的时间，有点难度啊，再次为这两位同学的自信大方鼓掌。

（学生掌声响起）

3. 以趣味抢答游戏回顾总结新授知识

师：新课即将结束，同学们对今天的编钟知识究竟掌握了多少呢？（神秘地）有人想考考你们。（点课件出现由几个小动物演奏家组成的活动画面）

（抢答游戏"编钟知识知多少"的玩法是：学生喜欢哪个动物就点哪个，以人数多为主；被点中的小动物，如"小青蛙"就吹着竹笛滑下来，并带出一个问题"编钟的声音有什么特点？"再由最先举手者抢答。学生被这新颖活泼的测试方式所吸引，抢答考题的情绪高涨。吹萨克斯的小猪带出的问题是"一套曾侯乙编钟究竟有多少件"，打鼓的猩猩带出的问题是"你能模仿大小编钟的演奏姿势吗"，吹唢呐的小猴带出的问题是"编钟是什么时间在哪里出土的"，拉手风琴的熊猫带出的问题是"编钟是一种什么乐器"，这些问题全部被成功解答）

4. 用学生的畅所欲言代替教师的一言堂

师：今天，我们认识了一种有音高变化的打击乐器——古老的编钟。下面，请同学们来帮老师做一个小结，编钟的神奇激发了你什么样的感慨？请即兴用一句话来表达一下。

生：（站起来大声地）我爱你——神奇的编钟！（会场一阵笑声）

生：编钟是国宝啊！

生：编钟真是一个奇迹！

生：编钟的发明是一个伟大的创举。

生：作为一个中国人，我们感到十分骄傲和自豪！（引起老师们热情的掌声）

……

师：同学们说得好啊！编钟是咱们中华民族的瑰宝，她的出现曾震惊全世界。她是我国劳动人民智慧的结晶，我们应该珍惜她、保护她并将她发扬光大。我们更应该热爱我们的民族、热爱我们的民族音乐，让民族音乐之花开遍全世界！

（掌声）

5. 用现代乐器创造惟妙惟肖的编钟音响

师：编钟这么有魅力！大家想不想亲自敲击一下？

生：（大声地）想。

师：老师这儿有一台电子合成器，它可以惟妙惟肖地模仿大中小编钟的声音。你听！（随便敲了几下高、中、低音给学生听效果）谁愿意第一个上来感受一下啊？

（学生举手后上台大胆演奏《献给爱丽丝》的第一句）

师：（一片掌声）好棒啊，还敲出了贝多芬的名曲呢！不过，老师要问你，今天有没有听到古老编钟这么快速地演奏？（生摇头）对，它是没办法这么快速地演奏一串密集的音符的，它适合演奏一些缓慢的乐曲。你再试试来一个大编钟的声音，看够不够震撼。

（学生用一个指头在键盘低音区发出一个长音）

师：不错！谢谢你带了一个好头！大家都上来一试身手吧。试完我们就下课了。

（学生排队上来，敲一个走一个。让学生完全个性化地任意模拟编钟即兴演奏，有的敲高音区模拟小编钟，有的敲中音区模拟中编钟，有的敲低音区模拟大编钟。有的敲一个音，有的敲几个音，有的敲一个乐句 1 1 | 5 5 | 6 6 | 5 - |……学生个个兴致极高。与众不同的结课方式给听课者留下很好的印象，会场爆发出热情的掌声）

（注：此课例1998年获中南六省"多媒体辅助音乐教学"现场比赛一等奖）

【课后延伸】

教学创新才能让人耳目一新

何为教学创新？专家指出："教学创新是以教师为主导，在各个教学环节渗透自己的创新思想，为学生的学习提供一个主动参与、独立思考、积极探究的空间和机会，使学生的学习过程真正成为一个主动的过程、创新的过程、个性化的过程。"若想我们的课堂教学让人耳目一新，就必须从教学理念、教学目标、教学内容、教学方式以及教学评价等诸方面实施创新研究。

1998年11月，由中南六省区教育协作交流会策划、广东省教研室承办，他们开全国之先河，在广东珠海市举行了创新式的"多媒体辅助音乐教学"交流比赛。在这次赛会上，我执教的一节五年级欣赏课《编钟》获得了一等奖，并得到了与会专家的高度评价,他们称"让学生在合成器上模拟编钟演奏"真是一个了不起的创新之举。十几年过去,仍然有人会提起我的《编钟》。我想,难道仅仅是多媒体的运用让教师们的印象这么深刻?

调进深圳后,我十分尊敬和佩服的徐沛然老师要求我在小范围内给大家来一份见面礼——重上《编钟》。当时,数学专业的郭文政校长也来听了我的课。徐老师等与会教研员对我的课给予了充分的肯定和高度的评价。课后,本以为郭校长也会夸我一番的,哪知道他给我提了一个当时让我有点儿窘的问题:"你认为自己的课有哪些创新?"这个问题把我给问住了,我倒真没有想过,只是觉得自己的设计很精心,每个环节都很有意思,为学生创设了一个愉快接受新知识的环境,为他们提供了主动参与、积极探究的平台,别的没想那么多。后来只要想起这件事,我都非常感激郭校长。我明白他不是不欣赏我的课,而是作为一个智者,用当时最超前的眼光在引导我。正是因为他这一问,才促使我去思考,去发现;正是因为他这一问,在后来的每一次教学设计完成实践的时候,我都会这样问问自己:"你的创新之处在哪里?""这节课最大的亮点是什么?"以此来鞭策自己,激励自己做得新一点,做得与众不同一点。于是,我才设计出了一系列新颖的经典课例,如《十二生肖歌》《音乐小屋》《这是什么》等。

通过这些年不断地学习探索,今天我可以为老师们至今还对《编钟》念念不忘的原因作出合理的解释了。它的耳目一新不是因为多媒体的运用,而是因为教学的创新。下面浅谈1998年执教《编钟》的创新之处。

1. 导课"新"

讲台的侧面有一个简易的乐器架,上面悬挂着锣、鼓、三角铁、木鱼、串铃等一些打击乐器,既美观实用,又是导入新课的线索。情景设置的新颖性,激发了学生的好奇心和求知欲。他们主动上来玩乐器,任意敲打出自己的节奏,促进了学生创新素质的发展。我在活动中引导学生发现——这些乐器无论怎么敲,每件都只有强弱的变化而没有音高的不同,由此导出新授内容——介绍一种有音高变化的打击乐器"编钟"。(板书课题)按照惯例,课题一揭示,教师就开始逐步讲解了,学生只有被动地接受聆听。我没这么做,反而提了一个当时算是很开放的问题——"同学们,看到这个课题,你最想了解什么?"这一问打破了常规,给了学生自主探究的力量;这一问解放了学生的脑、解放了学生的口,激发了他们的思维和想象。这里体现的是教与学的民主性原则。

教师放下了"师道尊严"的架子，不搞满堂灌，不把学生当做接受知识的容器。学生是课堂的小主人，只有启发式的教学，才能调动学生的主动性、自觉性，激发学生的积极思维，培养学生发现问题、解决问题的能力。

2. 手段"新"

1998年，全国中小学计算机教育研究中心首次在国内推广"学科整合"的理念后，中南六省区就积极响应，迅速在广东开展了"多媒体辅助音乐教学"的现场教学比赛。在这次活动中，我将"多媒体电教手段"恰当地运用在《编钟》的欣赏教学中，遵循了继承传统与创新统一的原则，使整个教学过程始终保持新颖性、生动性、知识性和趣味性。这次"多媒体教学大餐"极大地刺激了教师们的听觉和视觉，引起了大家的浓厚兴趣。

3. 结语"新"

受几千年"师道尊严"的影响，不少教师喜欢搞一言堂，认为自己就是权威，当然也害怕学生说不到位，把学生完全置于依附地位。在这里，我用学生的畅所欲言代替了教师的一言堂。学生抛开羁绊，才会有发自内心的对编钟的赞美，学生总结之精彩，得到了全场教师的热情掌声。最后，我把"开发人的创造潜力"作为一个创新内容，让学生在电子合成器上模拟演奏大中小编钟。学生踊跃排队上台演奏，或敲一个音或奏一乐句或奏一首完整的小歌曲，体验了创新的乐趣之后，一个接一个就这样满足地走出了教室。

这几点新意，大大开放了学生的思维，激发了他们学习的热情，产生了很好的教学效果。也许在今天它不算什么创新，但我相信受学生欢迎的东西永远也不会过时。因为，它遵循了教学创新必须遵循的几项原则，比如，促进学生创新素质发展的原则；激发学生好奇心和求知欲的原则；符合儿童身心发展规律的适应性原则；教与学的民主性原则；继承传统与创新统一的原则。让我们根据自身的教学目的和任务、教学内容特点及学生的心理年龄特点，结合自身特长，从实际出发，努力探索，不断创新，努力营造一种生动活泼的教与学局面。

二、乐在其中
——《捕鱼歌》课堂实录与课后延伸

【教学说明】

《捕鱼歌》选自广东花城出版社出版的《义务教育课程标准实验教科书——走进音乐世界》第五册第六课《多彩的乡音》。《捕鱼歌》是我国台湾地区的一首山地民谣,它反映了当地居民靠捕鱼为生的生活情景,展现了渔民们在艰难的环境中仍能怡然自得、十分乐观豪爽的生活态度。本节课教学目标有三:①体会劳动号子的热情奔放,激发学生爱唱民歌的情感;②能用明亮豪放的声音自信地表现《捕鱼歌》;③能唱准八度大跳,会认唱歌曲唱名。

附教学流程图:

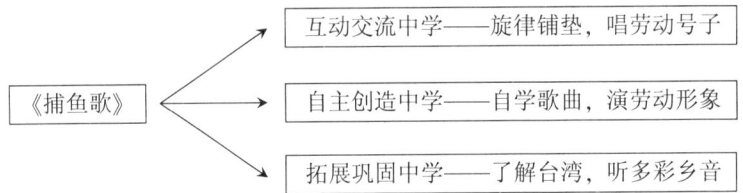

【课堂实录】

1. 互动交流中学习

师:今天很高兴和新莲小学三(7)班同学一起上音乐课。咱们先来放松一下,请你模仿老师做。

1 3 |2·3 2 1| 5 5 |5 — |(用歌曲第一句旋律唱)
请你 跟 我 拍拍 手

生:(模唱)我就|跟你|拍拍|手0|

师：6 5 | 3·5 32 | 1 1 | 1 — | （改用第二句旋律唱）
　　请你 | 跟 我 | 跺跺 | 脚 — |
生：（模唱）我就 | 跟你 | 跺跺 | 脚 — |
师：哎，可别把楼板跺塌了！（生笑）再来一次，轻轻跺出好听的声音来。
（学生轻轻地跺脚跟唱一遍）
……
师：我发现这位同学唱歌的表情真好看，你们能告诉我她的名字吗？
生：杨兰。
师：那能不能像老师这样唱着回答？（和上第一句旋律唱）她的 | 名字 | 叫什 | 么 — | ，请模仿老师的音调唱答出来。
生：她的 | 名字 | 叫杨 | 兰 — 。（同学们都笑了）
师：你笑得真漂亮，我也想知道你的名字。
（唱）（ 6 5 | 3·5 32 | 1 1 | 1 — ）
　　　　你的 名 字　叫什么
生：我的 | 名字叫 | 黄雅 | 琪 0 。
……
师：（突然慢速、清晰地唱出后两句旋律）我的 | 名字 | 叫张 | 娟— | 我的 | 家乡在 | 长江 | 边 0 。同学们认识我了吧？
生：老师叫张娟……你的家乡在长江边上！
［设计意图：把歌曲旋律渗透在活动中，既活跃气氛，又为教学做铺垫。］
师：同学们听得真仔细！你们知道吗？在我们长江边上，有很多江上作业的船夫们为了给自己加油鼓劲，常常会一边划船，一边唱歌。（生摇头）他们唱的歌就叫劳动号子。那你们知道赛龙舟吧？
生：知道。他们会喊"加油 加油"。
生：还有人用"嗨哟 嗨哟"来鼓劲。
师：太棒了！那咱们来试一试，你们来划船喊"嗨哟 嗨哟"，老师配合你们。
（学生有节奏地"嗨哟"，教师配唱歌曲第三段，即唱唱名）
师：唱得蛮热闹的，有比赛的气氛！（停顿一会儿）不管是在长江边，还是在黄河上，或是在大海里都会有船夫们的劳动号子。下面就请你们听听来自大海里一群捕鱼人的劳动号子。（播歌曲第二段）

师：他们的劳动号子唱的是什么？

生：他们唱的是"嗨哟依哟依哟恩嗨哟"。

师：来，咱们一起读一遍。（有节奏地）咱再听一次，看这一句话唱了几遍？（播第二段）

生：四遍！

师：完全正确。那你们能模仿着唱一唱吗？

生：可以。（唱一遍）

师：你们听听老师唱！注意老师把哪些字唱得特别强。

生：嗨、依、恩、哟……

师：那你们也试着唱出强弱来。

师：不错，唱得有味道！劳动号子有"一领众和"的特点，我们也来试试，看效果如何。老师当领头人，你们唱后半句（或个别学生领众人和）。

……

师：合作相当成功哦！这就是今天咱们要学唱的一首具有劳动号子特点的台湾民谣《捕鱼歌》。（板书）

2. 自主创造中学习

师：请完整地听范唱，如果发现有自己会唱的段落就可以大胆地唱出来。

师：同学们已经用歌声告诉我了，第二段就是咱们刚才学过的。接下来，老师想请大家根据已经熟悉的第二段，自学第一段歌词，有没有信心？（生答）

师：咱们先来熟悉一下歌词，看有没有不认识的字。

生：白浪滔滔我不怕，掌稳舵儿往前划，撒网下水到海里，捕条大鱼笑哈哈。

师：（手指"舵"）这个字念什么？

（学生有的说 tuó，有的说 duò）

师：噢，有个同学读对了，请你大声告诉大家。

生：舵（谐音跺）。

师：那"舵儿"是啥意思呀？

生：船上那个像方向盘一样的东西。

师：那船上掌舵的这个人被称为什么呢？

生：舵人。（全场哄笑）

生：（立即有人纠正）舵手。

师：对！舵手。舵手可重要啦，如果他没有掌稳舵儿，那就有可能会偏离方向，甚至有翻船的危险哦！咱们再一起来读读。

生：掌稳｜舵儿｜往前｜划 **0**｜。

师：看着第一句，请你们把（唱）"嗨哟依哟依哟恩嗨哟"改成"白浪……"。

（学生试唱第一句）

师：真棒！你们唱得很准确，再来第二句。

（学生更加自信地唱出第二句）

师：看清楚了，是"向前划"还是"往前划"？

生：往前划。（照此推进，自主学会歌曲第一段）

师：同学们真的好厉害啊！不用老师教就学会了这段重要的歌词。我说过劳动号子有什么特点啊？（生抢说"一领众和"）咱们也来合作唱唱这一段？

生：好！（学生唱，教师随时纠正音准）

[设计意图：以上部分旨在培养学生的自信心，调动学生的主动性。]

师：同学们都学会唱《捕鱼歌》了。那怎样把这首歌唱得更有趣，更有捕鱼人的潇洒豪放呢？第一句谁来表演一下？

（学生有点儿走音，惹得同学直笑）

师：呃，大家别笑，他唱得不错啊，只是感觉他有点儿害怕而已。咱们用掌声鼓励他第一个站出来。谁更大胆一些？

生：白浪滔滔我不怕。

师：你唱得很准，可太小声了。（蹲下身拉住学生的手鼓励他）你想象自己是个勇敢的男子汉，是一家之主，全家人的生活都要靠你呢，那你觉得该怎么唱？

（学生聪明地模仿成人用粗壮的声音唱，并加了一个拍胸的动作）

师：（鼓掌）这位同学多棒啊！很有男子汉的气概！第二句谁来唱？

（两位女生自告奋勇站出来，一动不动地唱了一遍）

师：你们的船有没有往前划呀？（大家笑说"没有"）

师：那我们一起来帮她们划吧！

（学生齐唱，有的好像掌着舵，有的在拼命划桨）

师：真棒！那第三句谁来唱啊？

（学生边唱边做了个轻轻抛洒的动作）

师：你觉得这张网撒下去能捕到大鱼吗？（女孩不好意思地笑着摇头，大家说"肯定不能"）

师：那谁再来试试？

（学生很用力地随自己唱的节奏左右各撒了一次网）

师：做得好！那谁来表演最后一句？（学生积极举手）这么多呀，那举手的同学都站起来吧。

生：捕条大鱼笑哈哈。

师：我看出来大家都好开心哦！因为捕到大鱼了。我发现这几位表现得非常突出，请出来让大家欣赏一下。

（三位表演者边唱边做出手捧"大鱼"仰头大笑的样子，笑声与掌声同时响起）

师：谢谢同学们的精彩创意！下面咱们一起把歌曲完整地表演一遍，用上自己设计的动作，好吗？

（学生边歌边演，尽情展示）

［设计意图：此部分是学生对作品进行的二度创作，给学生自由发挥的空间，以张扬其个性，培养其创新意识。］

师：咱班同学真了不起！想象力很丰富！下面老师再考考大家，请你看着黑板上的"小鱼"唱名（把 do、re、mi、fa、sol、la、si 写在七条"小鱼"的身上，贴在黑板上供学生听唱选择），仔细听老师来唱！请你把老师没有唱到的音给取下来。（为方便学生听，放慢速度唱歌曲第三段）请你来吧！（指一生）

（学生上来后摸着脑袋找不到）

师：谁来帮帮他？

生：我来，si 没有唱到。

师：大家说她找得对不对？

生：对。

师：那这条漂亮的鱼就送给你啦！还有吗？

生：我知道，我知道。

师：请那个女孩，咱们看她找得对不对。（生取下 fa）

生：（议论）找对了。哦，没有了。

师：这首《捕鱼歌》就是用黑板上的这五个音组成的，咱们中国的民歌都是五声音阶，一般没有 fa 和 si 的。我们一起来唱一唱。

（学生唱歌曲第三段唱名，第三句不熟，教师用琴带，有进步）

师：今天没唱好没关系。只要咱们每节课都坚持唱唱歌曲唱名，我相信将来的你一定能熟练地掌握它们。

3. 拓展巩固中学习

师：同学们，我们学唱了一首中国台湾山地民谣《捕鱼歌》，（手指板书）有谁知道台湾在哪儿呢？

生：中国台湾在大陆的旁边，她的地图就像一片叶子。

生：我们中国地图不是像一只鸡吗？台湾就在鸡脚那一部分。

师：（出示地图）台湾是我国的一个省，现在跟大陆还没有完全统一。它位于我国东南部，与福建省相邻。确实像同学说的，形同一片叶子的台湾位于中国地图的鸡脚部分呢！咱们来欣赏一下美丽的宝岛台湾。（播放视频）

（学生聆听台湾民歌《台湾岛》，欣赏日月潭、阿里山的美景及台湾丰富的物产……）

师：咱们班有人去过台湾吗？（没有）将来有机会一定要去看看。台湾人除了说国语外，还有他们特定的方言，就是闽南语。咱们再来听听用闽南语演唱的台湾民歌《天黑黑》。（播放邓丽君演唱的《天黑黑》，出示歌词，便于学生理解）

生：好听啊，不过好难唱哦。

师：由于台湾四面环海，那里的人们在早期基本上以捕鱼为生。你看，这就是他们最原始的捕鱼工具，后来有了渔网，还有了自己的渔船，渔民的生活越来越好。

（学生观看图片，不时有议论声、惊讶声）

师：渔民丰收了，他们的心情会怎样呢？《捕鱼歌》就是他们的生活写照。请大家带着爽朗愉快的心情，跟着伴奏再把这首歌完整地回顾一遍。

[设计意图：此部分的教学旨在拓宽学生视野，进而让学生认识台湾、了解捕鱼人的生活背景，加深对歌曲的理解。]

师：同学们今天的表现很精彩！（点课件，出现单元题目"多彩的乡音"）随老师走进了多彩的乡音第一站——学唱了台湾民歌。作为奖励，老师要送给你们一个小小的礼物。（学生惊喜）张老师给你们带来了我的乡音——湖北民歌《龙船调》，不过需要同学们的合作。（出示卡片读白）

生：我来推你嘛！（教师说方言，学生再模仿）

师：有个同学不仅说得好，还做了一个动作，来来，给大家表现一下。

生：我来推你嘛。（大家爆发出笑声）

师：很好！老师一会儿唱到中间，你们就这样接着喊出来。明白吗？

生：（跃跃欲试）明白。

（教师有表情有味道地唱第一段，学生配合吆喝）

师：谁听明白老师唱的啥没有？

生：妹妹要过河……过河去拜年……还要划船……

师：有没有人想来当那个送妹妹过河的船夫呢？好，就你啦！拿个话筒，咱俩单独合作一把。（合作成功，掌声响起）

师：这就是老师家乡的民歌。你们每个人的家乡都会有自己独特的方言民歌，回去可以找爷爷奶奶、爸爸妈妈问一问、学一学，唱上一句来跟同学分享交流一下。好，今天的课就上到这里！谢谢大家！（唱着歌走出教室）

（注：此案例收编于深圳市福田区教育研究中心《聚焦新课堂》一书；2009年在广东省中山市全市小学音乐教师培训会上及"刘宏伟音乐教学工作室"结业汇报会上公开示范并获得好评）

附歌谱：

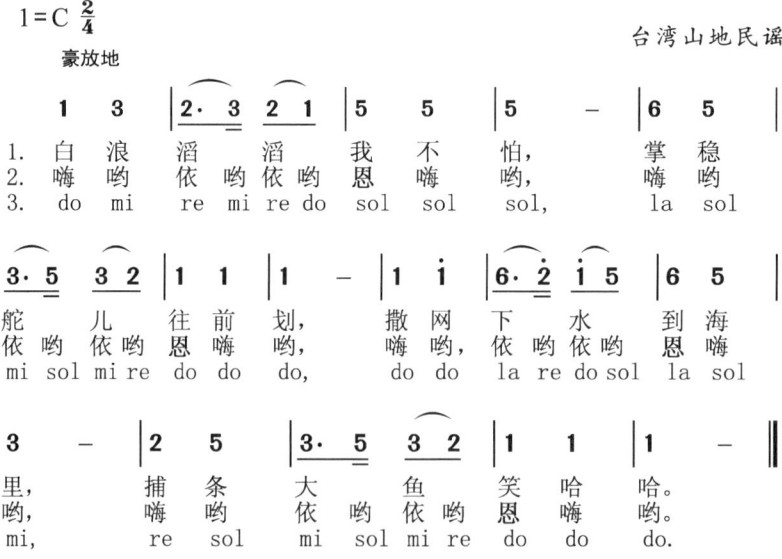

【课后延伸】

乐在其中

我喜欢上课,因为喜欢天真烂漫的孩子。学生的纯真可爱会让我感觉快乐,学生的潜力无限会让我充满乐趣。因此,我乐在其中,也乐此不疲。

1. 关注音乐,让乐音贯穿课堂

"怎样让自己在有限的时间上出有效的课?"这是我一直在思考的问题。认真吃透教材,挖掘有趣的音乐形象,用音乐的手段、多变的方法激发学生主动学习是根本。

《捕鱼歌》是由四个乐句组成的单段体歌曲,结构规整,但有三段歌词。若想在40分钟内出色完成教学必须开动脑筋——"让歌曲旋律不绝于耳,贯穿始终"。首先,把歌曲旋律渗透在"课前交流、认识学生、师生互动"等各个环节,让学生在有趣的活动中不知不觉地反复聆听模唱,熟悉歌曲音调。其次,歌词的教学也打破从第一段学到最后一段的常规,抓住劳动号子的歌曲特点,抽出第二段先行学唱。同一句歌词在不同的音调上呈现让学生感觉简单、新鲜有趣,再鼓励学生根据会唱的音调自行填唱新歌词。最后,再根据学生的已有经验(do、re、mi、sol、la)进行教学,第三段唱唱名一般也能顺利过关。

2. 关注学生,让快乐弥漫课堂

"让孩子们在课堂上快乐地学习"是我不懈的追求。第一,玩中学。先请学生放松心情玩游戏:"请你跟我XXX""他的名字叫什么"……这些活动对于孩子们来说既简单有趣,可拉近师生之间的距离,对教学又是一种铺垫。第二,创中学。形象而具动感的歌词,只唱不动是不能满足学生的心理和生理需求的,我就让他尽情发挥,充分演绎。有的划船、有的撒网、有的手捧大鱼、有的拍着胸脯表示是个勇敢的捕鱼人、有的哈哈大笑说丰收了……学生在自己无穷的创意想象中快乐地学习着。第三,乐中学。欣赏台湾民歌、台湾美景,欣赏教师的乡音,用方言与教师合作表演……学生在拓展中吸取营养,了解乡音,学到新知,享受美乐。

三、母爱在音乐中流淌

——《摇篮曲》课堂实录与课后延伸

【教学说明】

《摇篮曲》选自广东出版集团花城出版社出版的《义务教育课程标准实验教科书——走进音乐世界》四年级下册第二课《妈妈的歌》。本主题包括一首舒伯特的《摇篮曲》及合唱曲《游子吟》,还配有弦乐器家族的介绍与欣赏,分三课时完成。这是学生第一次接触摇篮曲体裁。因此,本课的教学重点就是让学生认识摇篮曲,学唱摇篮曲。通过教学,让学生掌握"摇篮曲"的音乐特点,喜爱"摇篮曲"这一音乐形式,并使其能从中理解、感受母爱,能唱准倚音,分辨乐句,用亲切柔和的声音及优美抒情的情绪演唱《摇篮曲》。

附教学流程图:

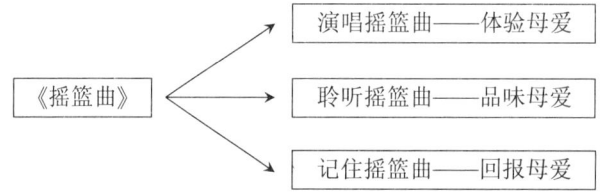

【课堂实录】

1. 演唱摇篮曲——体验母爱

(学生在柔和的二部合唱《游子吟》的音乐中走进教室坐好,音乐结束开始上课)

师:今天进教室的音乐是一首合唱歌曲,同学们听清楚唱的是什么了吗?

生:(自信而响亮地)慈母手中线,游子身上衣。临行密密缝,意恐迟迟归。谁言寸草心,报得三春晖!

师:哇,背得那么熟啊!(点课件出示诗句)刚才听到的歌曲《游子吟》

就是根据这首古诗谱曲而成。古诗描写的是一种什么样的情感呢？

生：妈妈对游子的爱。

生：母爱。

师：这是一首伟大的母爱颂歌！（板书："母爱"）这么好的诗，像刚才那么读，好听吗？应该怎么读呢？请咱们班最会朗诵的同学来给大家示范一遍。（学生推荐一位）想着妈妈对你的爱来朗读吧。

生：（极富感情地）慈母手中线，游子身上衣……（其他孩子也情不自禁地跟着读起来）

师：谢谢同学们！这样读多好啊！很感人！今天这节课，老师要用音乐来跟大家说一说母爱，带你们学唱一首妈妈的歌。（出示配图的课题"妈妈的歌"，图片说明：妈妈摇着摇篮中的宝宝趴在桌上睡着了）

师：看着这张图片，你想到了什么？

生：我在想，妈妈睡着了都不愿意离开自己的孩子。

生：妈妈担心孩子醒了看不到妈妈会哭，所以就这样睡。

生：妈妈一定很辛苦，你看她戴着头巾就睡了。

师：同学们说得真好！这就是母爱的伟大！下面咱们一起来听听妈妈唱的是一首什么样的歌。

（学生边听边晃动着身体，有的还跟着唱起来）

师：（演奏时抛出第二个问题）用你的手指头告诉我，歌曲一共分几个乐句？

生：（边听边出示手指头表示乐句的变化）共有 4 个乐句。

生：妈妈唱的是摇篮曲。

师：感觉完全正确。那什么是摇篮曲？

生：听着想睡觉的歌曲。

师：摇篮曲也叫催眠曲，原是母亲在摇篮旁为使婴儿安静入睡而唱的歌曲，后来逐渐发展成为一种音乐体裁。咱们先来唱唱这首摇篮曲的四个乐句，体会他们的异同点。（出示乐谱）

（学生随钢琴视唱曲谱，很快就发现 2，4 句是完全相同的。第 3 乐句遇到困难，教师协助解决。附点四分音符 **2·2** 处划拍唱就准了；双倚音的演唱对于学生来说比较难，可以采用化简的方法，先去掉它唱准 5 <u>4 3</u>，再告诉学生倚音不占时值加上来唱，5 ⁶⁵<u>4 3</u> 就解决了）

师：如果用 a 表示第一句，你会怎么画它的结构图呢？

生：（大声地）abcb。

师：你反应可真快！abcb 的图示告诉我们 2，4 句完全相同，（伸出大拇指）很好！可 ab 就是表示两句完全不同哦，你再仔细看看第 1 句和第 2 句。

生：有一半相同。

生：（有人补充）同头异尾。

师：真棒！那么，这首摇篮曲的结构用 aa'ba' 来表示是不是更恰当呢？（板书：aa'ba'）

（生表示赞同）

师：那咱们师生来合作表演一遍这个结构图，怎么分比较好？

生：张老师唱 b，女生唱 a，男生唱 a'。

师：就照你的安排来试试。

（学生随琴完整接唱乐句）

师：下面，我当妈妈，你们都是我的宝贝。（学生都笑了）用心倾听，哪些地方让你感受到了妈妈对孩子的爱？（师饱含深情地清唱全曲）

生：老师唱的"轻轻摇着你"，这句让我感到妈妈很轻柔，生怕吵着宝宝了。

生：妈妈在用音乐祝愿宝宝做个好梦。

生：妈妈希望世界上的一切幸福全都属于自己的孩子。

生：感受到妈妈的手臂很有力量，她说要永远保护自己的孩子。

师：谢谢孩子们！你们已经从音乐中领会到了妈妈无私博大的爱。（出示完整的歌谱）摇篮曲的曲调平静、徐缓、优美，充满了母亲对孩子未来的祝福。咱们一起来有感情地读一读这首小诗。

生：睡吧，睡吧，我亲爱的宝贝……

（学生随教师的琴声学唱摇篮曲；分句接唱摇篮曲；跟伴奏演唱摇篮曲）

师：我最欣赏古龙曦同学唱歌的样子，他闭上眼睛一直在那儿十分陶醉地唱着。（走过去摸着他的脑袋）老师想知道你陶醉在音乐中，想到了什么？

（学生不好意思地摇头）

师：来，跟大家分享一下嘛。

生：我想到爸爸妈妈好辛苦啊，我小时候总不肯睡觉，他们经常要哄我到半夜，第二天又要早起去上班。

师：那你今后想怎么对待爸爸妈妈呢？

生：要爱他们，不再让他们操心。

师：真是一个懂事的孩子！还有谁唱歌的时候想到了妈妈？

生：我想到，妈妈是世界上最爱我的人。我一定要好好学习，报答妈妈。

生：我喜欢这首摇篮曲，我还想唱。

师：好啊，咱们就满足稼北同学的愿望，再来唱一遍。这次你们当爸爸妈妈，看谁对我这个宝宝最有感情。（播放音乐）

（学生很认真很投入地唱，不过感觉声音不够美）

师：同学们的歌声怎么样，我先不做评价。摇篮曲究竟该怎么唱？咱们一起来欣赏一组摇篮曲，相信大家可以找到答案。

2. 欣赏摇篮曲——品味母爱

师：这是张老师在新加坡维多利亚音乐厅现场演唱的东北《摇篮曲》。（播视频）

（学生听说是自己教师唱的，好奇而佩服地欣赏着，接着还欣赏了日本、非洲、印度以及莫扎特、勃拉姆斯的《摇篮曲》片段，学生或随音乐划拍，或闭眼摇晃身体，完全沉醉于摇篮曲音乐的感染中）

师：听了这么多摇篮曲，同学们来说说对它的印象。

生：每首歌几乎都有"宝宝快睡觉"的歌词。

生：音调都很平缓，很温柔。

生：速度也很慢。

师：那，摇篮曲能像咱们刚才那样用大嗓门唱吗？

生：应该用柔和的声音来唱。

生：一般都要唱得缓慢一点儿、优美一点儿。

师：那咱们就用柔和的声音再来演唱一遍。

（学生的歌声比前面有了明显的不同）

师：这样的歌声才能打动人呢。同学们太棒了！为自己加油！

生：（高兴地为自己鼓掌）我们再唱一遍。

师：这么喜欢，那好，老师给大家布置一个作业，回家把这首摇篮曲唱给妈妈听，也让妈妈感受到你们的温暖和爱，好不好？

生：好！

生：可以唱成"睡吧，睡吧，我亲爱的妈妈"。

师：好啊，你很有创意！可以尝试。

3. 记住摇篮曲——回报母爱

师：IQ小博士说想考考你们学习《摇篮曲》后的收获，有没有信心？

生：有。

（教师点击课件页面，出现一组关于本"摇篮曲"的作者、情绪、音乐形象、节奏特点等的问题，学生选择答案进行抢答）

师：摇篮曲不仅有独唱合唱之类的声乐作品，也有一些器乐作品。如果大家还想继续聆听了解其他形式的摇篮曲，可以去上网搜索学习。下面老师再播放几个片段，请听辨回答哪些是摇篮曲，哪些不是？为什么？（放器乐作品）

（学生正确分辨出进行曲、摇篮曲和舞曲）

师：有同学知道被世人称为"歌曲之王"的舒伯特吗？

生：舒伯特是奥地利音乐家，准确地说，他的祖籍跟贝多芬一样是德国。

师：江敏行同学知识面很广，别人不知道的他都知道。不过你说他祖籍是德国还有待考证。他死后被人们葬在了贝多芬的墓旁，显示了舒伯特在人们心中的地位。仅活了31岁的舒伯特人生短暂，但却给世界留下了丰富的音乐财富，仅歌曲就创作了600多首。他一生穷困潦倒，有一天肚子饿得不行，就走进了一家饭馆。身无分文的舒伯特偶然看到桌上的小报上有一首小诗——"睡吧，睡吧，我亲爱的宝贝……"诗的意境打动了他，他便即兴创作了这首摇篮曲，并以此跟老板交换了一盘土豆牛肉。舒伯特死后，他的摇篮曲手稿竟以高价被拍卖，让全世界都为之感动的歌曲就这么流传了下来。

（学生饶有兴致地听着，不时发出感叹声）

师：我们是不是应该感谢舒伯特，也感谢这个老板啊？因为他没把手稿给扔了。

（学生笑了）

师：今天我们有幸学唱了这首世界闻名的摇篮曲，并从中体会到了妈妈无私的爱。想一想每天都在为咱们操心的妈妈，她付出了多少，我们又回报了什么呢？让我们用自己喜欢的方式来表达一下自己对妈妈的爱，好吗？

生：我想唱一首《温暖的家》来表达我的心情。（清清嗓子唱起来）"最爱我的人是谁呀？最爱我的人是爸爸妈妈。生我养我疼爱我，给我一个温暖的家。"

（这是一年级时唱过的歌曲，一经有人带头，其他孩子都跟着唱起来）

师：真好听！妈妈听了一定很感动！还有谁想表达呢？

生：我想弹钢琴。把《献给爱丽丝》改成《献给妈妈》。（同学们使劲鼓掌，琴声响起）

生：我想对妈妈说一句话："妈妈，我不会再让您伤心了！"

师：这是多么朴实而富有爱心的一句话呀！

生：（很胆小的一个孩子也举手）我、我、我想朗诵《游子吟》。

师：（拉着她的双手）好啊，我们都愿意听，你大声朗诵吧，说不定同学们都会帮你一起读呢。

生：慈母手中线，游子身上衣……

师：同学们，让咱们再次唱起《摇篮曲》，来体会做妈妈的感觉。（伴奏音乐起）

生：睡吧，睡吧，我亲爱的宝贝……

师：今天咱们第一次接触《摇篮曲》，同学们却有这么多叫人感动的表现。希望《摇篮曲》这优美的音调能一直伴随你们成长，记住《摇篮曲》，记住妈妈的爱，去回报妈妈的爱！今天的课就上到这里。同学们再见！

生：老师再见！（《游子吟》的音乐再次响起）

附歌谱：

摇篮曲

1=F 4/4

克劳蒂乌斯　词
[奥]舒　伯　特　曲
尚　家　骧　译配

行板

3 5 2·3 4 | 3 3 2 1 7 1 2 5 | 3 5 2·3 4 |

1. 睡吧！睡吧！我亲爱的宝贝，妈妈的双手
2. 睡吧！睡吧！我亲爱的宝贝，妈妈的手臂

3 3 2 3 4 2 1 0 | 2· 2 3·2 1 | 5 6 5 4 3 2 5 |

轻轻摇着你，　摇篮摇你快　快安睡，
永远保护你，　世上一切幸　福愿望，

3 5 2·3 4 | 3 3 2 3 4 2 1 0 ‖

夜　已安静，　被里多温暖。
一切温暖，　全都属于你！

如何打造学生喜欢的音乐课堂

【课后延伸一】

以情感人,以美育人

音乐是一种听觉的艺术,更是一种情感的艺术。音乐的本质是表现人类的思想感情,是人类交流感情的一种高层次活动。在教育教学活动中,我们不仅要关注师生之间的情感互动,更要注重挖掘作品中的情感要素,善于引导学生用美的歌声来表达发自内心的情感,并以合适的方式让他们感悟到音乐中的人性美、人情美,获得丰富的情感体验,以达到"以情感人,以美育人"的目的。

舒伯特的《摇篮曲》是一首被世人代代传唱的经典歌曲,曲调内容看似都很简单,但却蕴藏着一种深深的、浓浓的母爱情结。这首伟大的母爱颂歌,是对学生进行感恩教育的好题材,因为现在的学生对母爱已经熟视无睹,认为妈妈对自己的一切关爱似乎都是理所当然的。他们的生活条件优越,从小在父母的百般呵护下成长,本该自己做的一切事情全由家长包办代替,甚至每天的书包都不用自己背一下。由此,我想唱唱《摇篮曲》,用音乐来拨动、唤醒孩子们内心深处的那根亲情之弦。孔子说过:"音乐可以使一切变得和谐,并使人产生敬心和柔顺心。"只有让他们感悟到亲情,才会使他们爱自己的家,爱自己的亲人;只有让他们感悟到亲情,才会使他们明白自己的责任,进而学会学习,学会感恩。

1. 母爱在情境中弥漫

上课铃响,一曲优美和谐的《游子吟》拉开了亲情教育的序幕,温暖柔和的氛围即刻呈现出来。学生虽然是第一次听到这段音乐,但他们很快就跟音乐融合在了一起,有学生小声说"这是孟郊的《游子吟》呢",还有的情不自禁地就跟着轻声和唱起来,母爱教育的情感铺垫由此产生。因为已经了解这首赞颂母子情深的古诗是学生所熟悉的,再加上教材里又有这么一首合唱曲,所以我便借此音乐带领学生表现古诗的"母爱情",让学生在"哼唱、表达、朗读、有感情地朗读"的情境中体会母爱。接着,映入学生眼帘的是一张"妈妈趴在宝宝的摇篮旁边睡着了"的图片,它就像一首无声的音乐轻轻敲打着学生的心灵。教师的一问"看到这幅图片你想到了什么?"打开了孩子们思维的闸门。有的说:"这位妈妈很好!睡着了都不愿意离开自己的孩子";有的说:"妈妈担心孩子醒了看不到妈妈会哭，虽然很累但也只能这么睡着"；有的说："妈妈一定很辛苦，你看她戴着头巾就睡了"……母爱就这样弥漫在有声无声的情境之中，人性美悄悄地打动着孩子们，以此自然巧妙地揭示了课题，可谓意味深长。这张图片显示了教育的核心，既是歌曲内容的真实写照，又给了学生一次自我反思的机会。"妈妈对我们怎么样""我们又对妈妈怎么样"，真的是"声未起，情先动"。

2. 母爱在歌声中流淌

唱歌是人们用来表情达意的一种最直接的艺术表现形式，引导学生以"声"传"情"，以"情"感"人"是我们的职责。《摇篮曲》中那亲切动人的歌词，重复对比的旋律，摇篮的节奏都充分体现了妈妈对孩子的疼爱与守护。可怎样让学生理解接受呢？本节课的教学让学生在角色互换演唱中去体会。"下面老师当妈妈，你们都是我的宝贝。用心听老师的演唱，哪些地方让你感受到了妈妈的爱呢？"教师饱含深情的歌声，引起了孩子们的共鸣，他们说："'轻轻摇着你'这句话让我感到妈妈很温柔，生怕吵着宝宝了"；"妈妈希望世界上的一切幸福愿望全都属于自己的孩子"；"感受到妈妈的手臂很有力量，她说要永远保护自己的孩子。"这里没有教师枯燥乏味的说教，只有旋律在师生心中的对流。同学们陶醉在整个教学过程中，唱歌时想到了自己小时候总不肯睡觉，父母经常要哄到半夜，第二天又要早起去上班；想到了爸爸妈妈很辛苦，妈妈特别累；想到了妈妈是世界上最爱我的人，我一定要好好学习，报答妈妈；我要学会爱爸爸妈妈，不要他们再为我操心……就这样，学生在"老师当妈妈，学生当宝贝"及他们的角色互换中唱着《摇篮曲》，在轻松愉悦、自然美好的氛围下，体会着人世间最美好的亲情，同时在情感上产生了关心别人的愿望，完成了一次心灵的洗礼。

3. 母爱在聆听中感动

《音乐课程标准解读》中提出，"通过音乐学习使学生的情感世界受到感染和熏陶，在潜移默化中建立起对亲人、对他人、对人类、对一切美好事物的挚爱之情，进而养成对生活的积极态度和对美好未来的向往与追求。"它还指出，"音乐以其独特的表达方式直接进入人的情感世界。教师在音乐教学中牢牢地把握住情感性原则，不时点燃学生的情感火花，会有效地打开学生的心灵之窗，使其在情绪的勃发与激动中，享受美感，陶冶情操。"情感是音乐教学的灵魂。学生学会《摇篮曲》，也从中感受到了妈妈对孩子的那种无私的爱，可是要他们"声情并茂"地表达出来还是有一定的难度的。这时候,给学生欣赏一些世界各地的摇篮曲,对于提升他们的情感表现力是很有帮助的。每一段摇篮曲的音乐响起,学生便随着音乐或伸手划拍,或闭眼摇晃身体,完全沉醉于音乐的感染之中。此时的教学已不需要教师过多的言语,学生就已经明白:摇篮曲的音调几乎都很平缓、温柔,速度也都很缓慢。通过聆听,学生感悟到了摇篮曲音乐特有的魅力,为后面深情投入的演唱奠定了基础。

4. 母爱在记忆中升华

音乐教育从本质上来说是一项塑造"人"的工程,它具有"唤醒、联系和整合"人格的力量。通过演唱、聆听、再演唱,学生获得了丰富的情感体验,得到了审美熏陶,最后在回忆总结摇篮曲特点的过程中记住《摇篮曲》,而记住《摇篮曲》也就是回报母爱的起点。"想一想每天都在为我们操心的妈妈,她付出了多少,我们又回报了什么呢?让我们用自己喜欢的方式来表达对妈妈的爱吧!"这样的唤醒拨动了学生心底那根爱的琴弦。有的朗诵,有的唱歌,有的弹琴,有的干脆就大声喊出"妈妈,我不会再让您伤心了"……

古希腊哲学家柏拉图说:"节奏与乐调有最强烈的力量浸入心灵的最深处,如果教育的方法适合,它们就会拿美来浸润心灵,使它也就因而美化。"让我们以此句共勉。

【课后延伸二】

由即兴编唱摇篮曲的孩子想到的

一节课40分钟,学生学会唱《摇篮曲》了,情感也被当堂激发得比较到位了,个人以为教学目标就基本达成了。可没曾想,到了第二节课,我正准备导入新课内容时,平时非常调皮的刘稼北同学突然喊了一声"我还想唱那个《摇篮曲》"。这一声喊令我欣喜,"唱了还想唱!说明这首歌打动了他,同时也可能打动了其他孩子。"于是我"将计就计",临时改变教学计划,让同学们唱后再即兴编唱自己的摇篮曲,继续深入地感受母爱亲情。于是就有了下面这一幕,这一幕也令我有了新的感悟。

师:那咱们满足刘稼北同学的愿望,全班同学一起来唱,好不好?

生:(声音洪亮地)好!(这一提议得到了大家的呼应,老师起头,学生在没有伴奏的情况下清晰而轻柔地唱起来)

师：真了不起！同学们都能背唱了，说明妈妈的爱通过歌声打动了我们，进入了我们每个人的心里。下面，老师有个建议，不知道同学们能不能编唱一段自己的摇篮曲呢？哪怕只有一句也好。或者回忆小时候妈妈给我们唱过的催眠曲，把它唱出来也行。

（学生有的在思考，有的在迟疑地观望）

师：（再次鼓动）怎么想的就怎么唱！歌曲之王舒伯特的摇篮曲不也就只有四句话嘛。

生：（多次推辞后唱道） 6·1 3 1 | 6 6 6 5 6 3 6 | 5·7 2 7 |
　　　　　　　　　　　宝 宝乖　 你是 妈妈 的最爱，宝　宝乖

5 5 5 4 5 2 5 | 6·1 3 1 | 6 - - 6 5 | 6 0 0 0 ‖
你是 爸爸 的最爱，宝宝快点　睡　　快点　睡。

（生唱，师快速记录其音调）

师：你太有才了！咱们为陈星雨同学鼓掌。

（生深感意外，但还是给予了热烈的掌声，因为这位同学在大家的眼中算是一个"差生"）

师：老师也想唱一唱你的摇篮曲。（唱后学生再次鼓掌）真是太棒了！不过，老师有个小小的建议，你看最后这个"快点睡"，是不是结束得太突然了？这样唱可能会把宝宝吵醒的哦。

（学生笑了）

师：如果把 6 5 | 6 0 0 0 改成 6 5 | 6 - - - ，就抒情柔和一些，是不是更适合摇篮曲的特点呢？

（这一改动得到了全体同学的认可，在教师的引导下，大家一起学唱了陈星雨创作的摇篮曲，同学们再一次送给他羡慕的掌声……看得出来，同学们这次是真心的）

这是课堂生成的意外收获，而这意外的惊喜却来自于几个在教师和同学们眼里的"差生"。教师应不应该把学生分成三六九等呢？大家都会肯定地回答，"不能"。但在实际教学当中，可能由于应试的影响，有些教师眼里还是有优生与差生之分，差生得到表扬的机会自然就比优等生少多了。其实学生之所以调皮，有家庭、学校等多方面因素，常常得不到认可也是原因之一。

陈星雨是读二年级时从外校转进来的一个男孩。第一次上音乐课，我就发现他比较喜欢招惹周围的同学，后来还发现他很爱哭鼻子，爱打喷嚏流鼻涕，

身上的校服似乎总洗不干净，班上同学好像都不愿意接受他。

有一天，我跟他做课后交流，他很紧张，以为教师要狠狠地批评他了。我没有提他在课堂上的表现，只是让他把新学的歌曲唱一遍。他自然是唱得结结巴巴了。"别紧张！跟着老师的钢琴再唱一遍"，虽然歌词还有唱错，但音准却很好，声音也很漂亮。我夸张地赞美他："你的声音多好听啊，不表现出来真是太可惜了！以后一定要好好展示一下自己的歌喉，让大家对你刮目相看。"他兴高采烈地离开了教室，我想他是带着一种荣耀离开的。

又有一次，我正在讲课，他突然震天响地打了一个喷嚏，还流出鼻涕，周围同学都厌恶地捂嘴侧身，班长还大声责怪他"胡闹"。我很心疼地告诉同学们："陈星雨同学这是比较严重的过敏性鼻炎症状，他绝对不是故意的。我太能理解他了，因为张老师也有鼻炎。从某种意义上说我们都是患者，应该得到大家的关怀而不是嫌弃呀！同学们要有一颗包容之心，应该多帮助他才对啊。"班里一下子特别的安静，旁边一个女生马上递给星雨一包纸巾……其实我们的学生都是非常善良可爱的，只要教师引导得当，他们一定可以成为友爱互助的一家人。

自此，这孩子每天都会来到我的办公室看看，也许什么话都不说，只是笑笑地打声招呼就走，在我的课堂上也变了很多，虽然有时候还是会调皮一下。没想到他今天会第一个站起来，这么了不起地哼出自己的摇篮曲，而且是那么的流畅。

因为陈星雨的天才创作，促使我在接下来的四（4）班也想试试"即兴哼唱摇篮曲"环节。我先演唱了四（2）班陈星雨的摇篮曲，赢得了同学们的一片惊叹声！当我宣布大家都可以尝试一下后，有个叫陈彦桐的女孩子就站起来想唱，却遭到了同学们的一片嘘声。因为这个同学也是一个在班上不太受欢迎的孩子，大家对她特别有成见。但由于我对她的多次鼓励与肯定，这孩子不仅在音乐课上主动参与，积极表现，而且还要求参加了我组织的合唱队。尽管有的同学总是对她持否定态度，但她依然能保持一颗乐观的心，对音乐的学习很执著。今天她又勇敢地站起来了，教师就应该帮助她毫不畏惧地把自己心里想的唱出来。于是她的歌被教师以最快的速度记录在了黑板上，让全班同学都来学唱它，佩服她。陈彦桐的作品听起来音调简洁流畅，只是节拍稍有些含糊，歌词也即兴做了修改。把重复的"睡吧睡吧，宝贝快快入睡"，改成了"别怕别怕，宝贝快快入睡"，歌词这一变化更能体现妈妈给予宝贝的一种安全感。最后我给她统一规整为3/4：

```
5 3 - | 5 3 - | 1 1 2 3 3̂ 2 | 3 - - | 4 2 - | 4 2 - | 1 1 2 3 3̂ 2 | 1 - - |
睡吧！ 睡吧！ 我亲 爱的 宝   贝，   别怕，  别怕，  宝贝 快快入   睡。
```

这两个孩子即兴创作的表现，是对教师赏识教育的一种回报！也印证了苏联著名教育家阿莫纳什维利说过的那段话——"淘气是儿童智慧的表现，是儿童可贵的品质，如果一个孩子一点儿也不顽皮，就意味着他内在的智慧和创造潜能正在沉睡，没有得到发展。"

因此，作为教师应该把爱的阳光洒向每一个学生，尤其是对那些问题学生，更应该给予真诚的关注，要摒弃成见，欣赏他们的优点，宽容他们的错误，并营造一种友爱和谐的集体氛围，给他们改正错误和表现自己的机会。我相信，一份关爱就是一个世界，一份鼓励就有一个未来！

四、唱民歌就要唱出味道

——《唢呐配喇叭》课堂实录与课后延伸

【教学说明】

《唢呐配喇叭》选自人民音乐出版社出版的《义务教育课程标准小学音乐实验教科书》二年级第三册第七课。这是一首短小的湖南民歌，五声羽调式，曲调、节奏均采用了模进或重复的创作手法。如第1与第3小节，第2与第4小节，第5与第6小节。小三度级进的旋律与十六分音符、附点音符的巧妙运用，形成了秧歌舞特有的韵味。衬词"里乐拉"一问一答，模拟了大喇叭、小唢呐竞相吹奏的乐声，使歌曲具有浓郁的乡土气息与欢乐的农家气氛。学生在本节课的学习中认识唢呐、喇叭，了解《唢呐配喇叭》是一首湖南民歌，能准确流利地演唱十六分音符，掌握歌曲里的"一字多音"的唱法，能欢快活泼地背唱歌曲，并感受其韵味特点。

附教学流程图：

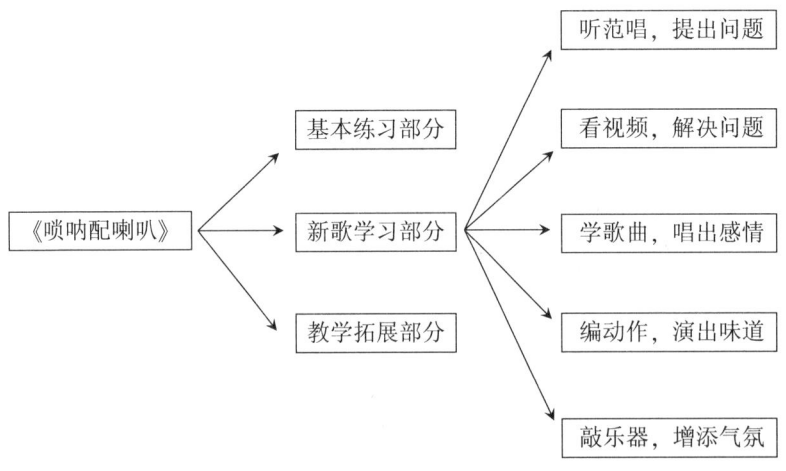

【课堂实录】

1. 基本练习部分

(学生听着音乐进教室后,师生即以问候歌及学生熟悉的《音阶歌》开场。每节课开课前,师生之间都用《音阶歌》来对唱问答以组织教学,这种形式既可以融洽师生感情,让学生尽快进入歌唱的状态,也可以加强学生的发声练习和音准练习。《音阶歌》谱例附后)

师:谢谢!同学们的声音真是越来越好听了!大家看看黑板上,我们刚刚唱的《音阶歌》里的小音符是不是一个不少地都在这里集合了?

生:是。

师:下面,老师来唱一段新的旋律,请大家认真听,把老师没唱到的音符给找出来,并把它擦掉。(慢速唱新歌旋律,便于学生听清楚)

生:没有 fa。

生:si,si 也没有。

师:对!就是没有 fa 和 si。同学们的耳朵真灵!(边说边擦掉这两个音符)下面请一位同学来黑板上认一认老师唱的音符。潇潇,就请你来当小老师,其他同学呢,也举起自己的手指头,跟着老师唱的音符边点边模唱。

(学生高高低低地伸出手指头,指着黑板上的音符,慢速轻声跟唱)

2. 新歌学习部分

(1) 听一听,说出自己的"不明白"

师:Very good!这就是咱们今天要学唱的一首新歌曲调。我们一起来完整地听一听录音。

(学生认真聆听范唱)

师:听到什么啦?有什么不明白的可以提问。

生:我听到"长的就是喇叭"。

生:短的是唢呐。

生:唢呐和喇叭长什么样子呀?

生:唢呐配喇叭。

(2) 看一看,认识唢呐和喇叭

师:小朋友们听得真仔细,问题也问得好。请看屏幕,答案就在这里。(课件出示)唢呐,是一种民间吹奏乐器,其声音十分高亢明亮。(放音乐)

(学生看、听并模仿唢呐演奏姿势)

师：平时，同学们一听说吹起小喇叭，都会怎么做？（生如上模仿）对！书上记载，"唢呐"其实就是"喇叭"。但细分起来，人们就习惯称"长的是喇叭"，"短的是唢呐"。（点课件）而吹管的长度不同就会导致它们的声音发生变化。咱们再一起来听听音乐，看能不能发现不同的声音。

生：（兴奋地）我听到了。一种声音高，一种声音低。

师：那你们认为高或低的声音分别是谁发出的呢？

生：唢呐声音高，喇叭声音低。

师：为什么呀？

生：喇叭的管子太长了，所以声音低沉。

师：你的想法完全正确。为他鼓掌！（学生热情地鼓掌）咱们再听一遍，听到唢呐声咱们朝天上吹，听到喇叭声咱们朝地上吹。怎么样？

生：好！

（师生聆听音乐，寻找唢呐和喇叭的声音）

（3）唱一唱，用声音表现喇叭唢呐竞相吹奏的情景

师：听了这么多遍，同学们应该都会唱了。（出示歌谱）看不清屏幕的同学可以翻开书本第42页，咱们一起试着唱一遍。

（学生跟音乐齐唱全曲）

师：唱得真不错呢！你们仔细听听老师是怎么唱"喇叭 $\underline{3\cdot 2\ 3}$"、"唢呐 $\underline{1\cdot 6}$"的，（师范唱）强调了哪个字呢？

生：喇和唢。

师：来，大家模仿老师试试。

生：喇.（啊）叭，唢.（哦）呐。（还不够好）

师：歌曲中这两个附点的运用十分的巧妙。既好像是唢呐、喇叭的颤音，又好像是表现演奏者的潇洒、得意和自在。谁来单独表现一下？

（学生积极举手，踊跃表现）

师：真了不起！这首民歌的味道就在这里。下面，咱们一起来这样唱一唱、吹一吹吧。

（随钢琴：师生对唱，生生对唱，一领众和唱；跟伴奏：齐唱、独唱）

（4）编一编，用身体动作表现农家的欢乐气氛

师：《唢呐配喇叭》是一首湖南民歌，同学们学得不错。民歌大多来源于我国民间，是劳动人民的生活写照。咱们来看看，农家人是怎样用唢呐和喇叭来表达感情的。（课件出示唢呐喇叭的各种吹奏姿势、表情，以及它们在民俗节日中烘托气氛的场景图，生看图欣赏并发表自己的见解）

师：咱们也来学学快乐的农家人，玩玩这些乐器吧。你可以选择自己喜欢的姿势吹唱，不过同学之间一定要有感情交流哦。

（教师可先找一学生交流示范一下。歌声中，同学们模仿刚才看到的民间艺人演奏的情景，有的坐着，有的蹲着，有的站在椅子上，有的还居然躺在地上，有的互相搭着肩膀……大家随音乐尽情表达着自己对歌曲音乐形象的理解）

（5）敲一敲，用自制乐器增添民歌的热烈情绪

师：（鼓掌）同学们的表现真是太精彩了！谢谢大家！请回到座位上。看了同学们这么有创意的表现，老师希望大家把农家人竞相吹奏的气氛搞得再热烈一点。谁来加上咱们自己做的打击乐器试一试？（提供"沙锤"和"鼓"）

（在教师的启发下，学生有的手拿矿泉水瓶制成的沙锤，有的把月饼盒当小鼓，随音乐不断敲出不同的音响）

师：大家都很会动脑筋！咱们就选淘金同学的伴奏型来敲一敲看看。

（学生兴奋地手持一件"打击乐器"边唱边在歌曲的 2，4，6，8 小节处敲击"XXX"的节奏型）

师：为了能互相倾听到效果，咱们男女生分组来表演一下。男生以自制乐器伴奏，请女孩子们起立边吹边唱。

（女生唱，男生奏）

师：男孩子的表演真富有激情！不过鼓声稍稍强了一点儿，几乎要把女生美美的歌声给盖住了。下回注意。咱们交换再来一次。

（男生唱，女生奏）

师：这次配合得非常棒哦！互相给点儿掌声鼓励一下。

（学生热情鼓掌）

3. 教学拓展部分

师：老师也来凑个热闹吧。我唱一首民歌，你们听完后，要提出一个关于这首歌的问题来问老师或同学。（清唱另一首类似的湖北当阳民歌《唢呐配喇叭》）

生：您唱的歌叫什么名字？

生：这是哪里的民歌？

生：这首歌跟我们学的歌是一样的吗？

师：表扬积极思考、提问的同学！有同学来帮忙回答吗？（环视大家）

生：老师唱的歌跟我们的不一样！

师：（伸出大拇指）你回答了一个问题。大家认为呢？老师唱的歌跟你们学的歌是一样的吗？（生答"不一样"）这是一首湖北当阳地区的民歌，它的名字也叫《唢呐配喇叭》。这两首民歌歌词基本相同，调式则大不相同，咱们来看看歌曲开头和结尾的音就明白了。（课件出示两首歌谱，颜色标出不同的尾音）

生：哦，一个是sol，一个是la！

师：对，尾音不同，这首歌曲的性格都变了。你再比较来听听。（老师唱，学生感觉一个豪放，一个调皮跳跃）是啊，咱们中国民歌有自己独特的调式，叫做五声调式。这两首同名民歌就是两个不同性格的调式，等到了高年级老师再具体告诉你们。下面咱们一起来唱唱这个新的曲调。

（学生用手指点谱，并随琴轻声唱谱。此曲视唱结束后，教师调性一转，学生即跟随熟悉的音调唱起刚刚学过的歌曲来）

师：我们班同学真是太聪明了，今天的课就上到这里啦！

（唱）`1 2 3 4 | 5 - |`
　　　同学 们再　见！

生：（挥手唱）`5 4 3 2 | 1 - |`
　　　　　　张老 师再　见！

（教师继续弹奏《唢呐配喇叭》，学生唱着、吹着离开教室）

（注：此课例在家长开放日公开暨"列宏伟音乐教学工作室"研讨）

附歌谱（一）：

音阶歌

1=C 2/4

`1 3 5 | 6 6 5 | i i 7 6 | 5 - |`
师：同学们，　来唱歌。生：do do si la sol.

`1 3 5 | 6 6 5 | 4 4 3 3 | 2 - |`
师：你也唱，　我也唱。生：fa fa mi mi re.

`1 3 5 | i 7 6 5 | 1 3 5 | 4 3 2 1 |`
师：唱什么　生：do si la sol　师：唱什么？生：fa mi re do

`1·2 3 4 | 5 6 7 | i 7 6 5 4 | 3 2 1 - ‖`
（齐）：Do re mi fa sol la si,　do si la sol fa mi re do.

附歌谱（二）：

唢呐配喇叭

湖南民歌

1=F 2/4

长的 就 是 喇 叭， 短的 就 是 唢 呐。 里乐啦，里乐啦，唢呐 配 喇 叭。

附歌谱（三）：

唢呐配喇叭

湖北民歌

1=G 2/4

长的 是 喇 叭 也， 短的 是 唢 呐。 里里 拉里 拉里， 吹的 好 优 雅 也。

【课后延伸】

怎样让民歌演唱成为学生的最爱

民歌是各族劳动人民在长期的生产和社会实践中，为适应劳动、生活和表达各种思想感情的需要，集体创造的一种世代口耳相传的歌唱形式。它是我国民族音乐宝库中的一颗璀璨的明珠。面对五彩斑斓的民歌世界，却经常听到教师们感叹说："现在的学生只喜欢听、唱流行歌曲，不喜欢唱民歌。"本人不太认同这个说法。我认为学生不喜欢唱民歌，社会这个大环境的影响是原因之一，但最关键的还是教师没有示范好、没有引导好。作为一个音乐教师，首先应该具备良好的民歌素养，积累大量的民歌素材，随时做好示范的准备。然后再用心思去挖掘民歌内涵，找到歌中最闪亮的"点"，对学生进行合适的引导，就不愁学生不喜欢唱民歌。

通过多年的教学实践，我发现最闪亮的"点"就是民歌的衬词。衬词是民歌的一大特色，最初来自语气词、感叹词或象声词，有时具有实质意义，有时没有什么含义。它在民歌中起着抒发情感、烘托气氛、强化风格、协调节奏、扩充结构的作用。中国民歌丰富多彩，源远流长，怎样让民歌演唱成为学生的最爱呢？

1. 做好示范，让学生乐于接受

现行的音乐教材里面，无论什么版本，每册至少都有一个单元的民族民间音乐素材，这些曲目都是在我国浩如烟海的民歌中精选出来的，适合学生演唱和欣赏。但有些作品的范唱效果就不太尽如人意，有的很原始，学生听不懂，一听就想笑；有的是学生录音，声音表现力平淡，好像欠缺点原民歌的味道。

俗话说："给学生一瓢水，自己得有一桶水。"教师必须做好充足的示范准备，在拥有大量民歌积累的前提下，应把教材中的每一首民歌、每一段民乐都深深地印在心里、嘴里、脑海里，好好吸收消化后再完美地呈现出来。也许我们的声音不够漂亮，但是我们的歌声应充满感情，韵味十足而富有魅力。我相信，学生不会拒绝任何动人的东西！教师示范得好，学生在感情上就容易接受了，再去欣赏和表现民歌，就不会只想笑，就会产生"我们要比平淡的范唱唱得好"的愿望。

2. 找出衬腔，让学生先唱为快

衬词是民歌中的一大特色，也是能够引发学生学习民歌兴趣的直观方式。在学生初听一首民歌时，就可以让他们找出自以为该民歌最有特色的地方，把它说出来。一般学生都会圈出衬词部分，因为它在不熟悉民歌的人的眼里，就是很奇怪的一串文字，不懂它是什么意思，比如，"哎嗨咿呀呼呆呀个呆""花儿梅子西水上漂""得儿铃铛瓢一瓢""郎郎扯光扯"等衬词，必定是学生的首选。而民歌中的衬词根据使用字数的多少，分有衬字、衬词或衬句三类，无论哪一类，字数不多，唱起来好唱，而且总重复着唱，也好记。这样，从心理上就降低了学生学习民歌的难度。所以让学生找出衬词，先唱衬腔，一定可以激发学生爱唱民歌的热情。

3. 分句接唱，让学生乐于参与

学唱民歌时，根据学生喜欢听故事的心理，教师可以把歌曲内容用说故事的形式告诉学生，让学生明白自己要表现什么，在情感上引起共鸣。怎么表现呢？变换形式来唤起学生的参与热情。首先可让学生唱衬词，教师唱正词，对唱几遍之后，学生对整首民歌有了印象，师生再交换唱，或者根据歌曲的段落结构设计成"男女生对接唱、小组对接唱、一领众和对接唱"等形式。不过形式的变化必须适合该民歌的风格特点，要唱出该民歌的味道来。比如，《唢呐配喇叭》，歌词里面唱到"长的是喇叭，短的是唢呐"，我们就可以把学生分成男女两组，男生唱"喇叭"，女生唱"唢呐"，喇叭唢呐的音色、音高特点跟学生的性别差异相衬；《凤阳花鼓》这首民歌里面有锣有鼓，学生就可以分成两组分句对唱，同时在自己的乐句尾敲一下锣或者鼓，如果共唱"手拿着锣鼓来唱歌"这一句，两组的乐器也应该同时敲，这样的设计必定会激发学生参与的欲望。

4. 民歌演唱，成为学生的最爱

当我们明白了民歌教学的问题症结，找到了"注重教师自身的示范效应、学生先找衬词再分句接唱的学习方法、强调民歌韵味的表现"等学唱民歌的途径，当学生们也明白了小调要唱出小调的柔美，山歌应唱出山歌的豪放，劳动号子要表现出它独有的节奏的时候，还何愁学生不爱唱民歌呢？

（1）精彩的民歌课堂

一首四川的《太阳出来喜洋洋》，歌词那么长，四年级的孩子们却唱了一遍又嚷嚷着再来一遍；云南的《放马山歌》是五年级学生的最爱，虽然他们唱的那几声吆喝听起来还不够高亢，但是他们喜欢那种扬鞭催马的得意与豪放；安徽民歌《凤阳花鼓》的那几句"得儿铃铛飘一飘"，令三年级学生特别兴奋和喜爱，他们惊奇于教师弹舌头的功夫，也发誓要学会弹舌这一招，大家课后还互相切磋，甚至找到教师来评判谁唱得好；二年级的学生模仿教师用四川方言边唱边演《螃蟹歌》，那认真的神态、夸张的咬字、滑稽的表演真叫人捧腹；大家以为六年级的学生不爱唱不爱动，可是陕北的《拥军秧歌》里那句"嗨来梅翠花嗨呀海棠花"，却让他们在教室里扭着秧歌步唱得不亦乐乎；湖南民歌《唢呐配喇叭》最有特点的地方就是两个附点的巧妙运用，既像是唢呐、喇叭的颤音，又像是演奏者潇洒得意、自在的表情，一群低年级的孩子摇头晃脑地模仿着唱"喇.（啊）叭，唢.（哦）呐"，有的站着吹，有的坐着吹，还有的蹲着、躺着吹；而江苏那优美的《茉莉花》旋律更是让许多孩子流连忘返，回家还要用自己不同的乐器来演奏……

（2）课堂生成的感悟

有一次给学生讲民歌的种类，导入时我先介绍并演唱了自己家乡的一首

《龙船调》，还邀请他们学着用湖北话配合我在中段喊一嗓子"我就来推你嘛"，气氛相当好。当我准备进入新授阶段时，学生依然沉浸在刚才的民歌情绪当中，要求再来一遍，表示可以配合得更好。未曾想，就这一句学得蛮像样的旁白，就这一段地道的乡音，让学生对民歌产生了浓厚的兴趣，他们想听教师继续唱民歌。有个叫孙永乐的男孩说："老师，我老家是西安的。您给唱一首我的家乡的吧。"我在两秒钟的思考之后，就给学生唱了《赶牲灵》和《兰花花》的第一段，因为它们都有浓郁的陕北方言特点，比如，"我的"唱成"饿滴"，"生下"唱成"生哈"；它们音调高亢、清亮，独具特色的浓重的后鼻音会给学生留下深刻印象；歌中都反复使用了相同的衬词"那个"，很有特色。为了让学生能听得懂，我用讲故事的方法描述了这两首民歌的内容，学生听得津津有味。一曲听罢，这个说"老师，我是四川的，唱一个四川民歌"，那个说"唱湖南的吧"，孩子们对民歌的热情真是出乎我的意料。我接着又唱了《黄杨扁担》《浏阳河》，在黄杨扁担的歌声中，学生明白了"柳州的姑娘们手很巧，三姐妹都很会梳头"，《浏阳河》在"歌唱着伟大的领袖毛主席"。就这样在不经意间让学生感受到了方言、衬词在民歌中的魅力。学生说"民歌好好玩呀，歌词很有意思"，最后有个学生说"我发现，唱民歌就像在讲一个个故事，而且是用各地方言来讲、来唱"，多么有灵性的孩子啊！民歌的魅力已经深入他们的内心，他们找到了民歌的真谛——民歌是民间的歌，是劳动人民的歌，它确实在唱着人们的生活、劳动和情感的故事。

学生给我们传递了一种了不起的信号：有这么好的学生，有这样的感悟，可教师都准备好了吗？这是一节常规课堂生成的故事，在介绍民歌种类的时候，没想到学生会根据自己的家乡所在地，随意给我点歌。我知道，学生不是想把教师考倒，而完全是出于对自己家乡民歌的好奇。这个时候，教师如果说"老师还没想到唱什么呢"或者"对不起，老师不记得歌词了"，同学们刚被点燃的热情可能会马上消失。哪怕唱一段或唱一句，我们也应该满足学生想听他们乡音的愿望。有的教师可能会说电脑上什么都有，但那不能代替学生寄予期待的教师。于是我唱了，虽然每首歌只唱了自己印象深刻的一段，但孩子们却给了我热烈的掌声。

从那天开始，我告诉自己要大量地"积累"，也想告诉看这本书的朋友们应该有所"积累"。有了积累并能运用自如，这样才无愧于一个音乐教师的称号！让我们尽职尽责把教材中"多彩的乡音"有效地传递给学生，使他们对民歌产生喜爱之情，爱唱会唱民歌，自觉地去收集其他民歌，将民歌文化传承下去。

五、模仿与创造

——《小毛驴爬山坡》课堂实录与课后延伸

【教学说明】

《小毛驴爬山坡》选自教育科学出版社出版的《义务教育课程标准小学艺术实验教科书》三年级上册第七单元。这是一首西班牙民歌，描述的是"小毛驴"和"我"调皮逗乐的情景。歌曲一字一音朗朗上口，口语化的歌词极富生活情趣，上下起伏的旋律线又像是高低不平的小山坡。教学设计抓住"爬"字做文章："爬"的快慢，意即掌握歌曲的节奏和速度；"爬"的高低，即唱准歌曲旋律起伏的音高；"爬"的趣味，即能形象趣味地表现演唱这首歌曲。

一堂音乐课必须要关注音乐的几个基本要素，否则一定会走偏而失去音乐性。因此，本节课根据教材特点，采用了模仿与创造的方法引导学生完成了"节奏、旋律、歌词"的顺利衔接。

附教学流程图：

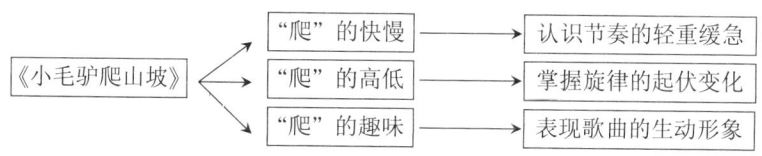

【课堂实录】

1. 节奏模拍与创编

师：（微笑着跟学生打招呼）Hello！很高兴和百花小学三（6）班的同学一起上音乐课。初次见面，请大家先来模仿老师的声音和动作。让我认识一下你们。（晃动双手臂模仿蛇头的动作）嘶……

生：（模仿老师）嘶……

师：（双手叉腰）嘶、嘶、嘶、嘶、嘶……

（学生模仿）

师：（模仿青蛙跳）呱！呱！

生：呱！呱！

师：（模仿小猫叫）喵——

生：喵——

师：（拍手）X X | X X X |。

生：X X | X X X | X X | X X X |……（有点稀稀拉拉不整齐）

师：（笑）老师有拍那么长吗？再仔细听！不要着急，听完再拍。X X | X X X |

生：X X | X X X |（基本上整齐）。

师：X X X X | X X |，心里念着它的声音来拍。

生：X X X X | X X |（比较整齐）。

师：（伸出大拇指）有进步！不过还是有少数同学有点心急，节奏总往前赶，以后多做做这方面的练习就没问题啦！

师：会模仿是一个本事，如果能创编就更棒了。你听，老师把刚才的节奏变一下就是在创编。（将节奏变为 X X X X | X X | 或 X X | X X |）请你们也试着把它变一下再拍出来，好吗？

生：（声音有点弱）好。

师：是不是有点紧张啊！做过这样的游戏没有？

生：没有。

师：没关系。做任何事都会有第一次，谁大胆来试试？

生：X X X X

师：（和学生一起思考）有没有变化？好像跟老师编的一样呢。一共四拍，这位同学拍数对了。请这位女生来。

（生迟疑地拍 X X X，没节拍感）

生：（反应很快地）少了一拍。

生：X X X X X

师：这次怎么样？（问全体学生）哦，又多了一拍。

师：别着急。老师来给你们玩个魔术示范一下。（取出事先备好的 4 个纸杯，一字排开，四个杯子手拍四拍 X X X X）下面开始变啦！（在第 3 个杯子上面再放一个）新节奏就变成了 X X XXX。现在大家就用这 5 个纸杯任意组合，节奏就会发生奇妙变化。这就是创造！大家赶快来变一变。

生：（跃跃欲试地上前摆好并拍）X X X X

（生齐模仿拍）

师：谁再来变魔术？跟别人不同的。

生：X XXX X

生：X X X XX

生：XX XXX 0

师：掌声送给这些同学！最后这位特别与众不同，他居然还变出了一个休止符。有创意！你们回去再多加几个杯子，依然在这四拍的范围内变一变，我相信大家一定会创编出更多有新意的节奏。

师：有了前面的基础，我们来玩一玩节奏问答游戏，就是我拍一句你拍一句，回答的节奏要有变化。（请出那位特有创意的学生跟他对拍）X X | X X |

生：（接着老师的拍）XX XX X 0

师：真棒，谢谢你！谁再来？ X X | X X |

生：X X XXX

师：不错！谁再来回答一个不一样的？

生：XX XX XXX

师：越来越厉害了！我们一起来模仿她拍的。（引导学生集体用"哒"唱拍）同学们从开始一起拍最简单的节奏都不整齐到现在能创编节奏，真是一个了不起的进步！给自己一点掌声嘛。

（学生开心地鼓掌）

师：刚才是老师问，你们答。下面呢，请同学们来问，张老师答。（出示"问"的节奏卡片 $\frac{2}{4}$ XX XX | X X | XX XX | X - |）经过前面的练习，相信你们一定能拍出来。

（学生看节奏卡片双手击拍，最后一小节的二分节奏有错误，教师指出来，生纠正再拍，再集体拍一次，基本正确）

师：老师来回答，仔细听听跟你们这句有什么变化。（说后对着卡片拍下句）XX XX | XX XX | X X | X - |，同学们说说，哪里变了？

生：（指第二小节）那里应该拍两下的，你拍了四下。

师：你们的耳朵真灵！听出了不同之处，但究竟有啥不同呢？（出示"答"

节奏卡片 X X X X | X X X X | X X | X — |）我把第二、三小节的位置调换了一下。你们能把这个也拍一拍吗？

（学生学拍，不是很整齐）

师：最后的这个二分节奏有 2 拍，拍一下拉开。（生学拍 2 次）拍手的声音小一点好吗？轻轻地拍，又好听又不疼，看老师这样拍。（有强弱美感地示范一次）

（学生齐拍，仍有错的现象）

师：节奏齐拍，这需要咱们全班同学用集体的智慧，步调一致地来完成，还不太熟悉的同学可以拍小声点儿。咱们边拍边读，再来一次。dada dada……预备起！

生：（基本整齐）dada dada……

师：嗯，有进步！这样一问一答的两个节奏，老师把它们连起来了，（摆放卡片位置）你们仔细听，连接处又有什么变化呢？（拍）X X X X | X X | X X X X | X 0 X | X X X X | X X | X X | X X | X — |

生：（手指第一个节奏的最后一小节）在那儿拍得不一样！

师：真聪明！一遍就被你发现了。老师就是在这个延长线上架了一座桥。（用 0 X 覆盖原来二分音符的延时线）谁认识这座桥啊？

生：休止符。

师：对，八分休止符。这座桥由一个八分休止符和八分音符组成，先要停半拍再唱，看看老师是怎么连的？

（教师用"哒"示范拍读，连接一遍，强调"桥"出现的前后，给学生以印象。学生也学着拍读一遍。教师再唱读一遍，引出下一环节）

2. 旋律模唱与分辨

师：同学们能试着模仿老师唱一次吗？

（学生慢速用"哒"跟琴唱一遍，衔接处有点乱）

师：这个句子太长了，咱们来分分工，你们唱上句，老师来接下句。

（给学生一个台阶下，学生用"哒"跟琴模唱 1—4 小节的旋律，教师从"桥"开始接唱 5~8 小节旋律，唱不准就唱多两遍）

师：可以像老师这样唱唱名吗？（课件出示用红黑两种颜色显示的上下乐句）

生：（看谱跟琴唱） 1 1 1 3 | 1 1 | 1 2 3 4 | 5 — |
                               d d d m   d d   d r m f   s

$$\underline{0\ 5}\ |\ \underline{6\ 5}\ \underline{4\ 3}\ |\ \underline{2\ 1}\ \underline{7\ 6}\ |\ \underline{\dot{5}}\ \ 5\ |\ 3\ -\ |$$

师：o s　l s f m　r d x,1,　s,　s　m
同学们再来一遍。

$$\underline{1\ 1\ 1\ 3}\ |\ 1\ \ 1\ |\ \underline{1\ 2}\ \underline{3\ 4}\ |\ 5\ \ |$$

生：d d d m　d　d　d r m f　s

$$\underline{0\ 5}\ |\ \underline{6\ 5}\ \underline{4\ 3}\ |\ \underline{2\ 1}\ \underline{7\ 6}\ |\ \underline{\dot{5}}\ \ 5\ |\ 1\ -\ |$$

师：o s　l s f m　r d x,1,　s,　s　d （弹唱完起身走到学生中间）大拇指送给你们！下面，奖励大家玩一个游戏，老师先说说要求，你们唱的这句咱管她叫 a，老师接的乐句叫 b。我手里有 a、b 两张牌，举到谁谁就得流畅而有节奏地把相应的乐句唱出来，否则就算输了。

（学生专注地唱着属于自己的 a 句，因为重复唱着相同的乐句，衔接起来比较顺利；其实教师是通过游戏，在巧妙展示歌曲旋律的结构全貌 abab'）

师：（随意跟前面一同学握手）合作愉快！为咱们鼓掌加油！不知道同学们刚才注意到没有，我们所唱的旋律有什么相同和不同吗？

生：（犹豫）sol 后面…sol，fa，mi…（回答不清楚）

生：我们唱的两句是一样的，老师唱的也一样。

师：对！你们这两句完全相同，（板书 aa）这就叫"完全重复"。而我唱的第一句是……第二句是……（唱给学生比较）

生：（争先恐后地）老师唱的结尾有一点不同。一个是 mi，一个是 do。

师：对，这样的乐句就叫"变化重复"（插入板书 bb' 即成 abab'）。咱们一起来唱唱变化的部分。

（学生在教师的指导下唱准 2、4 句的尾巴：$\underline{\dot{5}}\ 5\ |\ 3\ -\ |$ 和 $\underline{\dot{5}}\ 5\ |\ 1\ -\ |$）

师：这样一来，这首歌就没什么可以难倒我们三（6）班同学的了。从现在开始，这四个乐句就全部交给你们啦，我是你们的粉丝，（学生笑）如果有需要我也会帮忙的啦。这么多人该怎么分呢？

生：喜欢什么颜色就唱哪一句。

男：我们唱红色，女生唱黑色。

女：凭什么呀？我们唱红色，你们唱黑色。

（争论中，学生把几种方式都做了尝试。尝试中，教师边帮忙边在黑板上画出了有趣的旋律线）

师：老师画的这些是什么意思？

生：是旋律线。

师：再看看，这个旋律线看起来像个什么？

生：像山坡！

师：是啊，这上下起伏的旋律看起来就像一座座山峰。究竟是谁要来爬这座山呢？咱们一起来听听！（课件出示范唱）

3. 歌词听唱与创造

生：小毛驴爬山坡！

师：（板书课题）对，《小毛驴爬山坡》。（课件出示歌谱）这就是我们今天要学唱的新歌。它的节奏和旋律关我们已经过了。下面，请准备好你的双手，学老师在合适的地方拍手，可以在心里跟唱。（点范唱）

生：（惊喜地）我发现我们每次都是在乐句的最后拍一下手。

师：你真会发现！这次可要准备好自己的眼睛和耳朵，去寻找这头小毛驴的特点。它和我之间究竟发生了什么事情呢？（出示范唱）

生：小毛驴很调皮！

生：它很开心！

生：它的主人要它往左它就往右，要它往东它又往西，他们总是反的。

师：哦，他们有点儿闹别扭了吗？

生：小毛驴净跟它的主人调皮捣蛋。

师：这头小毛驴真的很有趣。想象自己是这头小毛驴的主人，来给大家唱一唱那天发生的故事吧。

（生跟范唱学唱一遍）

师：音乐有点快。咱们先放慢速度，跟钢琴来唱。

（生轻声跟琴完整唱第一、二段，有几处唱错）

师：仔细听钢琴的声音，它是怎样爬的呢？（弹奏第一句旋律）越来越怎么样？

生：越来越高！（教师反复弹唱 d r m f | s，学生模仿唱准）

快 快 向 前 跑
真 是 调 皮 鬼
早 点 到 那 里
要 去 山　 脚

师："我发现同学们的这座"桥"衔接得好像还是有点困难。仔细听老师的，唱清楚弱拍起后的几个词就容易解决了。可要分清称谓"你"和"我"。

（教师范唱 o s | l s f m |，钢琴带唱解决第二、四句的两个关键点）

啊　节 日 明天
你　慢 吞 吞地
我　叫 你 前进
你　跟 我 捣蛋

师：哪些同学可以大胆地到前面来显示一下自己刚刚学到的本领？勇敢一点儿！

（6位学生举手、表现）

师：掌声送给他们！刚刚学会，还在没有伴奏的情况下演唱，这是相当地有难度啊！但是他们挑战成功。（竖起大拇指）谢谢你们！大家一起来挑战一下！

（学生随钢琴完整唱一遍）

师：唱得不错！细心的孩子一定看到第一段和第二段的结尾的细微变化了。

生：（发现了）哟！有一个"哟"字。

师：这个"哟"字要怎么唱呢？请你来！

（个别尝试，教师示范，集体练习）

师：咱们用原速跟琴唱一遍，就可以跟音乐伴奏了，行不行？

生：行！我都能背了。（跟琴、伴奏演唱全曲）

师：看来同学们已经完全学会这首歌曲了。下面，请你们观察老师是怎么唱歌的。

（教师带着夸张的动作和表情演唱，学生听完，忍不住笑起来了，觉得小毛驴和它的小主人之间调皮逗趣的情景很有趣）

师：被老师唱的小毛驴逗乐了吧？那你们来试试！

（学生跟着音乐边唱边自由表现，可大多数孩子就站在原地唱着，似乎不好意思或者不会做表情，只有几个女孩子有所表现）

师：女孩子们很大方，男子汉们要加油啊！老师和你们一块儿动脑筋，究竟该怎么表演？你们看看第一段歌词，啊！节日要来了，心情会怎么样？

生：很开心！很高兴！

师：你很开心要去过节，害怕迟到了，可小毛驴似乎不理解你的心情，还慢吞吞地走，你心情又会怎样？

生：很生气。

生：我很着急。

师：那你来做个表情。

（学生笑着手指小毛驴做生气的样子）

师：你们看，（摸摸学生面带笑容的脸蛋）她生气吗？着急吗？好像还是很开心的啊！

（学生一阵哄笑）

师：（指名一男生）请你来试试！如果小毛驴不听话了你怎么办？（启发学生）眼看要迟到了，它却停住脚步不走了。（男孩龇着牙双手挥拳，表现出着急的表情）

（学生为男孩的表现鼓掌）

（在教师的启发下，学生设计第二段的"真是调皮鬼""我叫你前行你却停住不走了""我要去山脚，你跟我捣蛋跑上山顶"等的表情。有不高兴的，有着急的，有撅嘴巴、叉腰的，有歪头想办法的，有皱眉跺脚的）

师：同学们都很有表演才能啊！为了让每个同学都有在别人面前表现的机会，我们从中间划分成两大组。请两组同学转身相对而坐，轮到哪边表演哪边的同学就站起来演唱。明白吗？

（两组同学分段互相表演给对方看，大部分学生都能大方表演，或甩着鞭子或蹦跳赶路或叉腰指点着前面……）

师：你们认为哪一组表现得更好呢？

（学生七嘴八舌推选同学，十分活跃）

师：看来两组都有表现不错的同学，大家都有很大进步。我发现好多女孩子很会表演，表情也特别丰富。不过我还发现，有些同学一演就忘记唱了。下面我们来玩对歌游戏，把小毛驴和"我"的表情给唱出来。

生：耶！（师生对歌；男女生对歌）

师：男生组和女生组，谁的歌声好听些？大家可以自由发表看法。（学生互相交流）请这位男同学来回答。

生：女生的歌声好听。

师：说说理由。

生：因为她们的声音很清脆。

师：很清脆！（请一名女生说）你说说自己的看法。

生：女生唱得好听。我们的声音很温柔。还有，男生唱的时候声音不整齐。

师：女同学的声音整齐漂亮，真好听！而且一点儿都没有唱错。男同学呢，唱得很有男孩子的帅气，也很棒！但有几个同学的音唱得还不是太准，以后要多多听音乐，训练自己的耳朵。

师：老师好想再听同学们唱一遍，这次希望同学们能加上自己脸上的、手上的表情动作，把自己当做歌中的小主人来唱。

（学生带表情和动作随伴奏尽情地演唱）

师：同学们辛苦了！请坐。（手指屏幕）《小毛驴爬上坡》是哪里的民歌？

生：（根据谱面显示）西班牙民歌。

师：西班牙是？

生：（抢答）是个国家。

师：对！西班牙是个欧洲国家，1992年第25届奥运会就是在西班牙的巴塞罗那举行的。

4. 多元欣赏与表现

师：每个国家都有自己独特的音乐文化，斗牛就是他们的传统民族文化。我们一起去看看，西班牙著名的音乐和舞蹈，著名的人和事。（课件出示）

（生边听边看边发出感叹）

师：刚才听到同学们在欣赏的时候跟着音乐在哼唱。谁知道这首乐曲叫什么？

生：斗牛士舞曲。

师：知道斗牛士是干什么的吗？

（学生知道的就让学生说，学生不知道的就由教师简单介绍"斗牛、斗牛士、斗牛舞、斗牛士舞曲"的来历和特点。最后，介绍世界著名的三大男高音，其中有两个就是西班牙人——多明戈、卡雷拉斯）

师：刚才聆听了西班牙最著名的音乐，感受了它强劲的节奏。再听听我们今天学唱的西班牙民歌，感觉有没有关联呢？

生：几乎相似。

师：同学们的感觉很对。现在就请你们想象着斗牛士的智慧和勇敢，借助节奏鲜明的音乐，跟"逗"你玩的小毛驴"斗"一回吧。可以用上斗牛舞的动作加以创作表现。

（学生自由地随着《小毛驴爬上坡》的音乐即兴表演）

师：谢谢三（6）班同学！今天的课咱们上到这里，同学们再见！请大家赶着自己的小毛驴走出教室吧！（播放音乐）

（注：此课例在"刘宏伟音乐教学工作室"交流研讨）

附歌谱：

小毛驴爬山坡

西班牙民歌

1=F 2/4

| 1 1 1 3 | 1 1 | 1 2 3 4 | 5 0 5 | 6 5 4 3 | 2 1 7 6 |

1. 我的 小毛 驴呀 快快 向前 跑，啊 节日 明天 就要 来到
2. 我的 小毛 驴呀 真是 调皮 鬼，我 叫你 前进 你却 停住

| 5 5 | 3 - | 1 1 1 3 | 1 1 | 1 2 3 4 |

来 到。 我们 已经 约好 早点 到那
不 走 了。 我想 要去 山脚 要去 山

| 5 0 5 | 6 5 4 3 | 2 1 7 6 | 5 5 | 1. 5 : | 1. 0 ‖

里， 你慢 吞吞 地走 路我 们会 迟 到。哟
脚， 你跟 我捣 蛋跑 上山 顶上 山 顶。

【课后延伸一】

如何运用奥尔夫的教学方法有效落实双基训练

曾几何时，单纯的基础知识和基本技能的传授在我们的音乐课堂上，是一道不变的风景，可学生对音乐课没了兴趣；课改之后，学生积极主动参与各项音乐活动，兴趣高了可双基又没了。于是，专家们开始拯救当前的音乐课堂，强调"以审美为核心、以兴趣为动力的同时，并不忽略双基，而是要把双基训练与学生的情感、态度、兴趣等因素紧密融合起来，更看重获得知识技能的方法与过程。"

其实，一线教师这么忽左忽右的教学之风，缘于自己对音乐新课程标准的课程性质与价值、课程目标及课程理念的理解出现了误区。作为一名教师，应该明白自己的责任，明白"自己的责任田里应该种什么菜"，怎么"种菜"。音乐教育首先是培养人格，而不是音乐家，必须把双基训练落实到学生喜闻乐见的实践活动中去，培养学生的"真、善、美"。下面以《小毛驴爬山坡》为例，谈谈自己落实双基训练的一些做法。

（一）教学情况的现实性

上课铃响了，跟我合作的50多个孩子走进教室。通过几分钟的接触了解，

我发现这班的学生缺乏稳定的内心节奏感,不会听拍节奏、追赶节奏的学生还不在少数。男孩子音准稍差点,女孩子声音漂亮,音准节奏也比男孩子好。

这是借班上的一节双基训练比较扎实、又不失幽默风趣的音乐课。由于学生基础有些薄弱,本节课在节奏部分花费了很多时间。不过从学生对节奏的把握来看,"乱—有点齐—比较齐—从不会到会自编",这样的进步还是令人欣慰的。

(二) 教学理念的指导性

奥尔夫的音乐教育理念即为原本性音乐教育。原本音乐是和动作、舞蹈、语言紧密结合在一起的,他的一个基本点就是即兴创造。他把"节奏、节拍、力度、速度、音调、曲式结构"等复杂的音乐元素有趣的融会贯通。他明确指出,"让孩子自己去寻找、自己去创造音乐,是最重要的"。

而我们很多人在谈到"知识、技能"和"审美、兴趣"时,总喜欢把它们对立起来,认为是"鱼"和"熊掌"不能兼得的事情。其实不然,根据奥尔夫的教学理念,结合音乐新课程"情感态度与价值观、过程与方法、知识与技能"的三维目标观,在教学中引导学生从简单到复杂,先模仿后创造,让学生在"审美"活动中学习知识,掌握技能,在双基训练中获得审美情感体验。这都是切实可行而不是可望而不可即的。

(三) 教学环节的实效性

1. 节奏模拍与创编

节奏是奥尔夫教育综合性理念的核心。语言中有节奏,把音乐和舞蹈结合起来的也是节奏。节奏是音乐的灵魂,一段可以称之为音乐的东西,也许没有和声,也许没有旋律,但绝对不可能没有节奏。从节奏进入音乐,是最自然,也是最容易被学生接受的一种方式。

教学中,先让学生跟着教师模仿动物的动作和声音,这既是一种最原始节奏的训练,也是在做一种歌唱发声的准备练习,无形中拉近了师生之间的距离,引发了学生的好奇心——"音乐原来可以这样学习啊"。接着进入到节奏模拍、节奏创编、节奏问答,从易到难,逐层深入,引出歌曲节奏的练习。其中,节奏创编环节,由于学生从来没玩过这类节奏游戏,教师便用"变魔术"的游戏语言启发学生完成了即兴创编,用形象的"搭桥"法探究了歌曲的难点节奏,让学生感受了四分节奏、八分节奏的变化,增强了节拍的稳定感,更获得了创新体验,初享了成功的乐趣。

2. 旋律视唱与分辨

一般人都会以为，对于学生来说，唱谱是一件很困难的事情，分析曲式结构又是一件很枯燥的事情。但是，如果教师以"引导孩子去发现"的态度，以活泼易参与的形式去做，这些就都不是难事了。《小毛驴爬山坡》通过教师范唱，学生模唱，再到学生自主视唱等过程的练习，学生自然在"颜色分乐句""举a、b牌唱乐句"等小游戏活动中，了解了歌曲的创作手法是"重复与变化重复"，发现了歌曲是abab'结构。学生在这里兴趣盎然地用奥尔夫常用的听唱法、听奏法学会了演唱旋律，分清了结构，更重要的是学会了与人合作。

3. 歌词分析与处理

如果你仔细观察就会发现，奥尔夫的每一个教学案例都是调动起学生所有的感官，如"嘴巴、眼睛、耳朵、脑袋、手脚"或身体的任何部位，使学生全身心投入每段音乐的表现与创造活动中，学生的多元智能也因此得到协调发展。

在《小毛驴爬山坡》的歌词分析演唱与二度创作中，我充分发挥学生的感官感受进行教学：先引导学生用耳朵去听教师以手为歌曲伴奏的声响，目的却是完整熟悉新歌；再用眼睛去寻找"我"和"小毛驴"的特点，用语言交流自己对歌词的理解；了解了两个音乐形象的个性特点后，再尝试用声音来表达，用脸上及肢体的即兴动作来演绎歌曲中小毛驴调皮、逗乐的情景。这样学生就会在一种生活化的情景下，提高自身的演唱水平及对歌曲的处理表现能力，并获得愉快的审美体验！

为了孩子们在课堂上的双基训练和情感、态度、兴趣等诸方面的发展都不耽误，教师应该秉承奥尔夫音乐教育中"适合儿童""适于开端"的理念，不要一开始就给学生一个"下马威"，设置一些"拦路虎"，而应从孩子的角度出发，降低难度，让他们从最简单处入手，将音乐的变化层层推进，寓教于乐地达到我们的教学目标。

【课后延伸二】

让学生快乐地享受音乐其实不难

记得第一次正式接触奥尔夫音乐教育，是在2006年的一次全市音乐教师培训会上，来自意大利、加拿大、奥地利等地的奥尔夫专家给我们带来了音乐教育的灿烂阳光,展示了奥尔夫那独特的教学魅力,甚是精彩。那些被我们教得枯燥无味的音乐知识和技能,如视唱、节奏、曲式、多声部等,在奥尔夫的课堂上却显得那么生动活泼而有生命力,愉快多变的游戏化教学深深地吸引着听课者,让人意犹未尽。那全新的课堂形式令人兴奋,也令人思考:什么时候我们的孩子也能这样学习音乐呢?后来,我读到了李妲娜、修海林、尹爱青三位教授合编的《奥尔夫音乐教育思想与实践》一书,边读边用,边用边想——让孩子们快乐地享受音乐其实不难!

1. 教师的心态

苏霍姆林斯基说:"音乐教育并不是音乐家的教育,而首先是人的教育。"我们的音乐教育进行的是大众教育而不是精英教育,应该是为了一切的学生,为了学生的全面发展。课堂上,首先,对孩子们的要求不能太专业、太完美,否则,学生一旦达不到预期的目标,教师就容易着急上火,课堂气氛就会被"乌云"笼罩,师生的情绪就紧张,学生的天性就会受压抑。其次,音乐教师要开放,乐于接受新鲜的信息,不为传统所束缚,在音乐中应该常常与学生共同手舞足蹈,把自己当做一个孩子。再次,教师心里要有学生,要尊重学生的创造成果,提倡师生之间、生生之间的互动与合作。

2. 别轻易说"你错了"

奥尔夫从小被各种音乐吸引,正是不断地自在地"玩音乐"的过程,成就了他一生的伟大和卓越。奥尔夫音乐教学法就是以学生为中心,以即兴合作来实现、通过"做"来学习的一种方法。学习就是一种玩,玩就是一种学习,身体就是学习的道具。教师对学生的即兴创作要尽量还以微笑着的"Good"或是"Very Good",即使有错,也要启发他去发现,去"做"。所以,我们的课堂上不应该再出现"你说得不对、唱得不对、演得不好、你错了……",应该保护学生的创造性,保持他们对音乐的兴趣。当教师的心态发生了变化后,学生在我们眼里就会变得越来越可爱,你会感觉他们的每一种表现和发现都很有创意!

3. 借鉴可以借鉴的,改变可以改变的

奥尔夫原本性音乐教育的理念可以归纳为"综合性、即兴性、自主性、回归人本、适于开端、为所有人",跟我国音乐新课程标准的理念有许多相似之处。理念基本一致,可我们的教学行为却大不相同。很多人在观摩奥尔夫的现场教学时都会感慨地说:"奥尔夫的教学很有趣,参与的学生都会喜欢,但它不符合中国国情。"大家认为,我们一个教学班的人数几乎都是50人以上,根本不可能这么有序地组成一个合作团队来共同体验创造音乐。我想,教师们只看到了奥尔夫外显的教学形式,而没有领会其实质性的教学原理,没去深究其万变不离其宗的教学方法。

我们借鉴可以借鉴的,比如,方法上:节奏模仿与即兴创作、玩转"身体乐器"、动作表演等;形式上:用"动作、舞蹈、语言"三位一体的综合形式帮助学生掌握技能,用他们喜闻乐见的形式如说儿歌、拍手、做游戏、讲故事、唱歌、表演、玩乐器等,培养他们的节奏感和听力,使他们能够感受音乐带来的快乐,进而热爱音乐。

我们改变可以改变的,比如,参与人数的比例:学生人数多,乐器数量有限,不方便全体上阵,但我们可以挑选一些学生代表演奏,让剩下的学生担任其他角色,然后交换。人尽其用,依然能让每个孩子感觉到"我很重要"。再有,很多学校都买不起那好几万元一套的奥尔夫乐器,我们可以让学生把饼干盒、矿泉水瓶等常见的废物利用起来,自制打击乐器代替那些贵重精细的乐器。虽然自制乐器没那么丰富没那么美,但却是孩子们自己的杰作,他们用起来就会感到十分快乐!学以致用,活学活用。创新的课堂就会出现快乐的音乐、快乐的学生和我们!

六、润物无声，渐入佳境
——听刘宏伟老师的《梨园金曲——唱脸谱》有感

"$\underline{5\cdot}\ \underline{5}\ 5\ 5\ \underline{3\ 6}\ 5\ \underline{\dot 1}\ |\ \underline{3\ 2}\ \underline{1\ 2\ 1}\ \underline{6\ 5}\ 5\ 5\ |\ \underline{3\ 6}\ 5\ \underline{\dot 1}\ \underline{3\ 2}\ \underline{1\ 2\ 1}\ |\ 6\ \cdots\cdots$ 蓝脸的窦尔顿盗敦马，红脸的关公战长沙，黄脸的典韦，白脸的曹操，黑脸的张飞叫喳喳……"

这充满着京腔京韵的优美旋律，一阵阵从北京昌平实验中学的大礼堂飘荡出来。大礼堂里挤满了来自全国各地的音乐教师，有人举着小摄像机，有人不时在本子上记录着，有人随着舞台上师生的表演情不自禁地拍着唱着……这里是 2007 年 1 月 19 日中国音乐教育杂志社首次举办的"名师大讲堂"活动现场，而舞台上让听课者如此沉醉的是深圳市北环中学的特级教师刘宏伟和昌平实验中学初二年级的同学们。

教师的"教"
——润物无声

唐朝诗人杜甫在《春夜喜雨》中写到："好雨知时节，当春乃发生。随风潜入夜，润物细无声。"听完刘宏伟老师的课，我感觉她的课犹如一场及时的春雨，滋润了每一个学生的心田，孩子们既轻松地学到了知识，掌握了技能，情感态度价值观也得到了良好培养。她"润物无声"的教学风格深深感染了在场的每一位听课者。

（一）观其设计，看似不留痕实则很精心

这里的设计指对教师、课件、道具等教学资源的设计和教学过程的设计。上课了，梳着干净整齐的发髻、身着胸前绣有京剧脸谱图案上衣的刘老师走上舞台。这样的形象设计一下子就吸引住了听课者的目光，它既与教学内容吻合，又营造了氛围，更让学生有种愉悦的审美体验。

上课的前一天，刘老师才得知同学们已经学过《唱脸谱》了，于是她根据学生实际，调整教学思路：开门见山揭示课题；学生范唱自找问题（确定目标）；比较欣赏解决问题（教给方法）；完整表现高潮迭起（审美体验）；总结评价提升效果。将教学目标从"会唱"调整为"唱好",凸显了教师的教学机智。

新授部分开始了。学生整体范唱后,大家你一言我一语地找出了自己的不足之处:唱词不熟悉、没有京剧的韵味、最后的拖腔调没找着、音色不好听、没专业人唱得好。教师小结后明确了"咱们今天要有进步"的目标,接下来采取"聆听、讲解、练唱"相结合的方法,让学生比较欣赏三种版本的《唱脸谱》。这"层层递进"的教学方式带给了我们许多思考。

环节一

师:先请大家听听刘老师所在的学校的学生表演的合唱《唱脸谱》,你仔细地记一记唱了哪些人物的脸谱?

生:窦尔敦……典韦……关公……张飞……曹操……

师:那咱们按照顺序,把颜色加上记记唱词。(师生合作背记唱词)

[思考:刘老师在这一环节中让学生欣赏了同龄人的演唱,教给了学生"用记脸谱颜色熟记唱词"的方法,解决了学生提出的"唱词不熟悉"的问题。可我分明还感受到了隐藏在刘老师心里的话——"深圳的学生能唱好,咱北京的学生一样行!"其用意不就是想给学生一些自信,激发他们的求知欲吗?]

环节二

师:咱们再来听一遍完整的版本,看唱了哪些颜色?跟我们平时听的有什么不一样?(播放《唱脸谱》,让学生欣赏,教师展示出各种颜色的脸谱,与学生共同讨论脸谱颜色和花纹的寓意)

师:(小结)请同学们记住这样一句话——"远看颜色近看花",由此可以判断京剧人物的性格和身份。

师:刚才听的这段有什么特别的地方吗?伴奏乐器有什么不同吗?

生:锣、鼓、唢呐、京胡、二胡……

师:花花绿绿的脸谱,京胡、锣鼓等伴奏乐器的加入,为这段乐曲注入了京剧的元素。(教师用京胡伴奏,学生练唱西皮过门)

[思考:在此环节,教师教给学生用"远看颜色近看花"的方法分辨脸谱人物的性格和身份,传授了一些京剧小知识,如"脸谱寓意、西皮唱腔、京胡伴奏"等。我想教师更想让学生通过聆听专业人士的演唱感受纯正的京腔京韵,激发他们对国粹的兴趣。]

环节三

师:同学们注意到没有?歌曲里边有谁在赞美京剧?怎么赞美的?

生：外国人。美极了！妙极了！OK，顶呱呱！

师：随着国门的打开，很多外国人都喜欢到中国来登长城、看京剧，有的甚至还拜师学艺。下面我们来欣赏一段外国人表演的《唱脸谱》。

……

[思考：这一环节着重处理歌曲。针对学生演唱中存在的问题逐一消化，教学生用"数板眼"的方法唱好拖腔，解决难点；用"手拍休止符"的方法去唱准空板；"加点鼻音"的演唱更像花脸；"加点力度有收有放"的唱法就更有韵味。同学们唱得兴致越来越浓，唱得也越来越好。能有这种成果的原因，我想还是要归结于教师——"欣赏老外演唱"这独具匠心的设计！她在暗示大家——老外都能唱好我们的京剧，何况作为中国人的我们呢？学生的爱国情以及热爱国粹的情感完全被激发了，也增强了民族自豪感。]

（二）观其语言，听似不经意，实则很用心

第一问："今天我们的教学内容是《梨园金曲——唱脸谱》，我想问一下梨园是什么意思呀？"全场静寂。教师微笑着轻轻地追问一句："有没有人知道？"学生还是无语，教师就进行了解释。

第二问："你们知道什么是脸谱吗？"终于有一个学生小声嘀咕了一下，教师马上以微笑点头示意："大点声说！"全场又恢复寂静。教师即以课件展示了答案。

这是上课伊始学生的表现，虽然他们已经上过此课但可能没有留下什么印象，也许还有些紧张的缘故。可刘老师不急不躁，表面上似乎是很不经意的自问自答，实则是教师对学生的一种换位思考，是一种体谅，一种理解！我相信那时的学生一定很感激，一定记住了那些答案。从心理学的角度来看，正是教师这样的"润物无声"，从而引导了学生后边的精彩。

想到平时，我们遇到学生"答非所问"就着急；遇到学生"沉默是金"就不知所措。有的教师甚至采取"逼问"的手段；遇到学生"答己所想"就喜出望外，夸张地表扬说出答案的孩子。可是在刘老师的课堂里，无论学生是"一问三不知"，还是答案十分精彩，教师的笑容始终都辐射到在场的每一个孩子，语音语调始终温和体贴、不急不躁，这就是让我们向往的特级教师风范！

"来，给自己一点掌声！""没有人给老师一点掌声？""给我们学校的学生一点掌声！""给老外叫个好！"这是经常从刘老师嘴里说出来的话，包含着对学生的赏识激励，也培养了学生的自信心，让他们懂得欣赏自己的同时也欣赏别人。

如何打造学生喜欢的音乐课堂

学生的"学"
——渐入佳境

刘老师这节课不仅十分讲究"教"的艺术,而且特别注重学生"学"的方法。教师引导得法,学生方能"渐入佳境"。

(一)面对提问,由冷到热

上课了,进入正题,面对教师的几次提问,学生的反映都比较冷淡。有点"冷"的开场一度让坐在台下的我有点紧张,但刘老师没有着急,依然笑眯眯地进行着……她用微笑抚慰学生:"老师能理解你们,不要紧张!"也告诉包括我在内的听课者:"要有耐心,会云开雾散的!"就在这样的情境下,教师在每个细节中对学生进行的"照顾",使学生开始你一句我一句地发言了、抢答了,先是一个两个,后来是五个六个,甚至全班齐声。难道"甜美的微笑、婉转的语气"就是法宝?

(二)面对聆听,由茫然到投入

这节课教师共有四次主要的媒体播放,每一次都给了学生明确的任务。

第一次,听深圳学生的演唱,同学们认真地盯着屏幕,一动不动地端坐着,听完在教师的提示下才响起掌声;第二次,听专业人士的演唱,有些学生开始随着音乐有节奏地点头;第三次,听外国人的演唱,大部分学生边听边乐呵呵地哼着,伸长脖子观赏着老外有点可笑的扮相,歌声一停,学生主动地鼓掌叫好了;第四次,再回头听专业版,这次教师给的问题是"咱们歌词记住了,空板拖腔都会唱了,再仔细听听,比较一下我们还有哪些不足?"大家都很专注地听着,其中有个学生回答"我们唱得还是没有韵味",算是真正听出了"味儿"!而教师呢,每一次都是很投入地听,很投入地示范。正是这样的引领、这样的带动才使学生在短短的时间里从"戏"外走进"戏"内,融入音乐。由茫然到投入,这是非一般的成功!

(三)面对演唱,由不太熟悉到有板有眼

"听说同学们已经学过这首歌了,那唱一遍给老师们听一听!"教师起头学生开始唱,大家的样子犹犹豫豫,似乎都在等别人来带动,唱的音的高低也不太相同,最后同学们在自己尴尬腼腆地笑声中,以不成调的拖腔草草结束。这是同学们的第一次清唱,还没有把握。

经过反复聆听模仿练唱后,学生的演唱越来越到位,情绪也越来越投入。

全体学生都打着拍子模仿着京胡声，用"当当当当……"清唱过门之后，自信地接唱主题"蓝脸的……叫喳喳"。孩子们真的变了！他们不再害羞不再躲闪，随着音乐的流动有的甚至摇头晃脑起来，唱得有板有眼十分流利。

当融进简单的京剧手位动作后，学生变得更加大胆开放，在教师的带领下个个都有模有样地表演着，台上台下歌声笑声掌声不断。接着，由教师钢琴伴奏，全体学生起立边唱边做动作，那一招一式也吸引了台下的教师们，大家都伸着脖子跟孩子们比划着演唱着。孩子们的表演赢得满堂喝彩。后来居然有七八个学生自告奋勇要上前表演威武的净角，此举更是将教学活动推向高潮。学生由开始的拘谨，到入门产生兴趣，再到最后全情投入，整个过程实在叫人欣赏叫人回味。

这是一堂真实朴实而又精彩的音乐课，充分体现了教师以学生为本、以音乐为本的教学理念。在整个教学活动中，刘老师有两句经常重复的话给我留下了深刻印象，那就是——"有哪些不足？还有哪些不足？"它不断促使学生去思考，去发现。"给自己一点掌声！再给自己一点掌声！"不断鼓励学生，建立自信，享受成功。正是因为有这样一位名师的引导，学生才会有进步有精彩！我相信刘老师这节课，一定给那些孩子留下了难以磨灭的印象，说不定他们对咱们中华民族的国粹"京剧"的兴趣就由此而生呢。

（注：此文发表于2007年《中国音乐教育》第5期）

第四章

操作实践的音乐课堂

一、音乐创作课其实不难上
——《小叮当》课堂实录与课后延伸

【教学说明】

  这是一节音乐创作课。创作素材来自于学生的生活，我抓住某班某同学小叮当（化名）经常迟到的现象，让同学们设计一段新颖特别的闹钟音乐为他进行叫醒服务，使其改掉睡懒觉的毛病。借此即兴创作后，又将教学延伸为创作帮助小叮当"睡觉"的音乐，即摇篮曲，让学生在课堂上不知不觉地创作完成一个ABA'的作品。此内容可以在小学中高年级的任何班级授课，不过要顺利完成新授内容，学生至少需要三个以上课时进行基本创作知识的准备学习。

  本课的教学重点是摇篮曲的创作与演示。通过教学实践，我预期达到以下四个目标：学生对创作有兴趣并充满参与热情；能用do、re、mi、sol、la五个音进行简单的旋律创作；能够在创设的情境中用自然好听的声音表现自己创作的音乐；能体会不同的旋律节奏所表现的不同的音乐形象。

附教学流程图：

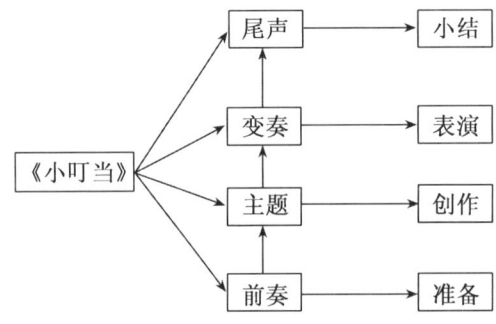

【课堂实录】

1. 前奏——准备部分（7分钟）

（背景：孩子们在《五声歌》的音乐中等待上课）

师：同学们好！

生：老师好！

师：刚才，教室里一直播放着咱们以前学过的《五声歌》。还记得吗？（师起头唱，生自然跟唱起来）ｓｍｒｍ｜ｓ－｜ｍｓｌｄ｜ｓ－｜五个｜朋友｜来唱｜歌－｜唱支｜快乐的｜五声｜歌－｜（停顿一会）请问是哪五个朋友？谁来告诉我？

生：d、r、m、f、s。

生：不对！是d、r、m、s、l。

师：大家认为呢？

（学生齐说唱d、r、m、s、l，教师赞同地将五张唱名卡片贴在黑板边画的阶梯上）

师：今天，咱们就用这五个朋友来玩一些声音的游戏。怎么玩呢？先来玩一个简单的"声音模仿"游戏，请你们模唱老师的声音，仔细听！（唱）ｓｓ｜ｍ－｜。

生：ｓｓ｜ｍ－｜。

（教师继续用五声音阶里的任意音即兴打手号编唱，先两短句后两长句，学生模唱）

师：会模仿是一个本领，能创造是一个更大的本领。下面由你们来玩一个"旋律接龙"的游戏，今天老师不起头，哪位同学来开个头呢？（学生积极举手）

生：ｄｍｓ。

生：ｓｓｍ→ｍｓｒ→ｒｍｄ→ｄｍｄ→ｄｌｓ→ｓｍｄ……

师：真棒！能不能来个长一点的乐句？好，请李湘来起头！

生：ｍｓｌｄ｜ｓ－｜。

师：有变化了，音比较多哦！能接吗？

生：ｓｓｌｓ｜ｍ－｜→ｍｓｍｒ｜ｍ－｜→ｍｓｍｒ｜ｄ－｜→ｄｍｓｄ（有同学跑题，师提醒要跟前面的节奏相同，游戏继续）ｄｍｒｍ｜ｄ－｜→ｄｄｍｓ｜ｄ－｜。

师：咱班同学真了不起！接得非常顺畅！下面老师跟你们合作玩一个"乐句接唱"的游戏，老师唱上句，请你们负责接下句，注意要有终止感。有信心吗？

生：有。

师：先来一些大家熟悉的乐句。（快唱）s m m | f r r | d r m f | s s s |。

生：（笑着唱）s m m | f r r | d m s s | d d d |。

师：（慢唱）m s s | m r d | r m s m | r — |。

生：m s s | m r d | r m r d | d — |。

师：这样的上下乐句用了什么创作手法？

生：同头异尾。

师：你们能试着创作一句吗？听老师的上句（唱）d— s | l— s | m — d | r — — |。

生：d— s | l— s | m — d | r — — |。

生：这不是同头异尾，是完全重复啊。

师：嗯，聪明的你来试一试。

生：d— s | l— s | m — d | d— — |。

师：很好！谁还有不同的创作？

生：d— s | l— s | r — m | d— — |。

生：d— s | l— s | m — r | d— — |。

［设计意图：把有一定难度的创作活动称做"做声音的游戏"，让孩子们从心理上乐意接受并完成它。此环节旨在复习曾学过的"完全重复或变化重复""鱼咬尾"等创作手法，感受乐句的终止感，为后面的教学做铺垫。］

2. 主题——新授部分（20分钟）

师：同学们的学习热情这么高，可这个"小叮当"却还在呼呼大睡呢……今天，张老师就是要请同学们即兴编唱一个有特点的闹钟音乐，帮助"小叮当"早起，克服迟到的毛病。一会儿咱们来评选出最有创意的闹钟音乐。

（学生聆听小叮当家里的几种闹钟声音）

师：同学们可以在这些音乐的基础上进行加工改编，也可以自创音乐，或者编上歌词唱出来，怎么都行。

生：（思考后即兴说唱）喔喔喔！小叮当起床啦！

生：叮铃铃铃～5 5 5 5 5 5 5 5 | i 5 i |。

生：<u>3 1 0</u> <u>3 1 0</u> <u>小懒虫</u> 起床了。

师：（及时记录）大家来评说一下，谁的闹钟音乐最有创意？

（学生自由发表自己的见解，大家选出最有创意的作品，教师再引导学生练唱）

生：（集体练唱）<u>3 1 0</u> <u>3 1 0</u> <u>小懒虫</u> 起床了。（小作者补充说后面这句话要尖声尖气地说）

[设计意图：抓住校园里有些学生经常迟到的现象，联系生活中不可缺少的闹钟音响，引出"闹钟音乐"的创作，让学生感受创作来源于生活。而且，这样毫无限制地让学生即兴地哼唱闹钟音乐，既激发他们的创作欲望，又张扬其个性。]

师：为了检验同学们创作的闹钟音乐的效果，大家还得设计一个小叮当睡觉的音乐。老师这里给同学们提供了一段歌词，（投影）谁来有节奏地读一读？

生：（十分有力地）<u>小叮当</u>｜<u>睡着了</u>｜<u>梦见 月儿</u>｜<u>眯眯笑</u>｜<u>小叮当</u>｜<u>睡着了</u>｜<u>幸福 生活</u>｜<u>多美 好</u>｜。

师：读得好，声音也响亮，想一想睡觉的儿歌怎么读更好呢？谁再来试试？

生：（温柔地、缓慢地）<u>小叮当—</u>｜<u>睡着了—</u>｜<u>梦见月儿</u>｜<u>眯眯笑—</u>｜<u>小叮当—</u>｜<u>睡着了—</u>｜<u>幸福生活</u>｜<u>多美好—</u>｜。

师：读得真美！听起来有点摇篮曲的味道了，谁还有不同的摇篮曲式的读法？

生：<u>小一叮</u>｜<u>当— —</u>｜<u>睡一着</u>｜<u>了— —</u>｜<u>梦一见</u>｜<u>月一儿</u>｜<u>眯一眯</u>｜<u>笑— —</u>｜<u>小一叮</u>｜<u>当— —</u>｜<u>睡一着</u>｜<u>了— —</u>｜<u>幸一福</u>｜<u>生一活</u>｜<u>多一美</u>｜<u>好— —</u>｜。

师：听着听着我都想睡觉了。大家认为哪种读法更像摇篮曲？

（有的说第二种，有的说第三种，第一种太活泼了，后面两种都可以）

师：同学们说得都很有道理。那咱们就选这种三拍子的来体会一下。

（学生齐读第三种）

师：如果要创作一首歌曲，一般从哪里入手呢？请看着屏幕，大声地告诉自己。

（学生复习创作步骤：有感情地读—顺口即兴地唱—及时地写—反复地改）

师：根据同学们的兴趣，老师设计了三种不同程度的创作方式。（出示创作方式）你可以选择最简单的"单音填空"，也可以选择"乐句补充"，或者挑战难度最大的"自由创作"。歌词咱们都已经读熟了，下面就开始创作吧。

（学生各自选择不同程度的方式即兴创作，教师从三种形式的创作作品中选择性地进行评讲，并择其一修改产生新的摇篮曲）

师：请欣赏李莹莹同学主创，三（1）班同学集体修改的第一部伟大作品。（投影，学生热情鼓掌）

（学生十分开心地演唱曲谱—填词演唱—讲究歌曲的情绪、力度、速度及摇篮曲的摇荡感，很美好地唱，学生在不断的目标激励中进步）

[设计意图：根据学生的兴趣及能力差异，以生为本进行分层教学，提供"单音填空、乐句补充、自由创作"三种不同的创作方式供学生选择。学生不仅克服了畏难情绪，还体验了成功的乐趣。]

3. 变奏——拓展部分（10分钟）

师：真棒！下面咱们用同学们的新作来玩一个特别的游戏，看看演出效果怎么样。（边说边画一图式ABA'）

（学生开心地发出"耶"的声音）

师：咱们要先选一个钢琴伴奏，谁来？

生：（几个人自告奋勇）我来！我来！

师：请王思思同学来试一试！

（学生一试很不错，能够单手流畅地弹旋律）

师：同学们热情的掌声已经告诉我们，钢琴伴奏的宝座就是你的啦！那么，A就由咱们全体同学来演唱《摇篮曲》，B呢请一位同学来演，（同学踊跃举手）那就先由作曲者本人演吧。（其他同学都遗憾地叹气）A'由张老师和同学们一起演。（生欢呼）不过你们一会儿要认真听哦，老师的唱可是有变化的，因为A和A'是有区别的。

（学生表演摇篮曲A—演闹钟B—跟随教师演唱A'）

师：大家来说说，咱们刚才表现得怎么样？你从中发现了什么呢？

生：我们表演得很好。

生：老师改编歌词，唱的"小叮当起床了"。

生：我们表演的是一个三部曲式。

师：（边说边板书"小叮当醒了"的图）你真行！是啊，我们刚才共同创作完成了一个三部曲式结构的作品《小叮当》。（顺手给课题加上书名号）

😴（睡了）＋ 闹钟音乐 ＋😊（醒了）

[设计意图：在游戏表演活动中，让学生感受自己的音乐作品，感受三部曲式结构。学生自评互评，发现问题解决问题。]

4. 尾声——结束部分（3分钟）

师：（拿出一个三角铁）谁来用上这件小小的打击乐器，衬托一下我们的歌曲？

（学生完整表现作品）

师：谢谢同学们！这完全由你们自己创作、伴奏、表现的《小叮当》真的让老师太佩服了。今天，同学们做了一件非常了不起的事情——学会了编小曲儿。给自己掌声鼓励一下。

（生乐呵呵地鼓掌）

师：课后，有兴趣的同学还可以继续改变歌词来唱一唱，改变加线部分即可。（屏幕显示两段歌词）

小叮当睡着了，<u>梦见月儿眯眯笑</u>，小叮当睡着了，<u>幸福生活多美好</u>。

小叮当起床了，<u>太阳公公眯眯笑</u>，小叮当起床了，<u>背起书包上学校</u>。

师：也可以编唱一些其他的儿歌，唱唱我们快乐的校园生活、假期生活。好，今天的课就上到这里。谢谢大家！

（教师陶醉地弹奏学生的《小叮当》，有的学生自由唱着走出教室；有的学生过来找老师要自己没选过的那两张歌词卡片；有的学生告诉老师说："我现在就可以改编歌词给你听"……）

（注：此课例于2006年向福田区小学音乐教师公开展示）

附三种创作方式：

单音填空：　　　　　　小叮当（一）

$1=F \dfrac{4}{4}$

d m r　d m（ ）　d d r r m d（ ）

小叮当 —｜睡着了 —｜梦见月儿｜眯眯笑 —｜

d m r　d m（ ）　d d r r m r（ ）

小叮当 —｜睡着了 —｜幸福生活｜多美好 —‖

乐句补充： 　　　　　　小叮当（二）

$1=C\ \dfrac{3}{4}$

m　s　l　　l　s　m　　m　s　l　　s　m　s　m

小－叮｜当－－｜睡－着｜了－－｜梦－见｜月－儿｜眯－眯｜笑－－｜

小－叮｜当－－｜睡－着｜了－－｜幸－福｜生－活｜多－美｜好－－‖

自由创作： 　　　　　　小叮当（三）

$1=C\ \dfrac{4}{4}$

小叮当－｜睡着了－｜梦见月儿｜眯眯笑－｜

小叮当－｜睡着了－｜幸福生活｜多美好－‖

【课后延伸】

一节音乐创作实践课的诞生

说起这节创作课，就得说说我们的音乐教研员杨岳军老师。他是一个十分优秀的全才教研员，工作起来非常严格、认真，使你不能有半点马虎。闲暇时，他跟教师们极其随和友好，亲如兄弟姐妹，所以教师们是既爱他又怕他。他组建并指挥的教师合唱团多次荣获国际国内大奖；他组建并亲自参与演奏的教师管乐团也屡获佳绩；他对课堂教学也是常抓不懈，选送的教师参赛也多次获得过全国省市一二等奖；他亲自主持或指导的多项课题研究成果显著……由于我有幸成为他手下的一员，才可能参与到他主持的《中小学创新教育模式实践与研究》这个市级课题即将结题的活动中，因为结题时要呈现一节作曲课。

新课程标准强调："创造是发挥学生想象力和思维潜能的音乐学习领域，是学生积累音乐创作经验和发掘创造性思维能力的过程和手段，对于培养具有实践能力的创新人才具有十分重要的意义。音乐创造包括两类学习内容，一是与音乐有关的发掘学生潜能的即兴创造活动；二是运用音乐材料创作音乐。"在我们的课堂教学中，第一类创造学习出现的频率稍多一点，第二类的创造学习就很少有人问津了。原因是大家都认为这很难很难，包括我自己。以下便是我引导学生完成第二类音乐创作学习时所走过的一段心路历程，与大家分享！

（一）我上不了

看了课题组的一位教师上过的一节音乐创作课《龟兔赛跑》，真替学生难受。因为孩子们提起笔时好像都六神无主，无法下笔，有的一个字符都没写，有的就算写也是毫无章法地拼凑了几句，难成曲调。

课后，教研员说："下周的今天你来上一节创作课，就这样定了！"当时我一听都懵了："让我上作曲课几乎是不太可能成功的事。一来我没上过这类型的课，二来我的学生没做过这方面的实验，没有任何基础。人家创新实践了那么多年，老师的素质那么高，学生的表现才那样。那我就太不可能了。"满脑子想的就是"我上不了"。

（二）我试试看吧

这事儿既然已经落到了自己的头上，那我就试试看吧。可"作曲"这事儿不像"唱歌"，教师教个十几二十分钟，孩子们就会唱了。尽管创作有时候大部分来自灵感，但是必须有些基础，了解一点创作常识，它不可能一蹴而就的。从接到通知到杨老师来听课，只有一周的时间。在这一周内，我要确定年级，帮他们打基础，确定教学方案并实施，任务之紧可想而知。而我当时带的只是一、三年级的音乐课，只能确定三年级为授课年级，并思考着从培养学生的"知、情、意、行"着手，去开发孩子们的音乐创作潜能。

知——了解创作手法。 从心理学的角度分析，人的知、情、意、行是相互关联、相互促进的。其中，知是情的基础，是行的先导。若想让学生喜欢创作，并能进行简单的歌曲创作，就必须让他先了解并掌握一些基本的创作方法，让他们有据可依，不打盲目之战。在这个过程中，教师可以跟学生一起分析从一年级开始学过的一些歌曲，让他们了解作曲家们写儿歌一般都采用了什么手法。通过回忆演唱、分析比较小结，学生发现好多中外儿童歌曲的创作模式都是"1、3句完全重复，2、4句变化重复"或者"1、2、4句重复，3句与之对比"，还有些歌曲只是用"同头异尾"写出简单的上下两句或者采用"模进""鱼咬尾"等手法展现。因为在平时的唱歌教学中，我总喜欢让学生弄清歌曲的句段结构特点，那时候只是想到可以帮助学生方便快速地理解记忆歌曲。现在在罗列教材分析整理的过程中，孩子们兴奋于自己发现了作曲家这些写作的小窍门，感觉写一首儿歌并不是一件很难的事情。

情——激发创作情感。 培养学生积极的创作情感，一靠"知"，二靠"示范"。其实"知"的过程就是一个让学生产生兴趣的过程，而学生的示范更能激起同学们那种"佩服、羡慕"之感，或者一种"竞争"意识，进而转化为自身的行为。每个班总会有些特别突出的音乐人才，可以请他们随兴编词编曲，教师再将这些作品进行美化演唱，并对他们的创作特点进行夸赞，以此激发出其他同学想一试身手的情感。当学生有了创作的欲望时，并不能真正下笔，想让他们有歌词闪现，有旋律流动，还得去寻找他们周边的人和事当素材，或者有可模仿参照的音乐。因为创作来源于生活！

意——不怕创作难度。"意"即意志，是人们自觉克服困难的心理过程。面对歌曲创作，一般人都会感觉很困难，何况还是一名小学生呢！教师首先要用行动帮助学生，教给他们方法。其次在语言上鼓励，可利用贝多芬耳聋后还坚持写出了不朽名曲的故事，及其名言"卓越的人的一大优点是，在不利与艰难的遭遇里百折不挠"来教育学生，以此弱化学生的畏难心理。哪怕只写一个音符或一个乐句都可以，只要坚持着迈出创作尝试的第一步。

行——参与创作过程：行是知、情、意的外部表现，是知的目的，这里指学生参与创作的行为。当学生了解了一些基本的创作手法，掌握了教师总结出的创作过程的6个步骤，即"读——有节奏地读；哼——很即兴地哼；写——有依据地写；唱——很顺口地唱；改——有规律地改；演——很大胆地演"后，他们一定会积极地参与，大胆地表现，在上创作课时就会得心应手，也许会生发出许多意想不到的精彩。

（三）我能行

著名的寓言作家克雷洛夫说："现实是此岸，理想是彼岸，中间隔着湍急的河流，行动则是架在川上的桥梁。"只要拿出行动，真心地付出了，就一定会到达理想的彼岸。对于一节课也是一样的，不用心去揣摩，不理会学生的感受，不用实际行动去加以验证，怎么能说是一节成功的课呢？这节创作课在4个班共上了5次，每一次的上法都有不同，精彩、感悟、遗憾也不同。因为有音乐教研员杨岳军老师的一次次"嗯，不错！有意思！还可以做得更好！"的鼓励，才让我有了信心，扎了进去。在这里我经历的一段特殊的心路历程——从"上不了"到"试试看"到"我能行"到"还想上"，让我感受到歌曲创作实践课并不是我们想象的那么难上，学生也不是我们想象的那样笨，相反，他们在课堂上非常闪亮。

1. 创作重点的转变

这节课从选材构思到第一次试讲，我只用了一周的时间。我预想了多种方案素材，最后决定创作"闹钟音乐"。先用生活中的各种闹铃声做铺垫，再结合学校个别学生爱迟到的现象导入，哪知道学生很快就完成了创编任务，因为闹钟音乐可长可短，可结构规整，也可毫无规律，还有的学生可能受生活中闹钟声的影响，选择用有节奏的语言来表现。

第二次试讲，我就把闹钟音乐的创作只当做一个引子，为了检验闹钟音乐灵不灵而引出学生进行摇篮曲的写作。创作的重点转移了。

2. 创作形式的转变

创作的重点确定后，当学生开始动笔的时候，我让学生以小组为单位集体讨论创作。虽然分组时同学们很热情很积极，但我通过观察发现并不是人人都参与了。因为最后总是能干的执笔人与近旁的同学在积极商议，外围的同学没事干。还有的组干脆就是某一个人说了算。

边指导边观察，我想，不能忽略了任何一个学生！于是在第二个班，我想到了"分层教学"。创作形式由小组合作变成了人人参与。我设计了三种难易程度不同的方式由学生自由选择。这样，既照顾了一般水平的学生，让他们可以选择单音填空，又满足了一些有能力有个性需求的学生，使他们可以自己来创作旋律。

3. 基于什么而转变

依据科学发展观倡导的以人为本的核心思想，以及新课标中面向全体、注重个性发展的理念，我设计了这节作曲实践课，让学生主动参与，根据对歌曲教材的分析理解，使他们掌握创作的基本方法，找出与学生学习生活相关的创作素材，让他们体验创作的乐趣，分享成功的快乐。多元智能理论告诉我们，学生中没有"差生"，但存在"差异"。教学内容、教学形式的设计应随学生的实际而变，"因材施教"说的就是这个道理。一节课的安排既不能让学生吃不饱，也不能让学生负担过重，既要突出学生的个性特征，又要让人人都有事可做。

二、第一次尝到竖笛教学的甜头

——《摇橹》课堂实录与课后延伸

【教学说明】

《摇橹》是一首湖北天门民间童谣，自选教材。这首童谣歌，一般是小孩坐在大人的腿上，大人牵着小孩的双手，一边前后摇动一边唱。《摇橹》描写了一种大人小孩之间的亲情游戏，抒发了孩子们对长辈的依恋之情，同时也表达了大人们对孩子体贴入微的爱心。《摇橹》是一首单乐段歌谣，2/4拍，全曲虽只使用了 sol、do'、mi' 三个音，却颇有韵味。这是一节竖笛教学综合课，主要教学内容是学唱歌曲《摇橹》，并且能够用竖笛演奏它。重点指导学生能用欢快活泼的声音唱出歌曲的地方特点及祖孙之间互尊互爱的亲情，总谱的合成及第五小节 $\underline{1\ \dot{3}\ 5\ 1}$ 的指法变换是本节课的教学难点。通过竖笛演奏及歌唱表演使童谣演唱显得丰富多彩，趣味十足。

附教学流程图：

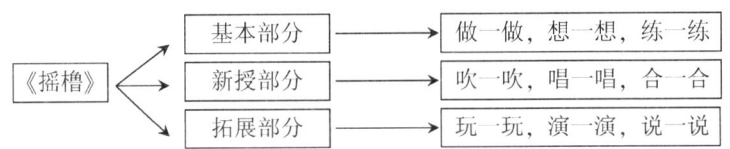

【课堂实录】

1. 听一听，做一做

师：同学们，见过人家手拿双桨划船吗？

生：见过！我会划。

生：我跟爸爸妈妈出去旅游划过船。

生：我去公园也划过船，有用脚踩的，有用手划的。

师：哦，那你来划给大家看看。

（学生做划船状，教师鼓动大家跟着一起划）

师：划船，看来大家并不陌生。下面，老师来吹一段音乐，看谁能够跟着音乐的节奏做划船的动作？

（学生在教师用竖笛吹出的新歌旋律伴奏下，开心而有节奏地做着各种划船的动作：有的朝着一边划，有的往两边打开划；有的划得慢，两拍一下，有的划得快，一拍一下。音乐结束后还有学生在划……）

2. 想一想，练一练

师：同学们划得可真欢啊！好了，请拿出自己的竖笛，咱们来复习一下竖笛演奏的几种基本舌法。它们是——（边说边在黑板边上贴出四种方法名称）

生：连音、单吐、三吐、双吐。

师：好，请同学们用这几种舌法做音阶上下行的练习。

（学生在钢琴伴奏下，按照"连、单、三、双"之序一气呵成地吹奏音阶上下行）

$$1-\,|\,2-\,|\,3-\,|\,4-\,|\,\cdots\cdots\,|\,7-\,|\,\dot{1}-\,|\,7-\,|\,6-\,|\,5-\,|\,\cdots\cdots\,|\,2-\,|$$

吐　—

$$1\ \ 1\,|\,2\ \ 2\,|\,3\ \ 3\,|\,4\ \ 4\,|\,\cdots\cdots\,|\,7\ \ 7\,|\,\dot{1}\ \dot{1}\,|\,7\ \ 7\,|\,6\ \ 6\,|\,5\ \ 5\,|\,\cdots\cdots\,|\,2\ \ 2\,|$$

吐 吐

$$\underline{1\ 1\ 1}\ \underline{2\ 2\ 2}\,|\,\underline{3\ 3\ 3}\ \underline{4\ 4\ 4}\,|\,\cdots\cdots\,|\,\underline{7\ 7\ 7}\ \underline{\dot{1}\ \dot{1}\ \dot{1}}\,|\,\underline{7\ 7\ 7}\ \underline{6\ 6\ 6}\,|\,\cdots\cdots\,|\,\underline{3\ 3\ 3}\ \underline{2\ 2\ 2}\,|$$

吐 吐 库

$$\underline{1\ 1\ 1\ 1}\ \underline{2\ 2\ 2\ 2}\,|\,\underline{3\ 3\ 3\ 3}\ \underline{4\ 4\ 4\ 4}\,|\,\cdots\cdots\,|\,\underline{7\ 7\ 7\ 7}\ \underline{\dot{1}\ \dot{1}\ \dot{1}\ \dot{1}}\,|\,\underline{7\ 7\ 7\ 7}\ \underline{6\ 6\ 6\ 6}\,|\,\cdots\cdots\,|\,\underline{1\ 1\ 1\ 1\ 1}\,|$$

吐 库 吐 库

师：真棒！同学们还有一个本领，就是听音模奏，对不对？

生：（很有信心地）对！

师：老师给弹标准音 la，请听好喽！

（让学生记住标准音的音高后，教师再分别弹出新歌谱里的基本音程 5－7，5－2，5－$\dot{2}$，$\dot{2}$－7，学生一一模奏出来）

师：小耳朵真灵！

3. 吹一吹，唱一唱

师：请把竖笛收好放回原位。同学们，还记不记得小时候妈妈常说的这么一首儿歌？摇啊摇，摇啊摇，摇到外婆桥……

(学生有的说"记得"，有的就跟读起来)

师：可是你们知道这首儿歌是根据哪一首民间童谣改编的吗？（生摇头）今天我们就来学唱这首童谣——《摇橹》，并学会用竖笛演奏它。请同学们看歌片，（出示歌片）摇橹是什么意思呢？

生：就是划船。

师：对！刚才咱们已经划过。那老师来唱一遍，请你们一起来划船。

（学生在教师的歌声衬托下做划船状）

师：歌曲十分短小精干，再听一遍，请帮忙找出歌曲中的"知．了"节奏。

（学生找出三个地方有"知．了"节奏，而且发现都是一样的"$\underline{5 \cdot 7}$"，教师带唱几遍$\underline{5 \cdot 7}2$后，让学生填词唱）

师：请大家跟着老师的琴先完整视唱一遍。

生：（随琴慢速、用手指头划拍唱）$\underline{5 \cdot 7}2$……

师：唱得不错哦！请拿出竖笛，像平时那样分两个声部，合作吹出歌曲的节奏。

$$\begin{Vmatrix} \underline{5\cdot 55} & | \underline{5\cdot 55} & | \underline{55}\ \underline{555} & | \underline{5\cdot 55} & | \underline{5555} & | \underline{5555} & | \underline{55}\ \underline{55} & | \underline{5555} & | \\ \underline{2\cdot 22} & | \underline{2\cdot 22} & | \underline{22}\ \underline{222} & | \underline{2\cdot 22} & | \underline{2222} & | \underline{2222} & | \underline{22}\ \underline{22} & | \underline{2222} & | \end{Vmatrix}$$

（学生吹完歌曲和声节奏后，变化形式学唱歌词。有节奏读歌词，熟悉理解歌词，比如，"家家""粑粑"等这些湖北方言，可由知道的学生来帮助解答；有节奏地吹和声，教师唱词；教师弹旋律，高声部吹 sol，低声部唱词；再交换为低声部吹 re，高声部唱词，教师弹旋律；全体齐唱歌曲并加上划船的动作，教师伴奏）

师：咱们班同学真聪明！这么快就唱会了这首歌，下面咱们就来学习怎么演奏它。大家先听老师吹一遍，听的同时拿起竖笛，手摸指法心里跟唱，说出你认为最难吹的地方。（范奏）

生：$\underline{5 \cdot 7}2$。

生：$\underline{5\ 5}\ \underline{7\ 5\ 5}$。

生：$\underline{5\ 7}\underline{2\ 5}$。

师：表扬积极思考的同学！老师把这几位同学提出来的地方简化一下，你们再看好不好吹？

（将吹奏中的难点节奏拉宽，放慢，化简练习后再恢复原形，可小组过关，可个别示范，可集体模仿：$\underline{5\cdot 7 2} \to 5\cdot \underline{7 2} -$ ；$\underline{55}\ \underline{755} \to 5\ 5\ 7\ \underline{55}$ ；$\underline{5 7 \underline{25}} \to 5\ \underline{7 \dot{2} 5} -$. 难点解决后，可无声练习全曲，或口唱谱手模指法练，或跟钢琴旋律练）

师：看来同学们已完全掌握了歌曲的演奏。那我请高声部同学起立齐奏全曲，老师来跟你们吹一种不同的声音。低声部的同学听好了，你能否模仿出老师吹的声音呢？

（部分学生齐奏全曲，教师辅以"$5\dot{2}\ 7\dot{2}\ |$"的笛声伴奏）

师：请低声部的同学们说说看，我们合作得怎么样？觉得好听吗？

生：配合得很好，我觉得好听！

生：我觉得高声部同学的声音太大了一点儿，老师一个人吹的声音都快被淹没了。

师：所以，你说应该怎么办呢？

生：人多的一方声音稍微小一点儿。

师：你真会想办法！老师还想跟聪明的低声部同学合作一次呢。

（学生吹旋律，教师奏"$5\dot{2}\ |\ 7\dot{2}\ |$"）

师：这次效果如何啊？（掌声响起）下面老师不参与了，你们互相配合来演奏吧！

（学生一组奏主旋律，一组吹伴奏，或者一组演唱，一组伴奏；教师可提前吹录主旋律，在学生合奏遇到困难时，教师就可以边放录音边吹伴奏，让全体学生都能共同体会和声效果）

4. 演一演，玩一玩

师：同学们真能干！能吹会唱。为了表示奖励，我们来玩一个"大人小孩"的游戏好不好？

生：好！

师：老师先给大家示范一下吧，谁先来跟老师玩？

（学生争相举手，教师请上来一位小女孩）

师：我当奶奶，你是小孩。来，坐"奶奶"腿上。（哄笑）我们的游戏表演需要全体同学的配合呢，请大家一起拍手歌唱吧。

（教师拉着学生的双手，强拍轻轻往后推，弱拍往怀里拉，第五六小节就快活地做"吃粑粑、喝汤酒"的动作，后面再继续前后摇动，就像摇橹一样。看完示范表演后，让同桌的每两个同学面对面、手拉手坐好，可坐在椅子上，也可坐在地上，边唱边表演刚才"你推我拉"的摇橹动作，表现孩子们天真活泼、悠然自得的音乐形象）

师：老师刚才发现，这几对同学表现得特别棒！（边说边请那些同学到讲台前）来，老师还要帮你们找出特别棒的歌手和乐手，一起来表演一个"大家乐"。（学生有的唱、有的吹、有的表演，将教学推向高潮。）

（教师小结后，学生吹奏《小雨沙沙》踏步出教室）

（注：此课例 1993 年公开展示）

附歌谱：

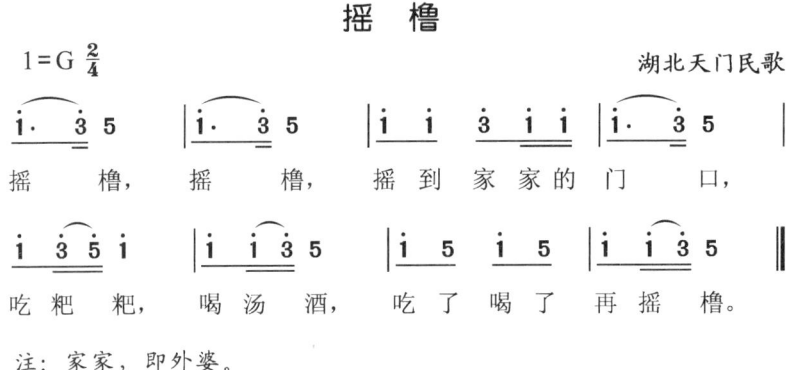

【课后延伸】

小竖笛，大效应

小小的竖笛与其他乐器相比，具有携带方便且价格便宜、易于推广的优点。它的音色独特亮丽，演奏方法简单易学。从1992年开始，我就喜欢把这小小的竖笛带进课堂，充分发挥其潜在效应，收到了良好的教学效果。

1. 小竖笛的情感效应

学生有了小竖笛，就等于在音乐学习上有了好帮手，日常生活中多了个好伙伴。竖笛以其小小的身躯吸引着学生的眼球，以它明亮的声音牵引着学生的听觉。每当我欢快地吹或抒情地奏时，学生羡慕的眼神总是闪闪发光，总想快些拿到小乐器小试一下，看自己能让它发出什么样的声音。当学生明白只要具备了良好的呼吸，掌握了基本的舌法，小小竖笛就任由你摆布了。以后，学生对它的兴趣日渐浓厚，慢慢也激发了对其他知识技能方面的学习兴趣。

2. 小竖笛的能力效应

课堂上若有了小竖笛，课堂内容便更丰富，形式手段也更多样化了。别看竖笛小，能耐可大着呢！它可以帮助学生在说、唱、创、奏、演等活动中，更好地掌握一些音乐知识与技能：节拍节奏稳定了，听觉灵敏音准好了，视唱流畅了，独奏自信了，合奏和谐了。慢慢地，学习了竖笛的班级的学生，合唱水平也逐步得以提升，同时，他们的审美能力、创新能力、实践操作能力都得到了良好的发展。

三、想唱就唱，想吹就吹

——《丰收之歌》课堂实录与课后延伸

【教学说明】

丹麦民歌《丰收之歌》选自广东出版集团花城出版社出版的《义务教育课程标准实验教科书——走进音乐世界》四年级上册第二课《秋天的联想》，同时也是人民音乐出版社出版的三年级上册第九课《丰收歌舞》中的一个作品。丹麦地处北欧，农牧业发达，素有"欧洲食品库"之称。这首民歌在世界各地广为流传。歌曲采用带再现的两段体结构，结构短小、方整，节奏鲜明、简洁，由大三和弦分解构成的音调朴实精练而不失明快活泼，抒发了人们热爱劳动、喜获丰收的愉快心情和宽厚助人的感情。欢快明朗的歌声反映了丹麦人民勤劳善良的美好心灵和高尚品质。正因如此，该歌曲长久以来赢得人们喜爱而传唱不衰。

附教学流程图：

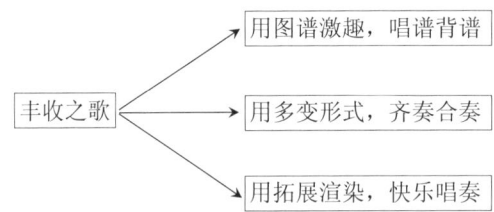

【课堂实录】

（学生听着循环播放的《丰收之歌》的音乐，走进教室，坐好，准备上课）

师：同学们，刚才的音乐听起来让你感觉怎么样？

生：想跳起来。

生：很开心。

生：很愉快的。

师：老师也跟你们有同感。既然大家都感到高兴，就把我们的双手准备好，来愉快地拍一拍。先听老师拍，你们来模仿拍。（拍歌曲节奏）

（学生拍 X X X X | X X X X | X X X X | X 0 |，多人拍，拍得不太整齐）

师：老师拍了多少下，找找规律。再仔细听！（再拍，嘴里轻声数数）

（学生整齐地拍 X X X X | X X X X | X X X X | X 0 |）

师：找到规律就很好拍了！听老师弹琴，看你们能不能试着把它唱出来。（故意不给标准音，单手弹旋律 4 6 66 | 35 55 | 24 32 | 1 0 |）

（学生各自凭感觉唱，唱得有点儿乱，生自己不好意思地笑了）

师：没关系！下面老师给一个开头音 Fa，再请你们把后面的音给唱出来。

生：（很容易就找到音高并准确地唱出）f l ll | ms ss | rf mr | d 0 |

师：真聪明！下面老师来跟你们玩一个对唱的游戏。我唱上句，你们就接唱刚刚学会的这一句。看你们需要接唱几遍？（教师引导学生完整听唱曲谱）

生：（听教师唱一句自己接唱一句后发现）我们唱了三遍。

师：那咱们再来对唱一次，看谁能发现老师唱的乐句又有何特点？

生：（跟教师接唱后）老师唱的有两句是一样的，有一句不同。

师：这就说明我们刚刚学唱的这段旋律一共有……

生：6 个乐句。

师：对！这段旋律由 6 个乐句组成。哪位同学能在黑板上画出它的结构图谱呢？

（学生积极举手）

师：请章思晴吧！

（学生在黑板上画出）

师：谢谢思晴！你画得真漂亮，也让我们清楚地认识到了歌曲的结构（边说边出示已经标出了 ababcb 结构的歌曲旋律）。那，谁可以来单独领唱这个"月亮"和"笑脸"部分？也就是老师歌谱里的 a 和 c。

（有几个学生主动请缨）

（改师生合作为生生合作，按图谱分工演唱，既让个别学生展示了自己的能力，也让全体学生进一步熟悉了歌曲；全体学生一起唱全曲，并不断加快速度演唱，既增加趣味又背唱了曲谱，为后面的吹奏做铺垫）

师：同学们的歌谱唱得这么好，老师也忍不住想来唱一唱它了（用竖笛吹奏全曲）。

（学生安静地聆听老师欢快跳跃的演奏并给予掌声）

师：谢谢大家！你们想不想像老师这样唱？

生：想！

师：请拿出你的竖笛，咱们先用和音来吹吹歌曲的节奏。

（学生一组吹 s，一组吹 d）

$$\begin{cases} 5\ \underline{55}\ |\ 5\ \underline{55}\ |\ 5\ \underline{55}\ |\ 5\ 5\ |\ \underline{55}\ \underline{55}\ |\ \underline{55}\ \underline{55}\ |\ \underline{55}\ \underline{55}\ |\ 5\ 0\ |\cdots\cdots \\ 1\ \underline{11}\ |\ 1\ \underline{11}\ |\ 1\ \underline{11}\ |\ 1\ 1\ |\ \underline{11}\ \underline{11}\ |\ \underline{11}\ \underline{11}\ |\ \underline{11}\ \underline{11}\ |\ 1\ 0\ |\cdots\cdots \end{cases}$$

师：有些同学有点着急，节奏一定要稳！因为我们是一个集体。咱们换一个和音再来一遍，这次老师加进来吹。

（学生一组吹 s，一组吹 m，教师吹 d'）

$$\begin{cases} \dot{1}\ \underline{\dot{1}\dot{1}}\ |\ \dot{1}\ \underline{\dot{1}\dot{1}}\ |\ \dot{1}\ \underline{\dot{1}\dot{1}}\ |\ \dot{1}\ \dot{1}\ |\ \underline{\dot{1}\dot{1}}\ \underline{\dot{1}\dot{1}}\ |\ \underline{\dot{1}\dot{1}}\ \underline{\dot{1}\dot{1}}\ |\ \underline{\dot{1}\dot{1}}\ \underline{\dot{1}\dot{1}}\ |\ \dot{1}\ 0\ |\cdots\cdots \\ 5\ \underline{55}\ |\ 5\ \underline{55}\ |\ 5\ \underline{55}\ |\ 5\ 5\ |\ \underline{55}\ \underline{55}\ |\ \underline{55}\ \underline{55}\ |\ \underline{55}\ \underline{55}\ |\ 5\ 0\ |\cdots\cdots \\ 3\ \underline{33}\ |\ 3\ \underline{33}\ |\ 3\ \underline{33}\ |\ 3\ 3\ |\ \underline{33}\ \underline{33}\ |\ \underline{33}\ \underline{33}\ |\ \underline{33}\ \underline{33}\ |\ 3\ 0\ |\cdots\cdots \end{cases}$$

师：不错！咱们班堪称优秀团队啊，合作意识很强。下面大家各自熟悉一遍指法。

（学生个个轻声慢唱曲谱，手摸指法）

师：为了减轻大家的负担，咱们跟刚才唱歌谱的程序一样，来个分工练习吹奏。

（学生根据图谱选择自己熟悉的、喜欢的乐句进行演奏，由简到难，由局部到整体，可以采取师生对奏、生生接奏、全奏等多种形式来完成旋律的吹奏）

师：完成得不错！谁能大胆地到前面来为同学们表演一下呢？

（自告奋勇的学生站出来吹主旋律，老师用竖笛给他们伴奏，其他同学欣赏）

师：为我们鼓掌吧！发现我们刚才的演奏有什么特点吗？

生：有声部变化。

生：这是合奏，不是齐奏。

生：好听，音响丰富一些。

师：（出示合奏谱）这个低声部对于咱班同学来说太简单了，相信大家拿起竖笛即能演奏。

（由于变化不多，学生极易吹奏。全体慢速试吹 3 $\underline{33}$ | 3 $\underline{33}$ | 3 3 | 5 5 | ……）

师：（伸出大拇指）同学们的视奏水平真是越来越高啊，老师为你们骄傲！下面咱们按原来的声部分配，来试着合奏一遍如何？

生：没问题！

（学生在教师的指导下，注意放慢速度，轻声吹奏，互相倾听，尽可能使两个声部和谐统一，随后，教师让学生找出自己吹得有问题的地方提出来单独练习，最后再恢复速度合奏）

师：这么好听的音乐，老师再来给它加点儿色彩吧！

（一部分学生吹，一部分学生休息聆听，教师给配唱歌词）

师：这样的合作感觉如何？

生：有歌声、有和声、好听、很丰富……

师：那请你们一起来唱一唱，老师为你们伴奏。（显示跟曲谱对应的一段歌词）

（由于歌曲多为一字一音，曲谱又十分熟悉，学生唱起来得心应手，只是最后一句"$\underline{新摘的}$ 果儿 | 我们 大家 | 都来 尝一 | 尝 **0** |"需要教师纠正一下。）

师：同学们，今天我们会吹会唱了一首歌曲。这首歌曲究竟叫什么名字呢？请你们先开动脑筋给它取个名字如何？

生：《丰收啦》！

生：《快乐之歌》！

生：《劳动之歌》！

生：《丰收之歌》！

生：《快乐的劳动者》！

师：同学们取的歌名都很贴切！（揭示课题）歌曲的名字就叫《丰收之歌》，这是一首丹麦民歌。

（猜对的同学开心地"耶"了一声）

师：让我们一起走进丹麦去看一看吧！（播放演示文稿）丹麦地处北欧，农牧业特别发达，素有"欧洲食品库"之称。这是丹麦人民丰收后载歌载舞的情景。丹麦是世界上最古老的王国，她更有个大家都知道的称号——"童话王国"。安徒生的童话，让丹麦与世界紧紧相连，与她悠久辉煌的历史、古老奢华的建筑一起，闻名于世界的各个角落。

生：我看过《人鱼公主》。

生：语文课本上也有《卖火柴的小女孩》。

……

师：是啊，我们每个人的童年几乎都是伴随着安徒生的童话长大。如今，坐落在其首都哥本哈根的美人鱼铜像，已成为丹麦的象征。著名的嘉士伯啤酒也产自丹麦。丹麦还是个冬季漫长的国家，所以丹麦人特别珍惜短暂而温暖的夏季，在7月和8月份会有许多的露天音乐会、街头活动等。每年一次的世界一流水准的国际爵士节也要在哥本哈根隆重举行，为期整整10天，整个城市都会沉浸在音乐与啤酒的狂欢中。

（学生边看图片边听教师介绍）

师：最后，让我们全体同学一起来欢唱、演奏这首丹麦民歌——《丰收之歌》，尽情表现丹麦人的快乐。

（学生随教师的钢琴伴奏分别演唱、演奏一遍歌曲至下课）

（注：此课例1995年在接待澳门教师团来访时获好评）

附谱例:

丰收之歌

丹麦民歌

1=C 2/4

```
| 1 5 3 | 1 3 5 | 1 3 5 | 1 1 | 46 66 | 35 55 | 24 32 | 1 0 |
  田野上 庄稼都 已收割 完毕, 大麦小麦 收进仓库 干草堆成 堆。
| 3 3 3 | 3 3 3 | 3 3 | 5 5 | 4  -  | 3  -  | 55 55 | 5 0 |

| 1 5 3 | 1 3 5 | 1 3 5 | 1 1 | 46 66 | 35 55 | 24 32 | 1 0 |
  果园里 甜美的 水果已 摘完, 背起筐儿 欢欢喜喜 回家庆丰 年。
| 3 3 3 | 3 3 3 | 3 3 | 5 5 | 4  -  | 3  -  | 22 22 | 1 0 |

| 1 1 | 7 2 5 | 2 2 | 1 3 1 | 46  66 | 35 55 | 24 32 | 1 0 |
  采果的 劳动者,不会 白流汗,新鲜的 果儿 我们大家 都来尝一 尝。
| 5 5 | 5 5 5 | 7 7 | 5 5 4 | 4  -  | 3  -  | 22 22 | 1 0 |
```

【课后延伸】

停下竖笛教学研究的脚步是我心里永远的痛

说起我的竖笛情结,还得说说原湖北省音乐教研员、现广州市音乐教研员、中国音乐教育学会全国器乐学术委员会主任朱则平老师,他是我竖笛教学的启蒙老师。1992年秋季,我参加了朱老师在湖北随州为全省音乐骨干教师举行的为期十天的培训,就在那里我认识了八孔竖笛,也喜欢上了这件看似不起眼的小乐器。从那之后,竖笛便成了我教学、生活当中的一个好伙伴,我迫不及待地想把她介绍给我的学生们,从湖北到广东,从珠海到深圳,所到之处都留下了我教学生吹竖笛的足迹。

1. 让学生感到快乐的竖笛课堂(课内)

当学生刚开始接触竖笛的时候,一般吹出的总是怪音,有些同学怕困难,想退缩,我极力鼓励他们,只需学会三个音就能吹奏歌曲。先从最容易吹的

Sol、La、Si开始，进行各种有趣的练习：模仿吹，变化吹；吹长句，吹短句；吹单音，吹和声；用和音吹歌曲节奏；用单音吹歌曲旋律；分声部吹……再从老师美妙动听的范奏中模仿练习，学会用气，掌握单吐、双吐、三吐、连音等舌法。渐渐地，孩子们的笛声整齐悦耳了，能吹出不同节拍的小曲了，有的同学还主动自学起自己喜欢的流行歌曲和电视插曲片段呢。

音乐课堂成了孩子们每周盼望去的地方。不会唱的可以吹，不会吹的可以用打击乐器，大家人人参与，个个投入，学生的演奏水平不断提高。1993年5月，我执教竖笛综合课《摇橹》，接待了省音乐教研员朱则平老师带来的北京专家骨干一行10多人，得到了老师们的高度评价。同年七月，竖笛与唱游相结合的课例《保护小羊》获得区优质课评比第一名。

来到珠海后，我实践竖笛教学的步伐更大了。在区教育局和学校的大力支持下，我坚持了长达五年的竖笛教学实验。我的竖笛综合课《小雨沙沙》《丰收之歌》《哇哈哈》《土风舞》等相继受到来自澳门、福建、中山、顺德、湖北等地教师的好评，澳门培道中学的校长当堂称赞说："学生虽小，笛子却吹得这么好，真了不起！"华中师大副校长邓宗琦教授听完课也握着我的手说："谢谢你为我们上了这么有趣的一堂课。香华有你这样的好老师，大有希望！"珠海市香洲区音乐教研员万四喜老师也十分重视我的教学研究，多次邀请我为全区中小学音乐教师上示范课，开竖笛讲座，跟大家分享、交流我的教学体会。

2. 谁说竖笛登不了大雅之堂（课外）

竖笛虽小，我以为魅力无穷。虽然有人说"竖笛就是一玩具，登不了大雅之堂"，可我依然构画着我的竖笛梦想。全校中高年级的学生手持竖笛，整齐地站在操场上，和谐悦耳地齐奏或合奏……这是一道亮丽的风景！

1992年，在武汉工学院附属小学，我率先将竖笛、口琴引进课堂，组织学生参加洪山区器乐重奏、合奏比赛并获佳绩。1993年，我南下珠海，成为华中师范大学与珠海市香洲区政府联合办学的一分子。珠海市香华实验学校给了我一个很好的成长平台和发展空间，我长达五年的竖笛教学实践在此取得了丰硕成果。1996年国际儿童节，我辅导制作的竖笛合奏表演《我们多么幸福》在珠海电视台"六·一"专题节目中播放。1997年，这些会吹竖笛又会唱歌的孩子们组成的校合唱团再次获市区少儿花卉合唱比赛小学组第一名，并代表珠海参加广东省"百歌颂中华"合唱比赛，获得小学组二等奖，创造了珠海市参加省赛的最好成绩。1998年，在市区少儿花会器乐专场比赛中，我校竖笛表演队以《故乡的亲人》等曲目与众多大型品牌团队同场竞技并获最高奖（只分两类）。赛后，校领导骄傲地宣称："我们的竖笛队是'小米加步枪'赛过了别人的'飞机大炮'啊！"1999年，学校创办六年，正值"六一"儿童节，我策划组织了一场"六个一"系列成果展示会，向社会各界及家长汇报我校以艺术体育为突破口的特色教育。其中，经老师们共同努力排演的百人竖笛队、百人合唱队、百人集体舞、百人口琴队、百人鼓号队、百人武术队等"一台综合节目展"里的"六个一"，更是成为成果汇报会的一大亮点，让前来参观的领导、嘉宾和同行们赞叹不已。1999年，香洲区举办"迎澳门回归暨建区二十周年"大型音乐会，我们150人的竖笛联奏《丰收之歌》《雪绒花》等在珠海市体育馆盛装上演，珠海特区报也给予了图文并茂的精彩报道。同年12月19日，澳门回归的前夜，面对濠江的湾仔回归广场上，我校庞大的竖笛乐队再次被市委宣传部、市文化局选中参与演出《七子之歌》，用竖笛表达了珠海的孩子们欢庆澳门回归的激动心情。

2001年12月，我离开了倾注过无数教学热情和真情的珠海，通过"人才绿色通道"来到深圳。看到曾跟我凭着一支小竖笛打天下的孩子们留给我的那些小诗，编的那些小曲，感受着他们对音乐的喜爱，无限感慨在心头！这一切都在告诉我不要放弃竖笛的梦想。

小竖笛，真有趣，身穿白色小毛衣，do re mi，吹起来，声音清脆真动听！

（羊 芸）

竖笛好，竖笛妙，学习生活都需要，吹一吹，唱一唱，美妙笛声伴我长。

（付宇璇）

一九九九回归日，举国上下齐欢腾，小小竖笛拿在手，吹出心声迎澳门。

（肖子璇）

……

学生的收获便是我前进的动力，我的竖笛之梦继续在深圳市罗湖小学延续。

2002年暑假，学校接到上级通知，我校竖笛表演队将代表深圳赴香港参加宋庆龄基金会组织的"香港回归五周年"庆典演出。就这样，我的学生凭着这只不起眼的小竖笛，再次登上了香港的大雅之堂——香港会堂，独特的造型演奏获得了观众们热烈的掌声，香港的《大公报》作了全面报道。2003年，由于工作的需要，我被调到深圳市螺岭外国语实验学校。在这里，有音乐教师出身的王燕副校长的大力支持，有科组十多位音乐教师的积极配合，竖笛进课堂也成功的在五年级的十个教学班展开，将近六百个学生参与到竖笛教学活动中来。他们也一样经历了"有兴趣，却吹得不好听——遇困难，家长不支持，想放弃吹——迎难而上，苦练巧练，让笛声变得好听起来"等几个阶段，同学们吹竖笛、爱竖笛，把它作为自己学习音乐的好帮手，生活休闲的好伙伴，从中找到了独奏、齐奏、合奏、边唱边奏的乐趣。在一年一度的艺术节活动中，近六百名学生在操场上为全校师生唱响了快乐的竖笛之歌！

至今，我的梦想虽没有完全实现，但小小竖笛那玲珑的身姿、跳动的音符已经伴随着我的学生们，从音乐课堂飞向了学校大操场，继而走上了珠海影剧院的舞台，又从珠海迎澳门回归的演出到香港回归五周年的庆典，那自信、快乐的笛声一直在我的内心回响……

3. 竖笛进课堂的"课题研究"（教研）

这里的"课题"加了双引号，因为它是没经过什么论证程序的。说是"研究"，也没什么高深的理论支撑，只是一种自觉自愿的行为。我的研究模式就是在教学中多问几个为什么——做什么？为什么做？怎么做？多想想如果我是学生会不会喜欢。

（1）研究背景：在我国大力提倡素质教育和不断实施的基础课程改革的背景下，器乐教学正是对学生实施素质教育的途径之一。为了学生不再感觉音乐课沉闷难懂，为了那些音不准又不好意思开口唱歌的孩子都有自信表达的平台，就让简单易学的乐器来给课堂注入新的生命力，帮助学生克服心理障碍。

（2）研究意义：通过竖笛进课堂的教学研究，向学生施以人生观、价值观的教育，培养他们的集体主义意识、团队协作精神；丰富教学内容和教学形式；提高学生的审美、创新、合作等多种实践能力。

（3）研究目标：现在的学生多为独生子女，玩伴少，我们提倡学生与小乐器交朋友，把乐器当做有感情的"人"来看待，懂得爱护自己的小乐器。竖笛进课堂研究的目标有如下几点：激发学生的学习兴趣，每人掌握一件乐器并具有正确的演奏姿势和表情，做到外形美；锻炼自己独奏、齐奏、合奏、伴奏等和谐、准确的演奏能力，达到声响美；能用乐器进行简单的节奏、乐句、乐段、歌曲的创作练习，学会创造美；通过学习乐器，体会与人交往、合作的能力，建立自信，体验成功。

（4）研究过程：器乐进课堂是响应国家教委的号召，是音乐教学不可缺少的一个部分。我以"让学生人人会一件乐器、人人多一个朋友"为宗旨,由点到面展开实践研究。具体到每个班,我以三种授课形式轮流进行,让学生从中获得进步,自身能力得以可持续发展。

①课中课:在大课中上小课,即在40分钟的音乐课里抽出10分钟左右的时间开展竖笛教学活动。一般以这类课为主,练习内容包括竖笛吹奏基本功训练,以及一些歌曲的指法难点、分声部、合成练习,练习方式有无声演奏或口唱手摸指法奏,还有个别奏、小组奏、集体奏、师生对奏等。

②课后课:这种形式比较灵活,可以随时随地进行。利用课后的一切时间,如课间十分钟、早读前、放学后等,找老师或小老师过关,有的还需带回家练习。

③交流课:这种交流课就像一个班级音乐会,有主持人和节目单,每学期期中、期末各一次。以竖笛为主,以学生为主,老师可作为特约嘉宾参与表演。这里是让学生互相观摩、共同进步的一个平台,它与平时课中课的表现不太相同,作品的选择也很多样,可以吹老师教的,也可以吹自学的。学生都必须事先商议排练好一个作品,再以竖笛音乐会的形式再现出来。他们有的领奏、齐奏,有的合奏,时而站着吹,时而走着吹,不断变换队形来演奏……同学们都自信地陶醉在音乐之中,从服装、表演到选作品等,做得非常认真、投入,学生已经从苦学变成乐学了。

4. 停下竖笛教学研究的脚步是我心中永远的痛

纵观全国器乐教学的现状,有一个人值得我再次提起,那就是朱则平老师。这么多年来,朱老师以让人敬重的敬业精神和专业精神,为我国中小学器乐进课堂付出了许多努力和艰辛的劳动。在中国教育学会音乐教育分会副理事长吴斌老师的支持下,他张罗成立了全国器乐学术委员会、广东省竖笛学会;他以身示范,激发了一批又一批一线教师对器乐教学的热情;他总结经验,著书立说,多本器乐教学法的书籍成了老师们手中的参考资料,全国首本器乐教学论文集也由他主编面世……跟朱老师相比,自己真是感觉惭愧!

2005年,随着工作单位的再次变动,我竖笛教学研究的脚步就此停了下来。一停就是五年,这五年该会有多少孩子可以学会一件小乐器,结交一个新朋友,多享受一点快乐呢?可我放弃了他们,这便是我心中永远的痛!

在第三届全国新课程中小学器乐教学研讨会召开的这些天,我回忆、反思、激动。虽然我的竖笛教学曾经用过休止符,但我发现自己根本就未曾忘记过。课堂上，我常会情不自禁地吹起那支悦耳的小竖笛，总有学生追问："老师，你什么时候教我们吹这个啊？"课余时光，我会跟同事的钢琴、古筝、大提琴来一个小型演奏会。在家里，我也常常悠闲地奏上几曲，愉悦自己和家人……内心深处对竖笛的钟爱，指引我在明天继续践行我的竖笛梦想，带上这只小小竖笛，带上我的学生们！

四、音乐课堂上的生日 Party
——《爷爷过生日》课堂实录与课后延伸

【教学说明】

《爷爷过生日》选自广东省出版集团花城出版社出版的《义务教育课程标准实验教科书——走进音乐世界》一年级上册第三课《爱我的家》。这是一首重新填词的传统歌曲,前八后十六节奏的反复运用使旋律十分活泼,口语化的歌词表达了一家人快快乐乐给爷爷过生日的情景。本课的主要任务就是让孩子们在创设的情境活动中学会尊敬长辈、关爱他人,懂得亲情的可贵;可以唱准 $\underline{3\ 1\ 2}$、$\underline{2\ 6\ 1}$ 等几处前八后十六节奏;能自信活泼、有弹性地演唱歌曲,并能尝试着进行简单的歌词改编演唱,培养创新意识。

附教学流程图:

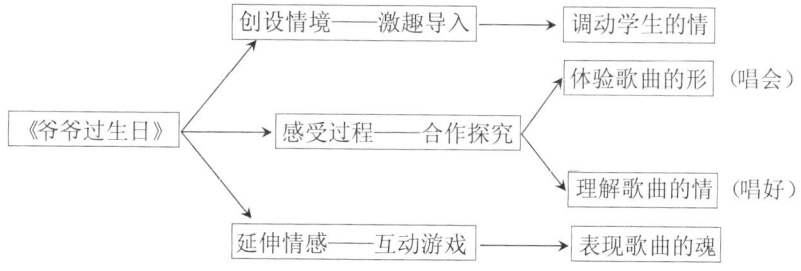

【课堂实录】

(学生在循环播放的新歌旋律中走进教室坐好,师生做课前交流)

师:嗨,大家好!我是张老师,非常欢迎梅园小学一(1)班的小朋友和我一起走进音乐世界。(手指课件显示的"走进音乐世界"六个大字)你们愿意吗?

生:愿意!

师：就冲你们这一声喊，老师要给你们送上第一个奖励！（在黑板上画了一个五角星）因为你们是牺牲自己的休息时间来这里上课的。咱们今天要努力向五星级班级挑战！有信心吗？

生：有！

师：很好！我早就听说，梅园的小朋友特别聪明、可爱，一会儿看谁为班争光最积极！下面我们开始上课。

1. 问题情境中揭示歌曲

师：（从讲桌下取出一蛋糕模型）请小朋友们听一听、看一看、猜一猜。（手捧用泡沫制作的插上蜡烛的蛋糕模型，边唱《生日歌》边走近学生）

师：（唱完后）听到什么了？

生：生日歌！

师：看到什么了？

生：蛋糕！好漂亮啊！

师：这是老师的学校里，一个很会画画的姐姐帮忙做的蛋糕模型！猜猜看，今天老师想给谁过生日呢？

[设计意图：情境式提问让学生积极思维。]

生：（指多媒体课件画面上的小朋友）这个小朋友？

生：（七嘴八舌地）给我们、给老师、给表现好的同学、给祖国……

师：（笑着说）同学们的想象可真丰富！你们猜得对不对呢？仔细听听就知道了。

生：（认真聆听歌曲范唱）爷爷！

生：（齐）给爷爷过生日。

师：（点击鼠标出现课题）对了，咱们今天就是要给《爷爷过生日》。

[设计意图：包袱式的设问促使学生注意力十分集中，培养了他们静听音乐的习惯，使其初步感受歌曲。]

2. 声势情境中体验"歌曲的形"

师：再听《爷爷过生日》，看看自己的心情会是怎样的呢？（点击播放）

生：（听后）很好！很高兴！

生：很快乐！

生：很愉快！

师：那你们可不可以用自己的小手来表现你高兴的心情呢？怎么高兴就怎

么拍！大家都来试一试！（学生听着教师的歌声来拍节奏，教师边唱边找出拍得有特点的学生）

（学生在教师清晰悦耳的范唱中凭各自感觉拍手伴奏）

师：（伸手牵出一女生）请这位小朋友来给大家示范一下。

（学生一拍一次地拍 ××│××│××│×× ）

师：（侧头看学生并为之配唱）今天 爷爷│过生 日│我给 爷爷│唱首 歌│跟音乐配合得多棒啊！我们来跟她一起拍（跟学生一起拍，并配唱后两句）"爷爷 奶奶│夸我好│爸爸 妈妈│乐呵呵│"。

（学生随教师的歌声，模仿讲台前的同学拍节奏）

师：我再请这位小朋友来拍个跟台上这位同学不一样的。仔细看！

生：× × │××× │× × │××× │……（师依然配唱前两句）

师：拍得真好听！我们一起来学她吧。大家看看她的笑容多甜，头摆动得多好看！想到要给爷爷过生日，你们的笑脸在哪里呀？（唱）"爷爷 奶奶│夸我好│爸爸 妈妈│乐呵呵│"

生：× × │××× │× × │××× │……（笑着模仿同学的节奏）

师：还有没有和她们俩拍得都不一样的？

生：× o│× o│× o│× o│

师：是不是不同？大家看，她除了拍手还用了个叉腰的动作。给她掌声鼓励啊！

（学生给予同伴热烈的掌声，并模仿拍手为教师的歌声伴奏）

师：咱们班的同学真了不起啊！已经有三种不同的拍法了。还有谁想到了新点子？

（学生做思考状）

师：（启发）你的身上除了手以外，还有头、脚、小屁股都可以用！谁来试试看！

（学生随着歌声有节奏地扭动屁股）

师：还有没有与众不同的？可以用身体的其他部位！表示高兴就可以了。

（学生用脚踏节奏给歌曲伴奏×× ××│××× │）

师：他用的是什么？

生：脚。

师：我们也像他这样做！（唱）今天 爷爷｜过生 日｜我给 爷爷｜唱首 歌｜……

（全体起立用脚跺出有力的节奏给歌曲击拍）

师：停！跺脚的点子很好，但是我们跺脚的声音不美呀。像老师这样轻一点儿来试试！

（学生在教师的带领下轻轻地有美感地跺脚，即一个字跺一脚）

师：（伸出大拇指）咱们班小朋友太棒了！短时间内就想到了这么多有创意的伴奏。老师要奖给你们两颗星。

（学生看着教师画星星，发出欢呼声）

师：大家想了这么多点子来表达自己高兴的心情，下面就让我们跟着歌曲范唱来 happy 吧。（对之前上台来的 5 位同学）你们回想一下，自己刚才怎么拍的，一会儿你们就怎么拍！下面的同学呢，你喜欢哪个小朋友，你就模仿他的动作！听明白了吗？

生：（突然地）老师，我还有一种方法。

师：哦！很好！你很勇敢啊，真是一个爱动脑筋的孩子！（请学生上来表演）

（学生一边拍手，一边踏步，自己竟然开口唱起"今天 爷爷｜过生日｜"）

师：呀！都会唱了，多聪明的孩子啊！再一次掌声鼓励一下！他是把刚才我们几个人做的事情自个儿全包了，真厉害！我们全体同学也一起来模仿他吧。

（学生拍手、踏步、唱歌曲）

师：太好了！我们和着音乐来。（播放范唱）

（学生选择自己喜欢的方式给歌曲伴奏）

［设计意图：在老师反复吟唱新歌的背景音乐中，启发学生用自己身体的多个部位进行声势创作伴奏，让他们在声势情境中体验歌曲的"形"。"形"指歌曲的基本要素，包括旋律、节奏、节拍、速度等。这是一种暗示教学方法，既让学生听会了歌曲，又培养了他们的探究、创新意识。］

3. 演唱情境中表达"歌曲的情"

师：谢谢大家各具特色的表现！也谢谢这几位聪明能干的小朋友，请回座。大家听了这么多遍，有的都会唱了，可歌词咱们还没见着呢！（点课件出示歌谱）咱们一起读一读，找出自己不认识的字。

生：（有节奏地读）今天 爷爷｜过生 日｜我给 爷爷｜唱首 歌｜……

师：同学们自己说说读的时候感觉哪些地方有点困难。

（有的说不认识"祝福"，立即有人大声读出来；有的说不认识"插"，没人吭声）

师：（指"插"字）这个字没有同学会念吗？肯定有，只是还没想起来吧？

生：（醒悟似地大声地）插！

师：你认识的字真多！谢谢你。大家跟他一起读一遍。

生：闪闪蜡烛上面插！（师做插蜡烛的手势）

师：还有这个地方，跟老师读一读。（读）祝福 爷爷 生日快 乐！

（学生模仿朗读两遍）

师：现在看着歌词能跟着音乐唱一唱吗？

（学生随音乐唱全曲）

师：有些地方唱得不准确。老师来帮帮你们吧。

［设计意图：教师用形象的比喻帮助学生唱准三度音程3→5，用有趣的语言指导学生解决前八后十六或前十六后八的难点节奏，如"$\underline{3\ 1\ 2}$、$\underline{2\ 6\ 1}$、$\underline{5\ 3\ 2}$、$\underline{生日快}$"等地方。学生会把"我给爷爷（３５）唱支歌"的３５唱低，唱成３３，教师可以趣味地示范并说："可不能让生日蜡烛倒下去了，要立起来哦！"学生就很容易唱准了。全曲每一拍对应的几乎都是１字或２字，只有"祝福爷爷生日快乐"这句话的"$\underline{生日快}$"为一拍3字，对位发生了变化对于一年级学生来说读唱都有点麻烦。唱"$\underline{生日快}$ 乐"时要咬字准速度快，教师可提示学生说："想吃蛋糕的心情一般都很着急吧？所以在这里就快快地唱。"如此可以改善孩子们一个字一个字慢念的状况。］

师：老师不帮忙了。请你们跟着钢琴准确唱一遍。

（学生跟钢琴伴奏唱）

师：刚才一直都是齐唱，下面我们换一下演唱的形式吧。

生：（抢着说）男生一句女生一句，分着唱。

师：好啊！就照你说的办。如果今天真是自家爷爷过生日，全家围坐在一起，品尝着一桌子的美味，大家说啊笑啊，热闹极了。你的心情会是怎样的呢？用你的歌声、表情和动作告诉我。轮到谁唱谁就可以站起来，也可以走到讲台前来。（放音乐，教师往台前一坐说自己扮演爷爷，请孩子们都过来表演唱）

（学生自由尽情表现）

师：噢，同学们几乎都会唱了，表现得也很精彩！小朋友们，如果我们唱歌的时候一高兴就比谁的嗓门大，发出的歌声会不会好听呢？

生：不好听！很吵的。

（教师指导学生解决了"会不会唱"的问题后，再来讨论"唱得好不好"的问题。分三个层次引导学生：首先唱给自己听，即轻声歌唱；接着唱给同桌听，是否唱出相同的声音；最后唱给全班同学听，展现有美感的声音。培养学生互相倾听）

师：一（1）班的小朋友真聪明！唱得越来越好听啦！老师还发现第一排同学唱歌的表情特别好。请你们起立，面向大家展示你们的美！我们都跟着伴奏，有表情地再来一遍吧！

（学生跟音乐伴奏整体表现）

师：掌声送给大家！第四颗星星也属于我们一（1）班啦。（画星）

［设计意图：让学生养成好的歌唱习惯，要让他们先会听再会唱，先轻声再放开，学会用好听的声音来歌唱。教学中既要注重对学生的听觉培养，又要加强他们的审美体验。］

4. 生日情境中升华"歌曲的魂"

师：咱们一起来回忆一下，今天学唱的歌曲名字叫什么？

生：《爷爷过生日》。

师：不错！《爷爷过生日》，老师来做一个调查，有谁记得爷爷的生日呢？请举手。

（学生几乎都不知道自己爷爷的生日）

生：我爷爷去世了。

生：我有爷爷，但不知道他的生日。

师：今天上完这节课以后，小朋友们都回去问问爸爸妈妈，把爷爷奶奶的生日记下来好吗？

生：好。

师：那记得自己生日的同学请举手！

（几乎全班学生都举起了手）

师：呵呵，自己的生日倒是记得挺清楚的啊！

生：（拽老师的裙脚）老师，我的爷爷在老家。

师：爷爷在老家呀，那你回去关心过他吗？

生：我放暑假就去。

师：那放暑假去的时候，给爷爷多带点儿快乐回去。以后爷爷生日的时候，给他打个电话，唱唱今天学的生日歌，好不好？

生：好！

师：从刚才跟同学们的交流中感觉到像"爷爷"这样的老人似乎已经被我们遗忘了。可谁都知道，没有爷爷奶奶就没有爸爸妈妈，没有爸爸妈妈也就没有今天幸福快乐的我们。你们说，我们要不要感谢爷爷呢？

生：要！

师：也许有的爷爷在老家，有的爷爷已不在人世，有的爷爷还在每天接送你上学放学……他们是最疼爱我们的人，可我们又为他做过什么呢？今天学会了这首特别的生日歌，老师建议在这里为爷爷模拟举行一个生日Party。

［设计意图：引导学生从现实生活中发现问题。原来自己在家一直是个"小皇帝"，被很多人疼爱却不会关心别人，心里只有自己。德育渗透，情感培养，让学生在活动中反思"我能为家人做点什么"。］

师：咱们要选一个同学来扮演"爷爷"。谁来做爷爷呢？

（学生面面相觑，不是很大方，没有人主动出演爷爷）

师：扮演爷爷的人是最幸福的人，不用表演，只需坐在桌旁等着切蛋糕就可以了。谁来？

生：（终于有人鼓起勇气）我试试！

师：老师要奖给你一颗星！你今天能够主动站出来扮演爷爷，为生日Party顺利开展立了大功呢！

（一片掌声与笑声）

师：下面还要选两个主持人，这两个主持人就是小家长，扮演爸爸妈妈。

（有些人举手，教师挑选一男一女扮演爸爸妈妈，当生日party的主持人）

师：今天就由你们当家做主。想一想自己的生日是怎么过的，一会儿就怎么给爷爷过。你俩到旁边商量一下吧。

（歌曲音乐循环响起，在浓浓的气氛中，两个小家长到台侧商议；第一排的学生把教师准备好的彩带挂在椅子上、窗户上，意即装扮自己的"家"，把一张凳子和桌子放到台中间；其他小朋友跟着音乐拍手唱歌。教师给扮演"爷爷"的学生画上胡子和皱纹）

师：生日party开始了。欢迎小主持人上场！

女：今天是爷爷的生日，有请爷爷出场！

师：（在一旁附和）呵，爷爷请上座！

（学生看到"爷爷"的样子，开心兴奋极了，"爷爷"落座后，两个小家长

拿出彩带挂在"爷爷"的脖子上,并把桌子上也布置了一番)

女:爷爷的生日会开始了!请拿蛋糕来。

师:(赶紧送上蛋糕)下面该干什么呢?

男:唱生日歌,许愿,吹蜡烛!

(全体学生自觉唱起"祝你生日快乐……"《爷爷过生日》的音乐跟着响起,师生一起开心地拍手唱歌)

师:请大家都来替爷爷许愿吧!

(学生十指相扣,闭上眼睛许愿,接着模仿吹蜡烛的动作)

师:下面我们该干什么呢?

生:生日会快结束了,是不是要给爷爷送礼物了?

生:请人给他表演节目吧?

(学生有些扭捏,不敢单独上来表演)

师:都不敢呀?那老师来了,看我给爷爷送了什么礼物?(侧对大家和爷爷,边表演边唱)今天爷爷过生日,我给爷爷送本书,爷爷奶奶夸我好,爸爸妈妈乐呵呵。

师:我给爷爷送什么礼物啦?

生:一本书。

师:谁能像老师这样来表达对爷爷的爱呢?

生:(唱)……我给爷爷送眼镜……

师:哦,有孝心的孩子,知道爷爷年纪大了眼睛花了,送眼镜给他正合适。

生:(唱)……我给爷爷弹钢琴……

师:(伸出大拇指)钢琴一定是你的拿手好戏!

生:(唱)今天爷爷过生日,我给爷爷跳个舞……

生:(唱)今天爷爷过生日,我给爷爷画幅画……

师:一(1)班同学真是了不得啊!又会编歌词,又很爱长辈。还有很多同学都想来表达对爷爷的生日祝福。那,刚才没送礼物的同学就一起来,把今天学的这首歌送给"爷爷"吧。(播放歌曲伴奏)

(师生合作边唱边拍,围绕爷爷走成一个圆圈,祝贺爷爷生日快乐)

师:请大家回座!小主持人还有话要说呢。

女:同学们,爷爷的生日Party就到此结束了!你们今天过得开心吗?

生:开心!

师:谢谢两位小家长!谢谢"爷爷"!我们的"爷爷"非常憨厚老实,演得很好。同学们都十分配合机灵的小主持人,给爷爷办了个开心的生日会。是

不是该加星了？（画星奖励）

生：五颗了！

师：（带头鼓掌）一（1）班同学通过努力，变成五星级的班集体啦！今天咱们学唱了《爷爷过生日》，老师希望小朋友们从现在开始能学会关心长辈，关爱身边的每个人。下面给大家布置一个作业——想一想，唱一唱，（屏幕出示需要填空演唱的第一段歌词）你还想给谁过生日呢？

生：我想给妈妈过生日，妈妈很疼我。

生：（七嘴八舌）给奶奶、给我的好朋友、给老师、给爸爸……

师：这么多啊！大家回家去完成吧，把你心中的生日歌唱给你想给他过生日的人听一听！今天的课就上到这里啦。谢谢小朋友们的合作！

（音乐响起，教师手托装满小蛋糕模型的纸盒，给孩子们一人拿一个，意为分享爷爷的生日礼物；学生全体起立，随伴奏演唱歌曲，拿着蛋糕跑跳出教室）

[设计意图：此活动充分利用学生资源，让他们依据自己的已有经验，自主合作探究，在活动中表达对爷爷的爱。在"你还想给谁过生日"的话题中，升华歌曲的灵魂——学会关爱他人。在游戏式的歌词创编环节中，教师示范并启发学生将"我给爷爷唱支歌"改编而唱，培养孩子们的创新思维，让他们感受到了创作的快乐。]

（注：此课例录像片段选编进广东版音乐培训教材，2003年获得深圳市教案设计比赛一等奖）

附歌谱：

爷爷过生日

1=F 2/4

传统歌曲
晓　虹填词

活泼地

3 1 2　3 1 2 | 3 5　3 | 3 1 2 3　5 | 3 2 1 2 |

1. 今　天　爷爷　过生日，　我给　爷爷　唱支　歌，
2. 买个　蛋糕　送爷爷，　闪闪　蜡烛　上面　插，

2 6 1　2 6 1 | 2　2 2 | 5 3 2 1 2 3 2 | 1　1 1 ‖

爷爷　奶奶　夸我好，　爸爸　妈妈　乐呵呵。
祝福　爷爷　生日　快乐，　全家　唱起《生　日　歌》。

【课后延伸一】

音乐课堂上如何把握形式与内容的关系

自新课程改革实施以来,我们的音乐课堂也因此焕发出新的活力:教师的角色改变了,由以往的"传道授业解惑者"变为"引导者、合作者",从单纯地注重知识传授转为关注对学生的学习方式、学习愿望、学习能力的培养;课堂的组织形式也在一定程度上发生了变化,教师们都在尽可能地组织学生运用小组合作学习等方式,逐步多样化的学习方式让学生乐于探究、主动参与,课堂上出现了师生互动、生生互动的良好局面。

但随着课改的逐步深入,音乐教学在由原来的"重结果"向"重过程"转变的过程中,逐渐演变成了"重形式而忽略内容":唱歌课愉快地结束了,学生却不会唱歌;欣赏课听完也不知所云;为了培养学生的创新精神,每学一首歌曲都来个歌词改编,《数蛤蟆》让学生从一唱到十,也成了创编;《粉刷匠》让每个学生都准备水桶颜料在画板上集体涂鸦;遇到有动物出现的课,就满教室都是动物头饰;《在桥上》引导学生做出行欧洲的准备及游览欧洲之后,引出这首法国歌曲竟花去20多分钟;学生在教室满场追跑竟看成是兴趣浓厚……

之所以出现众多教学形式主义现象,是因为教师们忽视了教学形式与内容的辩证关系。唯物辩证法认为,任何事物都具有内容和形式两个方面。在二者的辩证关系中,内容决定形式,形式必须适合于、服从于内容,有什么样的内容,就应该有什么样的形式。那么,在我们的音乐课堂上,究竟如何把握形式与内容的关系呢?我认为把好"设计"这一关非常重要,备课时应依据教学内容选择符合学生心理生理特点及认知规律的活动形式,要十分清楚所选用形式的目的是什么、外显方法是什么、预计教学效果会如何。例谈《爷爷过生日》的活动设计:

1. 所选活动形式的目的

由没有人记得爷爷的生日想开去:尊老爱幼是我国的传统美德,关心长辈,让他们晚年幸福是我们的责任。但由于现代社会的影响和家庭教育的缺失,现在的独生子女多以自我为中心,在家都是小皇帝、小公主,对长辈的关心和同伴的关爱普遍不够。所以我选择此内容来探索如何对一年级学生进行思想教育的渗透。学生学会歌曲之后，我想通过音乐活动进一步让孩子们感受到"尊敬老人、关爱身边人"的思想。单纯的说教肯定不受学生欢迎，考虑到一年级学生对场景游戏表演情有独钟，过生日又是他们生活中很重视的一件事，于是我选择了"音乐课上开生日会"这让学生既熟悉又新鲜的形式。

2. 所选形式的外显方式

学生参与场景游戏表演，在"给爷爷送礼物"的环节中，教师引导学生将自己的礼物放到新学的歌曲里唱出来，即通过"生日会"这一场景形式，巩固所学歌曲，在创编歌词的同时巧妙地表达了孩子们对爷爷的爱。德育就这样自然渗透在我们的音乐活动中。

3. 所选形式的预期效果

选择"为爷爷模拟举行生日Party"这一活动形式，应该说是一个冒险的举动，模拟生日Party可能会使课堂很乱，无法收拾；也可能会流于形式。如果这一活动形式把握不好，音乐课会丢掉音乐性而变成真正的庆生活动课。因此，我考虑到形式必须与内容相互关联，设计了"歌词创编""情境表演唱"等音乐内容呈现在"生日Party"这一形式中。

4. 形式必须适合于内容

想到女儿每次去参加小朋友的生日会，都要问问我，该带什么礼物去，自己生日时也会炫耀说朋友们送了什么给她。于是，我想到利用"给爷爷送礼物"的形式，来创编歌词，表达对爷爷的关爱和尊敬。既然"送生日礼物"是孩子们之间常常发生的事情，小主持人也一定会提到这一环节，所以将礼物唱到歌曲里去，对学生的思想教育就会呈现得自然而不露痕迹。

学生在自然愉快的生活情境中编唱所学歌曲，表达对长辈的关爱，并不是仅仅追求形式的生动，而是让他们通过亲身参与与体验，掌握所学歌曲，让学习与生活沟通，让美育与德育相融，让形式与内容达到完美结合，让孩子们在乐中学，趣中学，动中学，做中学。

【课后延伸二】

教无定法

这节课的教学对象是深圳市梅园小学一（1）班的小朋友们。这节课我以创设情境为主线，分"创情境唱、创情境演、创情境编"这样三个场景来完成教学的全过程。

"创情境唱"——教师手托蛋糕，以歌声开场，营造问题情境，学生在不断变换的声势伴奏情境中聆听学唱歌曲，掌握歌曲的音准、节奏、结构等这些外显的"形"。

"创情境演"——学生在模拟举行的生日Party中，为爷爷送上生日祝福，唱生日歌，编生日歌，体会歌曲中关爱爷爷的那份"情"。

"创情境编"——由教师即兴扮演学生所需的角色，给学生提供一种再编唱情境。在爷爷生日会结束之后，教师以"你还想给谁过生日"为题，激发学生继续创编，更主要的是为了让学生想起身边那些关心自己的人，再以此方式进行回报。比如，学生想到妈妈很疼爱自己，就想给妈妈唱生日歌，就改唱成《妈妈过生日》，此时，教师参与其中，即兴担当起"妈妈"的角色，想给妈妈唱歌的学生就围着"妈妈"开心地边唱边演。

但是，这节课在时间的控制和安排上出了些问题。其一，由于太随学生性子而来，声势节奏创编的时间稍显长了一些。其二，现场选生日Party的小主持人的举措也值得商榷，我的本意是想利用学生资源展开活动。用小主持人有些费时，若此活动时间太长会让人感觉音乐课成了活动课，形式多于内容了。用这么小的学生来即兴主持课堂活动，是难度很大的一件事情。因为教师无法预知孩子的小脑袋瓜里究竟装了多少东西，倘若教师告诉他们该干吗不该干吗，学生就失去了自主，如果不说，又不知道他们突然会冒出什么话头来。不过，我很幸运，一下子选到了这个班最棒的小女孩，她的表现相当不错，可能与已有经验有关。其三，由于前两个场景的学习多占用了一些时间，我对最后一个环节做了灵活处理，将它变成了一份作业。我想，通过音乐把关爱延续到每一个家庭，这也不失为一种良策，让孩子们想到应该更多地去关爱身边的人。

后来，有一次广东省的课改教学现场会在我校召开。我第二次上这节课时，在时间和形式上都稍作了一些变化。开头基本一样，只不过生日会上由教师当主持人。这样在"演"的环节上少走了一些弯路，最后拓展部分的"师生互动的编唱"，把教学推向了高潮。

教学有法，但无定法。我们应该随时间、空间的变化而变，随现场资源、教学对象的变化而变。教学就是在不断地探索、积累中变得有序有法。

第五章 有章可循的音乐课堂

如何创设学生喜欢的音乐课堂

在音乐教育界流传着这样一句话:"学生喜欢音乐但不喜欢音乐课。""为什么不喜欢呢?"我扪心自问,因为我们只是在照本宣科地教教材而不是有创意地用教材教;我们只顾自己的感受而没有走进学生的心里;我们志在培养音乐人才而忽视了培养人;我们多了严厉批评而少了赏识激励。若想让学生喜欢我们的音乐课,教师得先改变自己的理念,改变自己的课堂。如何创建学生喜欢的音乐课堂,笔者有以下几点尝试。

1. 用教材来创造,让课堂充满魅力

新课程倡导教师"用教材教",而不是"教教材"。教师不再是教书匠,无需照本宣科。"用教材教",尊重了教师的主体性、创造性,教师可以创造性地运用教材、延伸教材,使之焕发异彩,让课堂充满魅力。

笔者在教唱二年级的《时间的歌》这一单元时,将歌曲《这是什么》与管弦乐曲《调皮的闹钟》进行组合,围绕这"闹钟"展开教学。首先,反复钻研教材,挖掘出教材谜语式的特点,创意地以唱谜语"会走没有腿,会说没有嘴,他会告诉我们什么时候起,什么时候睡"的形式开场,这简单新颖的导入既突出了教学内容的关键,又设置了悬念,更激发了学生主动探究新知的愿望。其次,教师又形象地将教材歌曲中闹钟"滴答 滴答""当—"的声响与双响筒、碰铃两个小乐器的音色进行联想设计,让学生主动去探究它,创造性地使用它。再次,在歌曲主题的升华方面,教师又极富独创性地制作了一根时针和分针来比划钟表时间,让学生你问我答、你唱我和地进行歌词创编,进而提炼出教材的主题内涵"时间的歌",引导学生做一个珍惜时间的人。

"用教材来创造性地教"是经历了"立足教材—吃透教材—跳出教材"的探究过程,体现了对既定教材的超越,是一种全新的、多元的、开放的教材观,要求教师对教材要有科学性的解读、艺术性的开发、创造性的再生,这都是对教师专业化成长的一种挑战。

2. 用游戏来调剂,让课堂充满激情

课堂上除了教材,更重要的还有一群人,一群有其独特个性、有自身心理、生理需求的孩子，他们不是教师课堂表演的道具，不是教材的复制品。周而复始的一节节课，反反复复的"唱歌、欣赏"，会让学生产生倦怠感，从而对音乐课失去兴趣。教师应该遵从以生为本的理念，更多地尊重理解学生的需要，可以适时地运用游戏来调剂课堂，使之充满活力、充满激情。这样既活跃了课堂气氛，又对学生进行了潜移默化的技能训练。

（1）节奏拍拍拍。每次当我将要给一班陌生的学生上课或者遇到上课铃响还没能安静下来的学生，我一般先不说话，只是微笑地有节奏地拍手。当有学生响应我的时候，我会发出"准备好，随我变"的指令，手上的节奏也随之发生变化，如X X → X X X → X X X X → X 0（教师可以随性而编），学生会越来越多地被吸引，直至全班只听到整齐的击掌声，一点儿杂声都没了。此时才是我教学的开始，既训练了学生的节奏感、节拍感，又培养了他们的注意力、应变能力。

（2）名字变变变。有时候，一节课的学习任务完成后，我会跟学生玩玩"说名字"的游戏。怎么玩呢？一般教师先开头有节奏地说一个同学的名字，如"陶金"，全班同学都跟着拍出这个名字的节奏X X，被叫到的陶金同学就得积极反应搜索下一位同学的名字并说出来——李晓 悦，大家也要跟着反应拍出 X X X，游戏就这么进行下去，名字一个接一个地变，节奏也随之拍。还可以用"开火车"的形式一个接一个地说"音乐家的名字"，孩子们从古典的"贝多芬、肖邦"等说到流行的"周杰伦、迈克尔·杰克逊"等，甚至红极一时的超女快男也成了他们嘴里的音乐家。这样，既锻炼学生的听觉反应能力、培养他们迅速思考的习惯，还使孩子们尽快认识更多的同学、了解了更多的音乐人。

（3）儿歌唱唱唱。这里说的"唱"是"唱读"之意。比如，有一次，在二年级的课堂上我引入了奥尔夫专家潘玉安老师的"小孩子当猴子"的儿歌游戏，先全体同学说：小孩｜子 0｜请你 当猴｜子 0 ｜ 他是 猴子｜他是 猴子｜你也 是猴｜子 0｜，再请个别同学相继上来加上动作表演。孩子们非常感兴趣，在玩中感受了歌谣式的节奏韵律。不过，任何一种游戏玩得时间一长，也会让人懈怠，需要有新的元素加入。于是我启发他们对这个游戏进行二度创作——"在语言停顿的地方加点声音烘托气氛会如何呢？"藉此激发学生兴趣，培养他们的创新意识。经过一番讨论，孩子们便做出了如下的填充：
小孩｜子 0｜请你 当猴｜子 0 ｜ 他是 猴子｜他是 猴子｜你也 是猴｜子 0｜
　　（哎）　　　　（哦）　　　　　　　　　　　　　　　　（哈）

这么一来，可以把学生分成男女两组，一组说主题，一组说衬词起烘托作用，进行二声部节奏的练习。当大家正合作兴起，突然有个男孩子站起来说："我觉得在最后摆一个猴子的造型更好玩。"我立即肯定了他的想法，同学们也随即饶有兴致地摆出了各自喜欢的Pose。这样的活动既愉悦身心、训练节奏，还调剂了课堂气氛，真是两全其美！

3. 用激励来唤醒，让课堂积极向上

激励就是激发、鼓励，含有激发动机、形成动力的意思。它能使人产生自觉行为，形成一种推动力和自动力。教师可以通过激励语言和手段，充分调动学生的积极性，发挥他们的主体性、创造性，使我们的课堂积极向上。激励的形式有很多，如男女生PK赛、小组夺红旗等，获胜方的每个人都可以获得印章一个，十个"大拇指"印章可以兑换一个音乐家的彩色像章（电脑彩印），如贝多芬、莫扎特、肖邦等，在期末考评时，得到三个以上音乐家奖章的同学即可以直升一个等级。这可以让学生感到拥有音乐大师的像章是一种荣耀，是需要努力才能得到的。课堂上除了这些常规的做法，我还采用了以下几种激励的方法，来唤醒学生的潜能。

（1）职务激励法。这个方法的设定是缘于学生都愿意做教师的小助手。谁课堂上被点名表扬四次以上，便可以担任班上的"小老师、小管家"。根据学生的实际能力，当"小老师"的就可以当堂展示自己的风采，把自己学到的知识教给不太会的同学。当"小管家"的则可在下节音乐课行使自己的权利，有的负责电脑的开、关，有的负责书本的收、发，有的协助教师盖印章，有的帮忙整理桌椅，而这些"小老师、小管家"会比别人多得一个小印章。

（2）情感激励法。情感是影响人们行为最直接的因素之一，任何人都有渴求各种情绪的需求。因此，建立正常、良好的师生关系、生生关系，营造一种相互欣赏、相互包容、互敬互爱的课堂氛围是很有必要的。情感激励法告诉我们，教师应该把学生当做自己的孩子去关爱，当做自己的朋友去包容，并通过一些赏识激励性的语言，如"你真棒""你的联想很丰富""很有创意""继续努力，你会越来越棒的"等来传递教师的情感。这样的课堂才会有良好的互动，才会产生情感的共鸣。

（3）目标激励法。即在课堂上确定适当的教学目标，诱发出学生的动机和行为，达到调动他们积极性的目的。目标是教师给予学生的一种心理引力，可以因人而异，让他们"跳一跳都能摘到果子"。如果学生能够提前完成当堂课的教学任务，教师会赠送学生5分钟自由活动时间，可以选择才艺互赏、网上听歌、看动画片段等。

（4）行为激励法。行为激励法包括教师给予温暖的拥抱、伸出表示赞许的大拇指、握握他的手、摸摸他的头……也包括来自学生之间的榜样行为激励，即以个别优秀学生的表现行为来激励其他人，从而达到调动大家积极性的目的。

课堂上有来自于对教材的丰富的情感体验，体现了师生的创造性；有活泼有趣的游戏活动，突出了学生的主体性、参与性；有教师的激励，同学的互相欣赏，显示了课堂教学评价发展的多元性……这样的课堂是真正为学生而生成的，是学生喜欢和需要的课堂。

说一说音乐课堂上的学习习惯

苏霍姆林斯基说过:"音乐教育并不是音乐家的教育,而首先是人的教育。"古今中外众多教育专家学者也如此定义:"人的教育核心就是培养良好习惯。"一直以来,在我们的音乐教育当中却很少有人关注学生的音乐学习习惯。究其原因,一是音乐学科在很多教师和家长的心目中是副科,不受重视;二是学校音乐教育的功利化,只要学生在对外公开课上有良好表现,有能力参加合唱、舞蹈、器乐等比赛获奖就行。至于学生在平常课上的表现怎么样,学习习惯好不好就不会有人在乎了。

其实,学生若养成了上音乐课的好习惯,音乐课堂次序井然了,教师就会教得轻松,学生也学得愉快;教学氛围融洽了,学生学习音乐的兴趣和能力就相应容易提高,可以达到教学相长的目的。所以,音乐教师应该明白学生的音乐学习习惯究竟有哪些,才能有的放矢地进行教育培养。

1."准备"的习惯

学生能做好课前一切准备工作,是上好音乐课的前提。很多学生习惯在上课铃响了,才三三两两或者是风风火火地跑到音乐教室,而且是两手空空来上课。这样不仅会影响教师上课的心情,也会影响学生自身的学习效果。所以我常常跟学生说要打有准备之仗。这里的准备包括心理和行动上的,心理准备就是暗示自己"马上要上课了,我该停止嬉戏了";行动准备就是拿出书本和课堂乐器,迅速来到音乐教室外面排好队,等待进教室的音乐响起,安静地或做着动作(规矩可随学生的年龄、教师的要求不同而不同)走进教室。

2."聆听"的习惯

音乐是听觉的艺术,音乐教学活动都是建立在"听"的基础上的,比如,欣赏课要聆听某一段音乐后才可能展开联想;乐器合奏,要会倾听别的声部,才能合作演奏成功;唱歌课要会听范唱伴奏,会听钢琴代唱,会听教师教唱,还要听同学唱,听得好,自己才唱得好;活动的展开要听从引导,各环节的评价要倾听教师、同伴之间的激励和建议。长期不"听"就会掉队,就会迷失方向……因此,养成认真"聆听"的习惯尤为重要。可在我们中小学课堂有时会看到这样的现象，不管是在听教师还是他人讲述时，很多学生都喜欢争相发表自己的意见，导致其余同伴都无法听清，造成课堂纪律混乱；还有的教师热情洋溢地讲，学生全然没有"听"的意识，自顾自玩着，或者不吵不闹但两眼发呆的也不在少数……没有"聆听"的习惯就没有良好的课堂环境，就无法聆听美妙的音乐。

3．"表达"的习惯

语言表达能力的好坏，不仅关系孩子日后的学习发展和心理健康，更会直接影响到其人际关系。培养学生从小就学会"有条理地说完整的话"，力求用最简洁明了的语言，把问题、想法表达清楚，是很有必要的。这不仅是语文教师的责任，音乐课堂上，"表达"同样重要。学生对音乐的感受体验，需要表达出来；发现了疑惑，需要问出来；对教师、同学的欣赏评价要说出来……可有的孩子很胆小，站起来半天说不上来；有的孩子很放得开，站起来就说个没完；有的孩子思维跳跃，这个问题刚说完就跳到那个问题上了。面对这样的学生，教师可以体贴地请他"慢慢地说"或"大胆地说，说错了没有关系"或"就用一句完整的话表达你的看法"等。学生说得好，能给自己的课堂增光添彩；学生说不好，教学程序会一步一步走向艰难。研究资料表明，"听、说、读、写"在人一生的活动中所占比例分别是"40％、30％、20％、10％"。所以，学生若有"表达"的好习惯，必将给他们一生带来很多意想不到的惊喜。

4．"歌唱"的习惯

小学音乐教材里"唱"的内容占有重要的位置。"唱"是学生表达思想感情的一种最简单、最直接的音乐表现形式。一个人有没有好的歌唱习惯，将关乎他一辈子对歌唱的兴趣爱好和审美标准的建立。"歌唱"须有良好的气息支持，有统一的音色，有丰富的情感表达，要把握音准节奏，要注意坐姿站姿，咬字吐字……学生养成了好的歌唱习惯，既可以顺利完成教学任务，把歌唱得很美很有味道，更可以让唱歌成为学生的终生享受，带给他们一生的快乐。反之，就会形成"不着调地唱、大声地喊唱、没精打采地唱"的现象，既谈不上修养，更缺失美感，也会逐渐让教师丧失歌唱教学的信心。

5．"自学"的习惯

"自学"是学生获得知识、掌握技能、建立自信的一条重要途径。音乐课的"自学"是指没有教师指导的课前课后的自主学习。"自学"习惯的养成，将音乐课的知识延伸到了家庭，可以把家人对音乐的兴趣带动起来。一首新歌,预先听过几遍的孩子在课堂上就会成为骄傲的"小老师"。学生对所学的歌(乐)曲及小知识巩固练习后,会期盼下节课的到来。因为"自学"可以让他们一展风采:有的能够背唱歌曲;有的可以用口风琴演奏欣赏过的主题音乐;还有的同学可以在钢琴上代替教师弹旋律伴奏……这就是"自学"给学生带来的成功体验。

确实,好习惯让人受益终生!但好习惯的养成不会一蹴而就,它需要我们时时刻刻地提醒和引导,它需要持之以恒地教育。

(注:此文发表于《中国音乐教育》2010年第4期)

浅谈小学音乐课的组织教学

人们常说"没有规矩，不成方圆"，音乐课堂也是一样。抓好课堂的常规管理，是保证音乐教学有效性的前提之一。以下关系图就说明了课堂组织教学是基础，是上好课的关键。它也告诉我们，组织教学与学生的听觉培养是一种相互影响的关系。学生若具有一双会"听音乐传播、听教师引导、听钢琴辅助、听同伴建议"的灵敏耳朵，课堂组织教学便会十分顺畅，定会带来学生优美的行为规范以及音乐技能的提升。

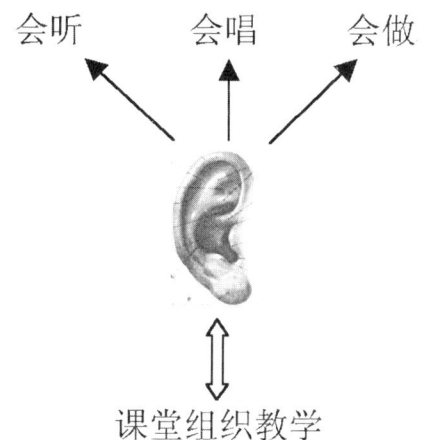

音乐课堂的基本常规管理包括课前排队、进出教室、师生问好、课间休息、活动组织等，这其实也是一种行为习惯的培养。那么，如何抓好课堂组织教学呢？笔者在多年的教学实践中尝试用一系列的音乐代替语言来跟学生交流，收到了良好效果。

1. 课前排队用歌声对话

用音乐对话，即对歌，是一种师生对唱的交流方式。你上句我下句地"唱"，可以集中学生注意力，便于整体表现。广东花城版教材第一册第一课有一首歌曲《上学啦》，我把其歌词改编一下就变成了在教室外面排队的音乐：

5·3 | 531 | 24 32 | 555 | 5·3 | 531 | 24 32 | 1 0 ‖（词曲对应上）

(师)叮铃 叮铃铃,上课 铃声 敲响 啰。(生)叮铃 叮铃铃,我们 站好 队。

教师在训练对歌时要给学生讲明要求,歌声一落,队伍就得站得整整齐齐,强调学生要有集体意识,不能因为自己一个人没站好而影响全班的精神面貌。教师还可以用时强时弱的变化领唱来训练学生的注意力和声音的统一,引导学生克服因得意于自己站得好而大声喊唱的毛病。经过一段时间的训练,学生都学会了用"音乐"来提醒自己排队。教师可以逐渐邀请班级同学来代替教师的角色领唱,让学生养成"没有教师也能行"的习惯,同时还培养了"小老师们"的荣誉感以及同学之间的竞争意识。

2. 课之伊始用律动交流

上新课之前,营造一种美好而安静的情绪氛围很重要。因此,对进教室音乐的选择应特别在意,或优美抒情或欢快活泼,或古典名曲或民歌小调。高年级学生听着音乐可以把自己想象成是一个神气的指挥,可以是一个多情的演奏(唱)者,也可以是一个文明的听众。进教室的音乐可以一周更换一首作品,既营造了一种教学前奏的氛围,对于学生也是一个音乐作品的积累过程。低年级的学生可随音乐整齐地律动。

当学生有序地走进教室坐好,且随"领舞者"整齐的律动过后,教师依然可以不发一言,微笑着用音乐来说话。教师以手抚琴弹出 1 3 5 i,学生会自觉起立,教师再弹唱"$\underline{1\ 2}\ \underline{3\ 4}\ |\ 5\ -\ |$"(同 学们 好),学生会辅以摇手的动作,用"$\underline{5\ 4}\ \underline{3\ 2}\ |\ 1\ -\ |$"(张老师您 好)的歌声予以回应,再随教师 1 5 3 1 的琴声坐下。整个过程轻松、自然、有序,虽然是一些很常规的训练,却隐含着对学生听觉能力的培养,让他们感受了音乐的节拍、感受了音的跳进和级进,建立了基本的音高概念。

3. 课中活动用琴声组织

常规的40分钟音乐课,若想学生一直安静地坐着听教师讲课,那是不可能的事。根据学生的身心特点,教师应给他们设计一些合作参与式或自由表现式的离座活动,这样也利于学生多元智能的相互促进和协调发展。如何在活动组织中做到收放自如呢?可以用琴声来组织。

如果我们想终止某个活动,而且希望学生能够快、静、齐地回座位坐好,或

者课堂正处于一片混乱当中，可以利用一些欢快的乐曲片段来组织管理。如教师弹起《划船》片段：5 3 3 | 4 2 2 | 1 2 3 4 | 5 5 5 | 5 3 3 | 4 2 2 | 1 3 5 5 | 1 1 1 |，或者 3 6̣ | 3 3 3 | 3 2 1 2 | 3 3 3 | 3 6̣ | 3 3 3 | 3 2 1 7̣ | 6 6 6̣ |，要求学生听到这段音乐立即回位，并且在每个乐句的句尾处配合拍手三次，就可以轻松地用琴声告诉孩子们"比比谁的耳朵灵""比比谁的反应快"，同时也引起学生对音乐的注意。学生乐于接受，教师也不用费太多口舌，不过，课堂组织教学的音乐也不能滥用，要适时地、恰到好处地用，不让学生产生听觉疲劳，才能收到事半功倍的效果。对于低年级的小学生来说，不可能一节课都处于兴奋的学习状态。老师便可以在课中间舒缓地奏起舒伯特的《摇篮曲》，让孩子们养成安静休息并回想课堂所学的习惯。琴声一动，学生便自觉侧过身体，把手臂搭在椅背上，脑袋一偏，闭上眼睛休息，直至《划船》的音乐响起。还可以带领学生做一些缓慢的头、手臂舒展运动，哪怕只用一分钟或几十秒，对学生的身心都是一种很好的放松。

  希腊哲学家柏拉图说过："音乐不但可以使灵魂高尚，而且可以使行为优美。"的确，音乐有其特殊的表情达意的方式，在课堂上采用适当的音乐代替教师语言进行组织教学，如此规范，既具有音乐学科的特点，又不死板、教条，还使教者轻松、学者有趣。何乐而不为呢？

谈音乐教学设计的三个原则

随着新一轮课程改革的不断深入,传统的音乐教学模式已逐渐被打破。新的课程标准倡导的是以审美为核心、以兴趣爱好为动力、面向全体学生的全新教学理念。在我们的教学实践中如何有机地渗透这些新思想、新观念呢?我认为首先应该在教学设计上下工夫,遵循主体性、艺术性、创造性三原则设计教学,打造生动活泼的音乐课堂。

1. 主体性原则

主体性原则是指教学设计要以学生为中心、教学活动中要能激发学生运用已有的知识进行自我发展的原则,要突显学生的自主性、积极性和创造性。

在《十二生肖》这首歌谣的教学中,笔者依据主体性原则来设计教学环节,充分发挥了学生的主体作用。如准备部分的"小小动物出来玩"这个游戏的设计,考虑到孩子爱玩的天性抓住"玩"字做文章。教师唱"小小 兔子 | 出来玩 | 跳呀跳 | 跳呀跳 |",学生都主动配合做小兔跳;接着让学生来编,用自己喜欢的任一动物来唱,其他小朋友配合做动作。孩子们个个积极主动不甘落后,大胆创编了许多小动物形象,为后面学习十二生肖埋下了伏笔。

又如新授部分的设计,也抓住了低年段学生喜欢并愿意模仿动物、好奇心强、好表现的特点,以谜语"说它多可真多,咱们每人有1个;说它少也真少,全国只有12个"引题,调动学生积极参与、自主探究:说自己属相、找生肖动物、排生肖顺序、唱生肖歌谣、演生肖兄弟……"排序"对孩子们来说是个难点,教师适时点拨,用歌声巧妙地唱出了十二生肖的顺序,自然将学生引领到重点环节——演唱生肖歌,然后再放手让他们去活动:欣赏模仿演唱、随意创编动作、十二动物表演直到围绕教室师生齐做"生肖大排队"游戏……整个教学设计流畅自然,注重以学生为主。活动中,教师扮演着引导者、合作者、参与者的角色,学生也全情投入,主动学习变成了一种需要和动力,他们渴望了解生肖、想唱有自己属相的儿歌、想表演各种生肖动物,孩子们感受到了无比的兴奋和快乐!师生互动也得到了充分体现。如果把学生比做风筝,教师就手握着风筝的线,教学设计的灵活及教师在课堂上的收放自如是我们每位教师追求的目标。

2. 艺术性原则

艺术性原则是音乐教学的生命力所在，艺术的设计是展现其魅力的前奏。音乐教学是"把一切美的事物教给一切人们的全部艺术"，它是集教育学、心理学、美学于一体的综合艺术。从小处说，音乐教学是师生共同体验、发现、创造、表现和享受美的全艺术过程，它包括导入艺术、介绍艺术、提问艺术等。每个环节的设计、组织都是教师教学功底的体现，是教学成败的关键。

精彩的导入设计是一个良好的开端。教师从外边走进教室，在几秒钟内怎样使学生举目凝视、侧耳细听，这是需要精心设计的。笔者在教学《大鹿》一课时是这样导入的：教师在门外手持玩具小白兔伸进教室与同学们打招呼，孩子们不见其人只闻其声——因惊奇而注目思考：可爱的小兔要干吗？当教师模仿小兔说"欢迎我和你们一起上音乐课吗？"同学们都喜悦地鼓掌欢呼。接着教师又学着小朋友牵住小兔的手，边说边有节奏地走进教室"兔儿 兔儿｜快进 来咱们｜手把 手挽｜牢－｜"。再请小朋友来模仿教师对小兔说句欢迎的话，孩子们的思维激活了。有的拍手说"兔儿 兔儿｜快进 来咱们｜一起 来唱｜歌－｜"，有的招手说"兔儿 兔儿｜快进 来咱们｜一起 来跳｜舞－｜"，还有的说"一起 做游｜戏－｜一起 拍拍｜手－｜"。这样的导入设计既吸引学生，使之产生愉悦感，又直接进入歌曲节奏，十分艺术地突破了教学难点。

介绍（新授）艺术是一节课的核心，是学生感受体验、实践创造的主过程。要想学生在有限的时间理解和接受所介绍的新知识，就需要发挥教师的想象力和创造力。在设计《编钟》一课的介绍部分时，笔者为了避免枯燥的讲解、空洞的说教，恰到好处地利用了多媒体，从听觉、视觉入手，引导学生随着"讲编钟—听编钟—奏编钟"这条主线自主学习，找疑问、议问题、谈体验、寻答案。借此课件，可以轻松地将学生从古代引到现代，感受编钟音乐的神奇美妙，领略它既能演奏古乐、又能演奏近代和现代音乐的丰富表现力，学生由衷感叹编钟真不愧为中华民族的瑰宝，作为一个中国人是多么的光荣和自豪！在吸取知识营养的同时提升了孩子们的情感态度价值观。

提问艺术是教师进行课堂监控的手段。在课堂上我们经常会听到"你喜欢吗？""想学吗？""好看吗？""好听吗？"等毫无意义的提问，看到教师提了问题也不解决或者对学生意想不到的提问又不予理睬等现象。这都反映出教师的提问是很随便的，压根儿就没有关注学生的学习状态、不了解学生的心理。其

如何打造学生喜欢的音乐课堂

实,事先对一节课的有关问题进行设计是很有必要的。比如,笔者在学生听编钟音乐前,先提出问题"仔细听听!觉得编钟的声音像什么?"这样就帮助学生确定了"听"的重点,学生有的说像雷声或庙里的钟声、有的说像小鸟的叫声、有的说像三角铁的声音……教师在设计提问的同时也应该设计答案。比如,笔者在《十二生肖》中设计的"猜谜"环节,就事先设计:学生能答出就顺理成章"揭示课题"、答不出就改为直接播放歌曲,让学生听听唱的是什么,谜底自然揭开。设问的方式也不是单一的,可以考虑具体目的、具体问题综合运用各种形式,如情景式、单刀直入式、反问式、疑问式等。

3. 创造性原则

所谓创造即想出新方法、建立新理论、做出新东西,别人没做的你做了或别人做过了你再做且做得与众不同。创造性原则可以充分张扬师生的个性。同一个课题不同的教师会有不同的设计,同样的设计不同的学生也会有不同的反应,有创意的教师会带出更有创意的学生。

如何适应不同的课题、课型、不同年龄段的学生,就需要教师创造性地设计自己的教学。曾在音乐多媒体课件风行的时候,笔者看过一节这样的音乐课:学生用了一大半的时间被动地坐在座位上欣赏教师的杰作——CAI课件,除了偶尔有三两个同学发言外,其他学生几乎没有任何活动可参与。教师制作课件的水平确实高,可他的心中没有学生。教师是讲解员,学生是观众,这样的课能打动人吗?其实每个人都应该有自己的想法和做法,不一定说别人用了多媒体自己就得用、张三上课分小组活动了李四也得分小组表演、你有同桌讨论我也有前后交流……这些方式好,可要看它是否适合你和你的课,如果你没有创意不加思考硬粘上去,效果就不好了。笔者在上《大鹿》一课时,没有去弄一大段"动物世界"请学生欣赏,只是引导学生利用了自己的两只小手:左手做"小兔"(2、3指竖立,其他指捏住)、右手做"大鹿"(1、3指捏住,其他指竖起),两只手随着情绪、速度的变化在歌声中对话交流着……动手动嘴又动脑,既形象有趣,又帮助学生很快记住了歌词。又如在《编钟》的教学中,笔者突发奇想:编钟造价昂贵买不来,何不利用合成器模拟大中小编钟的音色,让每个学生都上来自由演奏一番呢?这个创意设计成了本节课的亮点,既让学生聆听了自己创作的惟妙惟肖的编钟音响,又培养了他们的参与意识、创新意识。在《大海》一课的设计中,笔者借用了一位摄影爱好者关于海的展览作品,将它们摆放在教室周围,意为将"大海"搬进教室,让孩子们有如身临其境，沿着"审美为核心"的主线，欣赏大海的诗、曲、画，体验大海的形、歌、情……课程改革呼唤着创新型人才，创新型人才的培养也呼唤着有创意的教师。

完美而高效的课堂教学必须依赖恰如其分的课堂设计，而优秀的课堂设计则要求教师不仅要领会新课标，还要了解学生、熟悉教材、拓宽视野，要善于使用合适的多媒体。这样的课堂才能为我们的孩子终身喜爱音乐、学习音乐、享受音乐奠定一个良好的基础。

（注：2002年此文获深圳市教学论文评比二等奖）

音乐课堂"幼、小衔接"的实践与思考

常听到教师们抱怨说:"一年级的学生太难教了!好动坐不住,注意力也很难集中。"这是关乎一个"幼、小衔接"的教育问题。20世纪90年代开始,"幼、小衔接"问题便受到世界各国的普遍重视,并作为世界教育研究的重要课题之一。从幼儿园到小学,是孩子人生的一大转折,随着角色、教学要求和家长期望值的改变,孩子当然会产生诸多不适应。比如,上课时间长了,学习科目多了,目标任务更具体明确了……但时至今日,"幼、小衔接"仍然是一个没有很好解决的问题,孩子不能很好适应小学学习生活的现象有增无减,幼儿园小学化的倾向也越来越严重。

那么,如何抓好音乐课堂的"幼、小衔接",让孩子们能够顺利自然地适应小学学习生活、文明有序地走进音乐世界,是笔者参加福田区"刘宏伟音乐教学工作室"后,针对课堂提出的深感困惑的一个问题。从此,在课堂上我做了个用心的人。

1. 现象与背景

一年一度的新学期,我迎来了又一届一年级新生。开学不到一个月,一(3)班的调皮捣蛋几乎闻名全校,引起了所有任课教师的"公愤"。好些男孩子的大名可以被教师们如"数家珍"。我的音乐课更是没办法上,离开了有桌椅限制的课室来到开放的功能室,那可无拘无束了,有的像小猴子在教室里跑来跑去,打打闹闹;有的一个劲往你身上粘;有的就直接躺到地上搞怪,简直叫你哭笑不得……一打听,原来这个班有一大批孩子都来自香港维多利亚教育机构深圳某幼儿园,他们采用的是自由开放式的管理模式,孩子们的个性无比张扬,形成了一种"想干吗就干吗"的习惯意识,眼里全然没有教师的存在。

面对这么一批特殊的学生,我该如何做好"幼、小衔接"工作、解决"陡坎效应"所带来的适应障碍问题而引导学生来一个软着陆呢?

2. 策略与效果

人们常说:"没有规矩,不成方圆。"音乐课堂也是一样,没有好的教学常规就无法有序前行,而好的常规管理必须遵循儿童认知规律、走进儿童心里才会产生好的效果。"贪玩"是每个孩子的天性，他们在家、在幼儿园轻松自在地玩了好几年，刚一进入小学就突然得按照《小学生守则》规矩起来，要怎么样不要怎么样……这时候我们教师应该跟学生有同理心。同理心会让师生关系融洽，利于教学活动的开展。

（1）教他"玩"。贪玩是孩子的天性，还用教吗？这里说的"玩"是教会学生在音乐中玩，有规则地玩。开学两周，我发现与众不同的一（3）班根本没法按照常规教材上课。于是我改变主意，先安抚学生的情绪，通过节奏运动唤起他们的音乐本能。从节奏进入音乐，是最自然也是最容易被孩子接受的一种方式。培养节奏感，有助于提高孩子们的音乐感受能力和理解能力，并且有利于规范学生的行为，有利于长大以后养成做事有条理的习惯。

至今我依稀还记得那次上课的情景：上课铃响，我就宣布今天的音乐课咱们来玩游戏，大家都欢呼起来。

①整齐拍

师：请竖起你的小耳朵听清楚了，否则你就会失去一次机会哦！咱们先玩简单的。请你跟着老师一起变着拍。（教师的拍手声时快时慢时强时弱，学生的小眼睛专注地看着并跟拍）

②轮流拍

师：Good！下面就要单独考验每个小朋友的节奏感了。请小朋友跟着节拍器的音响，每人轮流拍手一次。音响分配给每个人的时间都是一样的，不可以抢占人家的哦。（随着电子钢琴固定的节奏音响，学生按座位顺序十分小心地一个挨着一个有节奏地拍手，没轮到自己的都歪头盯着，拍完的就得意地看下一位拍；此活动中，学生的注意力高度集中，很有紧张感、兴奋感、荣誉感，生怕自己拍错，根本没有说闲话的余地；先慢速拍，给学生一点空间想象，再逐渐加速，根据学生的实际能力增减或重复；这时候教师可以记录下抢拍或反应慢的同学，当做第一手资料，观察他们以后的变化成长）

师：刚才大家拍的是这样一种声响✕✕✕✕。（板书）One、two、three、four，你知道自己拍的是第几吗？咱们再来拍一次，记住自己是第几拍。（学生心里数着1、2、3、4，轮到自己就拍击一次，成功率很高）

③合作拍

师：下面咱们来合作拍一拍。请所有拍1和4的同学做好准备，数到你的拍数就跳起来拍击一次。（学生似乎从来没这样玩过，特别兴奋）

……

这样的活动既顺了孩子们的心意,玩得有序、玩得有趣,又培养了学生的节拍感及内心节奏感,训练了他们的敏捷反应力,促使其身心和谐发展。

(2)教他"做"。这个年龄段的孩子不仅好动,还特喜欢表现自己。我们教师要智慧地满足他的需要——请学生一起"动"!不过前提是要管住嘴巴用耳朵听,随音乐协调地做肢体运动。养成集体律动的习惯后,学生听到熟悉的音乐就会自觉地集中注意力而不去打搅其他同学了。

在教学生玩节奏的同时,笔者选择设计了一些整齐而漂亮的律动教学生做,比如进教室的、趣味发声练习的、组织教学方面的,都很能吸引学生注意。那一刻你会感觉整个班级很有序、很美,"做"出的效果图就是自己的一个作品。

(3)教他"唱"。俗话说:"万事开头难。"经过一段时间的训练,学生在"玩"中感受了节奏的韵律,有了稳定的节拍感,在"做"中学会了跟同学协调一致,养成了聆听的习惯,那么教学生"唱"就不是难事了。

翻开教学随笔,回味教唱《拍皮球》的情景,想到那"十大金刚"以及他们现在的变化,自己不禁笑出声了:跟这帮小子斗智斗勇可真不容易!

2007年3月26号。我真开心!因为最令我头痛的一(3)班今天的表现有改观了。一(3)班是第四节课,课前我做了一些猜想:上周给这班男孩开完会后,一周过去了,今天他们会怎么表现呢?特别是"十大金刚"会不会进步一点点呢?如果还是老样子我该怎么办……课一开始就乱套了,因为数学教师留堂,有一半的同学迟到。他们三三两两地走过来,一路上打打闹闹、跌跌撞撞的,又打破了我一开始要整好队随着音乐进教室的想法。我说:"今天迟到,张老师不怪你们,但剩下来的时间你们得好好上完这节课。"话音一落,我赶紧拿出一个花皮球,学生感到很新奇,突然安静了。我趁机一边拍着皮球一边唱"花皮球,真可爱,轻轻一拍就跳起来……"我扫视学生,感觉他们很专注,便继续唱完了整首歌。"你们想拍吗?""想!""那好,谁坐得端正又会听音乐,我就给他拍。"大部分学生都坐端正了。范唱音乐响起,我走到学生当中,把球送到表现好的同学面前,示意他强拍时拍一下,两遍下来学生差不多都能跟唱了。那些个调皮的男孩子也跃跃欲试,音乐又起,我微笑着走到每个学生前面,示意他们在强拍处拍一下皮球。有的轻轻拍,有的使劲拍,有的用拳头捶……学生找到了节拍感,有秩序地动了,快乐地唱了。一个学期即将过去，这帮孩子终于第一次完整地学会了一首歌，而且还唱得很棒！我松了一口气，看来一直以来的铺垫衔接教学，让孩子们发生了变化，有了明显的进步！我给所有的女孩子奖了一个大拇指，给"金刚男孩"颁了进步奖，给表现特别好的宋马赫等同学发了小明星贴纸，最后跟爱在地上爬来爬去的邬稼明和喜欢打人的师壮做了课后交流……

我相信，当学生的心安静了，有了稳定的节拍感，养成了聆听的习惯，对教师的教学产生了兴趣，就不愁他们以后上不好音乐课。

3. 反思与成长

三年过去了，这班学生在音乐方面实现了跨越式的飞跃，从无法上课到可以出色完成一节节课的教学任务，又到能跟其他平行班合班比赛着上新课，再到可以随时面向全体家长或外界上公开课，而由孩子们自编自演的期末音乐会，更是得到了家长们的积极参与和赞赏！学生的音准好了，节奏感强了，歌声整齐优美了，音乐表现力也增强了。

孩子们在一点点地进步，我也在探索反思中成长。一年级确实是孩子们"幼、小衔接"最关键的一个过渡期。这个时期教师真的是急不得也躁不得，要多花时间和心思带他们有序、有趣、有目地地"玩"，等学生在玩中明白了上音乐课该要养成的规矩后，学习任何教材都不会成问题了。课堂上，教师既要树优等生的形象，又要善于从调皮的孩子身上发现其闪光点，让学生喜欢你、喜欢你的音乐课。二年级会是一个变化期，学生的情感态度还不太稳定。孩子们今天表现好了，或许明天就恢复原样了。教师要平静对待学生的"反反复复"，不要指望他们能一下子做得多么完美，仍然要多采取赞赏、激励的方式。三年级是一个稳固期，孩子们开始明白事理，课堂上的表现也越来越成熟。

通过"幼、小衔接"的实践研究发现，孩子们不但喜欢上了音乐课，而且在音乐的熏陶下，自制能力逐步得到了提高，思维得到了锻炼，音乐的感受能力得到了培养，良好的倾听习惯得到了巩固，师生感情更加融洽了。看着自己所教的每一个学生一天天在变化，能在课堂上积极地参与，优美地歌唱，大胆地表达，自信地表演……我感到了前所未有的富有和满足！

改革音乐课堂教学　培养学生综合素质

音乐课堂是对学生实施素质教育的主阵地，要使学生德、智、体、美诸方面健康和谐地发展，音乐教育有着不可低估的作用。然而，由于应试教育的影响，音乐学科一度被称为"小三门"，长期处于从属地位，致使音乐教师的教学积极性受挫、教学方法传统，导致学生对音乐缺乏兴趣、音乐素质得不到发展。因此，要想真正发挥音乐教育的美育功能，培养学生的综合素质，就必须有效地改革音乐课堂教学，使教学内容、教学方法、教学手段适应培养学生全面素质的需要。

1. 重视欣赏教学，培养审美素质

马克思说过："对于没有音乐感的耳朵来说，最美的音乐也毫无意义。"所以，培养学生的听觉及乐感，是音乐教学的一项重要任务，它可以在歌曲教学中进行，也可以在综合训练中展开。但有计划、有目的的培养主要是在欣赏教学中进行。

（1）粗听，即感官的欣赏。上课铃声一响，就播放一段音乐（根据学生的年龄、心理特点，选择不同曲目），让他们有秩序地走进教室坐好。选择的音乐一般都是古今中外的名曲，如《四季》《命运》《茉莉花》《黄河大合唱》等，低年级有《喜洋洋》《四小天鹅舞曲》等。目的在于培养学生对音乐的兴趣及静听音乐的欣赏习惯，让他们广泛地接触各种音乐作品，增强感性认识，发展音乐的听觉能力和记忆力。

（2）精听，即感情的欣赏。聆听后要求学生能根据音乐描绘的情景展开想象的翅膀，用语言表达自己对音乐的感受和认识，使学生具有初步的审美能力。比如在给六年级学生欣赏《歌唱二小放牛郎》这首叙事合唱曲时，首先展示给学生的是一些抗日小英雄的电影片段，在背景音乐《歌唱二小放牛郎》的衬托下，教师开始故事的讲述：年仅13岁的放牛娃王二小为了村里几千乡亲的安危，机智地把日本鬼子引进了我军的埋伏圈，敌人受到了惩罚，可我们的小英雄却献出了自己的生命……使学生对自己的同龄人王二小产生敬仰之情，深切感受到教材的"内容美"。接着让学生有表情地齐唱歌曲，使他们对歌词内容及民间小调似的旋律特点了解得更清楚，进而感受到它的"旋律美"。第三步，欣赏改编的合唱曲，让学生感受和声表现音乐情绪、气氛和感情的强烈效果，欣赏其"和声美"。第四步，重点复听三至七段，感受其变化发展的强烈情绪：紧张—更紧张—愤恨、悲痛—颂扬—怀念、哀思。恰到好处的情绪处理，使学生领会了作品的"情绪美"。最后复听全曲，合唱高潮的渲染加深了学生更强烈的情感体验，听到或唱到动情之处，有许多同学潸然泪下，完全让学生感受到了音乐中的"形象美""意境美"……同学们说："艺术的感染力是多么神奇啊！我们仿佛看到了小英雄鲜血染红大地，天地、村庄都在哭泣的情景。"

2. 加强合唱教学，培养团队精神

合唱教学是一项集体的艺术。在班级开展合唱教学，不同于校级合唱队、可以挑选音准好音色好的学生，它面对的是一班音乐素质参差不齐的孩子，难度较大。要想在这种条件下创造出美好、和谐的音响，必须遵循循序渐进的原则，选择一些简单而轻松的作品，让学生在心理上克服对合唱的陌生感、畏惧感。

（1）在合唱的辅助训练中培养学生的合作意识。现在的学生独生子女偏多，"以自我为中心"的现象严重，从一年级开始就应该注重行为和谐的培养。学生年龄小，感受音乐的能力较弱，可先通过教学一些歌曲、游戏、集体舞，让他们懂得任何事都要团结友爱、共同努力才能做好。同时增加合唱的辅助练习，如参考奥尔夫的声势教学进行和声节奏训练：

（拍手）　双响筒　X　X　X X ｜ X X　X X ｜
（拍腿）　响　板　X　　　X　｜X　　　X　｜……
（踩脚）　碰　铃　X　　　—　｜X　　　—　｜

刚开始的时候，分组练得特别好，一合成就乱套。当学生有"我觉得咋对就咋敲"的想法时，教师应加以引导，告诉学生创造和声节奏音响，必须全班小朋友团结一心、协调操作，动作、速度都要统一。要让学生明白，一个人拍得再好，与别人不一致、不协调也是不行的。慢慢地，学生学会了适应别人，与人合作。这时候再对学生进行一些三、五度音程的发声练习，也很有必要。如：

```
1=C 2/4
甲 | 0   0 | 0   0 | 3 5  1̇ 6 | 5 5 5 | 0   0 |
              我的    小鼓咚咚 咚
乙 | 3 5  6 5 | 1 1 1 | 0   0 | 0   0 | 1 1 1 |
   我的 大鼓 咚咚咚                      咚咚咚

  | 5 5 5 | 0   0 | 5 5 5 | 5 5 5 5 | 5  - |
    咚咚咚          咚咚咚  咚咚咚咚
  | 0   0 | 1 1 1 | 0   0 | 1 1 1 1 | 1  - |
            咚咚咚          咚咚咚咚
```

这些练习还可改编"大鼓小鼓"的歌词来演唱，这样既激发了学生的创作欲望，又大大提高了学生合作演唱的兴趣。当学生互相协调的能力有所提高之后，便可以进行轮唱练习了，如同学们都很熟悉的《两只老虎》《欢乐颂》等。

（2）在完整的合唱作品中培养学生的集体主义精神。当学生具备了团结协作的精神品质之后，向合唱教学的更高层次发展是必然的。本人认为从三年级开始即可进行正规的合唱训练，逐步培养学生的集体主义精神以及克服困难的坚强意志。合唱过程中，很多学生觉得低声部旋律性不强，比较难唱便不想唱，教师可用行动和语言来激发他们。教师先以手弹旋律声部，口唱低声部这种和谐的范唱方式吸引学生，让他们觉得好听，觉得教师一个人都能唱自己应该也能唱，克服畏难情绪；再以"低声部和高声部同样重要""唱低声部的同学将会变得越来越聪明""越是困难咱们越要攻克它"等语言去激励、唤醒学生，让他们自觉服从集体的需要去唱低声部。其实，集体意识的培养是一个潜移默化的过程，需要各科教师共同努力。我在两个平行班进行过实验比较，长期接受合唱训练的班集体好像有股劲，集体活动都能拧成一股绳，具有很强的集体意识和竞争意识。事实证明，从一年级就有意识地开展合唱教学，十分有利于学生"做人、求知、审美"等诸多素质的提升，反之，培养学生的团结协作精神也有助于合唱教学的开展、合唱水平的提高，二者相辅相成。

3. 开展情境教学，愉悦心智体魄

音乐唱游情境教学是一门"寓教于乐"的艺术，它符合小学生的心理、生理特点，能使人身心放松、思维活跃，且时有身临其境之感或自由想象的空间，是学生与音乐迅速融合的催化剂。

（1）在游戏情境中唱。我很欣赏"音乐教育游戏化"这句话，所以我常常喜欢把教材设计成一种游戏，让学生积极主动地在音乐课上"动"起来，在动中感受音乐，获得技能。《木桶有个洞》，这虽然是个幽默小品，也有吸引学生的地方，但就这么跟着伴奏唱一遍的话，它冗长的歌词就足以让人疲倦了。于是，我设计了一个对白游戏，直接邀请一男一女扮演做动作表情的前台"乔治"和"丽莎"，其余同学分男女两组扮演演唱的后台"乔治"和"丽莎"，这样一来整个课堂就活了，学生对唱表演得非常风趣。

（2）在仿真情境中唱。为了求得良好的教学效果，有时候我们可以把音乐教室布置成教学内容所需要的场景，比如，教学《过新年》，有的教师会在教室里贴上窗花，挂上灯笼鞭炮。教学《音乐小屋》，可以贴一些音符、乐器图片，营造音乐屋的氛围。

笔者在教学《小白兔乖乖》一课时，了解到学生在幼儿园已经学唱过这首歌曲了，可是有几处跟小学的版本略有不同，如何让他们尽快纠正过来呢？笔者首先给了学生一个身临其境之感：将椅子排成半圆形，形似小白兔的家，把办公室盆栽的花草树木摆放两棵在教室里，象征在树林里。接着找出两名学生进行简单的化妆，一人扮"大灰狼"，一人扮"兔妈妈"，其余小朋友全扮"小白兔"。游戏开始，大家边唱边演，当最后一句 $\underline{25}\ \underline{32}\ |\ 1\ -\ |\ \underline{61}\ \underline{23}\ |\ 1\ -\ |$ 与幼儿园唱的 $\underline{25}\ \underline{32}\ |\ 1\ -\ |\ \underline{25}\ \underline{32}\ |\ 1\ -\ |$ 发生矛盾的时候，配合着模拟的真实场景笔者索性把"妈妈没回来，谁来也不开"改成了"你是大灰狼，不让你进来"，学生就很容易唱准音调了，课堂气氛也达到了高潮：只见大灰狼抱头蹲地准备逃跑，小兔们全体起立手指老狼，然后坚定地把"门"关上了……表演完成之后，学生的思维活跃了，积极性调动起来了，认识、了解了音乐所描述的各种音乐形象：凶狠、可怕的大灰狼，温柔、成熟的兔妈妈，活泼、勇敢的小兔子。个个争先恐后地想当"主角"，表演欲望也大大提高。通过情境唱游，学生体验了音乐、愉悦了心智、活动了身体。

音乐课堂是一个神奇的地方，教学中有德育的渗透又有美育的熏陶。只要我们用心去做，必定能为学生健康幸福的人生之路铺上一块好砖、添上一片好瓦！有人说过这样一句话："爱孩子吧。如果面对灿烂活泼的小面孔还笑不出的话，你就该离开教师队伍了。"如果我们还在乎这份职业的话，就把对学生的爱化做一节节培养审美、愉悦身心、互动合作的音乐课吧！

（注：此文 1997 年曾获广东省中小学音乐论文评比二等奖）

别开生面的期末评价

新一轮的课程改革正如火如荼地进行着,音乐课堂也在悄悄地发生变化:朋友似的师生关系代替了师道尊严,合作、探究、互动代替了教师一手操办、学生被动接受的局面,活泼民主的课堂气氛随之产生。而音乐考试评价也不再似过去,由教师指定曲目或抽个签让学生唱完,再给个不高于90分也不低于60分的成绩就算了事了。笔者认为,新课程背景下的考核评价也应该与时俱进,采取多元化的评价方式。考核评价应该重视以人为本,应该注重学生的情感态度价值观,注重在考试中培养学生的自主、合作意识。以下是笔者的一点实践感悟,与大家分享。

首先,教师应根据高低年级的不同设置灵活丰富的考试内容。比如,二年级为小组合作歌表演和独立设计制作一张节奏卡片;六年级为简单的笔试和合作演唱或演奏等。依据教师的框架要求,学生自由组合、自主选曲、共同探讨表演形式。

其次,考试评价结果不再由教师一个人说了算,学生可以"当家做主"。小主持人、小评委、记分员等都是由学生民主选举、经教师审批后产生的。

最后,以音乐会的方式呈现考试评价情景。到了预定的考试日子,孩子们大都自作主张地换上了自己最漂亮的服装,这不正是美好情感态度的充分体现吗?台上且歌且舞,台下拍手挥臂给予伴奏。一曲终了,小主持就请评委从"评什么、优点是什么、哪方面要努力"三方面做一个现场点评,有时还会采访观众席,记得有个孩子在评价时就说:"杨延林虽然没有其他同学唱得好,但他声音洪亮,比上学期有进步,我觉得应该得A。"看!学会了欣赏别人,这就是收获啊!有个小男生一上台就说:"我们是这样安排的,他唱我吹口哨伴奏。"挺新鲜的,一曲结束同学们全都鼓掌叫好呢!六年级的同学们也不甘示弱,大都选择竖笛、口琴演奏作为他们的考试方式,其演奏也十分精彩!有领奏、齐奏,也有合奏;时而变换队形来奏;时而站着吹时而对着吹……总之,同学们全都自信地陶醉在音乐之中,他们在服装、表演、选作品等各个环节设计上都是教师意想不到的。此情此景不得不让人感叹:"孩子们的潜力真是无穷尽啊!作为教师是该放手了,千万不要小瞧了这帮孩子!"

(注:此文发表于2003年9月28日《深圳教育》)

游戏化唱歌教学三部曲
——怎样教低幼儿童学唱歌

"唱歌"是一件很享受的事情,可如果唱歌跑调那就很令人沮丧了。很多学生家长说,我们也不是想让孩子成为什么歌星,喜欢唱歌并且不走音就可以了。这点要求,说起来容易,做起来可得费一番工夫。笔者曾经受邀为深圳市少年宫的幼儿声乐初级班上课,可算是真实地见证了4~6岁小朋友的歌声,多数幼儿都是企图用他们说话的音高、声调去唱歌,就是我们常说的"不着调儿"。面对这样一群天真可爱的孩子,想让他们"喜欢唱歌"且"不跑调",游戏式的教学功不可没。因为游戏是幼儿的"天赋"。

游戏是幼儿用自己的感官、动作、头脑与大千世界主动交往,丰富发展自身认知和社会情感的载体,是一个感知、思维、想象与创造的身心发展历程。有专家认为,幼儿游戏具有无与伦比的学习功能:游戏的娱乐性和幽默性,降低了幼儿行动后果的严肃性和严重性;游戏在规则允许范围内的活动性,淡化了学习的功利性;游戏有效地解脱了幼儿在学习过程中的挫折感;游戏提供了幼儿在宽松愉快的环境中大胆尝试和探索的机会。所以,我认为在幼儿声乐教学过程中实施游戏化教学三部曲,可以收到事半功倍的效果。

1. 游戏中做运动

这里的运动包括"放松练习"和"呼吸练习"。好动是孩子的天性,每次上课伊始可以请小朋友全体起立,或带领他们随口令伸伸臂、弯弯腰、摇摇头、耸耸肩;或请他们随着时快时慢、时强时弱的鼓点有节奏地踏步行走……既满足了孩子好动的天性,活跃气氛、放松身心,还巧妙地感受了节奏。呼吸是歌唱的基础,教幼儿做呼吸练习是一件枯燥乏味又不容易见效果的事。但如果把呼吸练习说成是做肚皮运动,孩子们会觉得很新奇,十分乐意参与。教师可用儿童化的语言,风趣的语气去引导他们。比如,"快吸快呼"练习:天气太热,学小狗喘气发出"ha"的声音;教师说"一只│青蛙│跳进│水里│",学生齐说"扑通"或者由学生轮流有节奏地说一个词,要求"用肚子帮忙"说"一只│青蛙│跳进│水里│扑通0│两只│青蛙│跳进│水里│扑通0│扑通0│三

如何打造学生喜欢的音乐课堂

只"……

2. 游戏中练音准

美国《儿童早期音乐教育》和《现代美国幼儿教育学》等书中关于幼儿唱歌活动的研究早已有了以下的结论：2~4 岁的孩子大多数是自发本能的唱歌，中央 C 上的 D 到 A，似乎是他们最舒服的音域。当歌曲旋律的音域扩展超过五度或六度时，孩子常常把它们唱低，以适应自己的自然音域。同别人一块唱歌时，往往不注意去配合和协调他人，相反，他们会挑选自己合适的音域、音高而唱。所以，练音准对这阶段的孩子来说是最困难的了，孩子们绝对没有耐性做单调乏味的视唱练耳的练习。怎样尽量让幼儿把音唱得准一些呢？音准训练与游戏相结合可以事半功倍。

有家长问："咱们孩子怎么不唱 5 0 3 0 1 0 | 5 0 3 0 1 0 |（mi mi mi | ma ma ma |）?"大家都知道幼儿和成人的生理、心理因素有很大差别，如果用训练成人的方法去训练幼儿必然是行不通的。孩子们天生喜欢动物，可以让他们多多模仿动物的叫声来加以练习，既练音色又练音准。比如练唱 do、re、mi、fa、sol 这五个音，可以用"学小动物爬楼梯"的游戏来引导孩子们听或唱。例如，教学《小动物怎样叫》：

师：老师来考考小朋友们，看谁反应快？（装做不知道的样子）小鸡怎样叫？

生：（争先恐后地）叽叽叽。

师：小鸭、青蛙、小猫怎样叫？

……

师：（一番夸奖之后）有一天，小动物们突发奇想，要进行"爬楼梯"比赛。你看！小鸡从一楼爬到五楼，小嘴巴从地上翘到天上（两手食指相碰成小鸡嘴巴唱 do、re、mi、fa、sol）；小鸭刚好相反，要从五楼下到一楼，扁嘴巴唱着 sol、fa、mi、re、do 从上往下放（两手掌相对成鸭嘴巴）。

（学生模仿着教师的动作唱着）

师：（慢速弹琴）请小朋友们跟着琴声来爬楼梯吧。

（教师穿插问：5 5 1 1 | 5 5 3 |）
　　　　　　　　小鸡小鸡 怎样叫？

生答：1 2 3 4 | 5 — |
　　　叽叽 叽叽 叽

师问生答：$\underline{5\ 4}\ \underline{3\ 2}\ |\ 1\ -\ |$
　　　　　嘎嘎 嘎嘎 嘎

师问生答：$\underline{1\ 2}\ \underline{3\ 4}\ |\ 5\ -\ |$
　　　　　呱呱 呱呱 呱

师问生答：$\underline{5\ 4}\ \underline{3\ 2}\ |\ 1\ -\ \|$
　　　　　喵喵 喵喵 喵

就在这一类充满趣味的发声练习中伴着音准的训练，确实让小孩子饶有兴致，音也容易唱准了。学习当中还可以穿插一些小游戏。比如，听到高音 do 就高举手臂抖动手腕，听到低音 do 就拍打自己的小腿或小椅子；听教师反复弹奏 do、mi、sol 三个音后，看最后落在哪个音上就做出相应的手号可以形象地告诉幼儿 do 手号像两个小馒头、mi 手号像两个小桌面、sol 手号像两把小菜刀，让他们或唱或说，只要这么坚持练习，幼儿的音准一定会有所提高。

3. 游戏中唱儿歌

美国早期研究表明：有许多幼儿不愿参加集体的唱歌活动，而是将其作为一个倾听的机会，或当别人演唱时，他们只以耳语般的歌唱去应和。实践中确实发现有这样的孩子。那么面对这样年龄小、性格各异的幼儿，怎样让他们尽量多地参与活动而发挥出自己的歌唱潜能呢？

首先，教学理念要更新。教学中应时刻注重面向全体，又不忘关注个性学生。训练时在一种充满热情和赞扬的氛围中进行，无论谁有不错的表现，教师都不要吝惜自己的表扬甚至是欢呼，要像爱护自己眼睛一样保护幼儿的积极性。

其次，教学内容要符合幼儿特点。多选择那些孩子们既有兴趣去听，又能唱演的游戏歌曲。

第三，教学目标要人性化。幼儿的表现欲望是很强烈的，应该允许他们选择自己喜欢的、舒服的歌唱音域，教师要主动应合他们。幼儿唱歌很情绪化，他们的耐力也很有限，注意力转移较快，教师在教学过程中要学会察言观色，即因孩子们的"脸色"而变，学习的内容不要贪多，学习的时间不能过长。

第四，教学方法要幽默风趣。游戏式教唱法可以简单地用"听、看、动"三个字概括。学习唱歌时，孩子必须知道，他正在唱什么？他如何唱才能使自己的音高与别人相协调，这是一个循序渐进的过程。幼儿必须有机会能单独去听、去说或唱，以便学会在唱歌时控制音的高低。一"听"，表示听教师把歌曲内容用形象有趣的语言，像讲故事似的说出来。二"看"，指看教师充满孩子气的表演，看根据歌曲内容画出来的场景图解。三"动"，即让孩子们行动起来，自觉模仿教师演唱。比如，教唱《两只小象》的时候，笔者首先用自己的两只手臂代表两只小象，边说边表演：在一条清清的小河边，走过来两只胖乎乎的小象，他们一会儿高兴地扬起长长的鼻子勾一勾，一会儿友好地握手、唱歌、"哟啰啰"地打招呼。那我们班的小朋友也来跟小象们打打招呼吧——"哟啰啰"。就这样自然进入歌曲学唱阶段，教师唱1、3、5、7小节歌词，学生紧跟着打招呼"哟啰啰"。其实"说"就是为"唱"做铺垫。在这个过程中，学生听出音乐仅用了四个乐句来讲述小象的故事，学唱起来就容易得多。最后，让孩子们在游戏中动起来。教师在地板上画上两条长长的线，表示是那条弯弯的河，请小朋友们扮演小象一对对在河边走走唱唱、扬扬鼻子、握握手。一般孩子们听说"扮小象在河边走"一定会到处乱跑，所以教师得告诉他们："小象们可要注意安全哦，千万不能掉到河里去了，在河边玩耍、唱歌的才是懂得保护自己生命的好孩子。"这样，既幽默风趣又规范了学生的游戏歌唱行为。

学习歌唱是逐渐地、自然地产生在一个允许并帮助其成长的环境之中的行为，且与幼儿其他方面的发育是密不可分的。因此需要我们音乐教师耐心细致地去调教，调教孩子们生来就有的最纯洁、最卓越的乐器——喉咙。英国著名的儿童歌唱发声权威哈蒂曾经强调："一般儿童在未受到相当好的训练之前，绝不允许他们大声歌唱，否则美的音质就会消失。"这也告诉我们要保护好孩子们娇嫩的嗓音，要用得恰到好处、用得有方法。

（注：此文发表在《中小学音乐教育》2009年第10期）

新生趣事

深圳的九月天气依然炎热，我和一（2）班的班主任在装扮一新的教室里迎接一年级的新学生。一天忙活下来，我衣服湿透了，整个脸上也写满了疲惫，可坐下来一回想自个儿却乐了：这些六七岁的孩子也真够逗的，实在太可爱了！

1. 为啥少了个座位

昨天新生分班报到后就回家了。9月1号是正式开学的日子，孩子们都遵照学校的规定，在校门口跟家长说"bye－bye"后独自走进教室。有的孩子真是能干！进来就用"good morning"跟教师打招呼，我一会摸摸这个的头、一会拍拍那个的肩，牵着孩子们的手，请他们迅速在教室里坐好。开学典礼马上要开始了，我们班最后一位同学也到了，可是却找不到自己的座位了——教室里没有一个空位。我也纳闷：昨天的座位不多不少刚刚好啊？于是我问他昨天坐在哪个位置，他带着我走到一个胖小子的旁边，我对那个坐得端端正正的小胖子说："那，你是坐哪里的呀？"他大声说就是这个位，我又问他："你是几班的小朋友啊？"他又大声回答："一（3）班的。"哈哈，原来是有人串错班级了。

2. 我想妈妈了

孩子们离开熟悉的幼儿园和熟悉的小伙伴，来到这个完全陌生的新学校已经有大半天了，中午吃完午饭就开始午休。睡了约半个钟头，突然有个小女孩大哭起来，我走过去问她怎么啦，她哭着说："我想妈妈了。"怎么办呢？孩子来到新的环境，第一次睡在陌生的地方，周围都是陌生的教师和同学，娇气的孩子说想妈妈也是很正常的。于是我一把抱起她，跟她说："临时把老师当妈妈，好不好？"我把她的被子铺在我的被子旁边，搂着她轻轻拍着拍着，一会儿，她就睡着了。其实孩子需要的是一种亲近、一种依靠。

3. 老师，我的书包不见了

中午，孩子们睡完午觉起床，我正在帮他们摆放桌椅，忽然有个小家伙跑过来哭兮兮地说："老师，我的书包不见了！"我想不可能吧，连忙带着他在教室前前后后找了个遍,还是没有。我说:"孩子,别着急,你是在这里午托的吗?"他明白地告诉我是在学校午托而且就睡在这个位置。我想:不对呀,睡这里的那个孩子是我们班另外一个孩子。大概又碰到一走错地儿的孩子了。于是我问:"你几班的啊?"他着急地说:"我就是这一年级的新生呀,一(1)班的"。嗨!又虚惊一场!"小子,这是一(2)班,怎么会有你的书包呢?隔壁是一(1)班,赶紧过去吧!"他眼泪一抹,咧开嘴冲我一笑,蹬蹬蹬地跑走了。

4. 结束语

多么天真可爱的孩子啊,感谢上帝的赐予!只要我们多点儿耐心、多点儿爱心,一定可以雕琢出一块块形色各异的美玉!

(注:此文2007年11月发表于《深圳教育》)

只言片语话"顽童"

我国教育实践家冯恩洪认为:"学校永远有差异,学校永远无差生;教师要善于面对差异,要善于发现学生的闪光点。我们提倡用赏识的目光面对每一个有差异的学生,让每个学生的名字都充满神圣和庄严。"

但是通常,我们教师总是比较偏爱性格乖巧、学业优异的孩子,常带着"有色眼镜"看那些顽童,甚至贬他们为"差生""问题儿童"。笔者每到一所学校都会碰到一些调皮的孩子,或上课很多嘴、吵扰别人,或无缘无故地尖叫、打人,或在教室里摸爬滚打……虽然知道那些调皮的孩子所做的事情,只不过是做了一些我们成人感觉不正常的事情而已,但有时也不免会大动肝火,甚至冒出一种想放弃他们的念头。

一天不经意翻到王灿明、郭志明先生的《十字路口的顽童》一书,想到自己身边的那些"顽童",为了寻求答案便一口气读完了它,实在受益匪浅。书中透过100多个顽童的个案描述,详尽分析了顽童们的各种心理优势,如他们的奇思妙想、强烈的好奇心、丰富的体验、张扬的个性、标新立异的创造能力和多才多艺的才华等,揭示出大智若愚的神童表现和自主成才的秘密,告诉我们如何去发现顽童身上巨大的智慧潜能,走出教育的误区。育人者若有一颗孩子般的童心,那一定容易走近学生的身边;育人者若有一颗坚持的耐心,那一定会陪伴学生一直走下去;育人者若有一颗仁爱之心,便一定可以顺利走进学生的心里,成就教育的意义。

案例一:真诚地沟通,平等地交流

2007年9月,我接到了班风、学风都很成问题的三(4)班。二年级时曾经听过这班同学上校内公开课,印象深刻地记得教师当时说"下面请大家一起来学唱这首新歌,好不好",好多同学几乎是异口同声地回答说"不好!我们要看碟!"……当时还正录像呢!

第一节音乐课,我打算从沟通开始。首先,用语言沟通。如果教师有一颗"海纳百川"的心,就不愁打动不了学生。"过去的你们表现怎么样,那都是过去式了。从今天开始，所有的孩子在我面前都是一样的聪明伶俐、一样的善良可爱。我真诚地希望，同学们能在三年级这个新的起点上共同进步。加油吧！"看似普通的一段话，却给了每个孩子一个平等的机会，使学生有了想在新教师面前重新开始、好好表现的愿望。其次，用音乐交流。告诉学生，音乐能使人快乐，能改变人的一生，只要你走近它，它会给我们带来很多好处。同时，多用放大镜看待问题学生的优点，使之产生"我也能行"的自豪感。

案例二：别想让学生一口吃成个大胖子

在班风不好、学风较差的班级上课需要我们教师的"爱心＋耐心＋恒心"。可真的是说起来容易，做起来就不那么简单了。这个调皮的三（4）班，他们的习惯意识里就认为音乐课即"看碟课"。若想在短时间改变这种局面，以下"四要四不要"就显得很重要了：一要顺应学生的心理，告诉他们若能顺利完成当堂课的学习任务，就可以看一小段动画片，而不要一下子把他们的喜好硬性砍掉；二要能理解学生课堂表现的反复现象，不要操之过急；三要长期坚持对学生听觉的培养，若没有"听"的心境，其他能力的培养都无从谈起，不要急于求成；四要随时调整自己的教学目标，不要指望学生能一口吃成一个大胖子。

那天又是三（4）班的音乐课，应该要学唱歌曲《风铃》，这首歌曲共有三段歌词，篇幅太长就是一个难度。上节课，学生表现不错，课堂气氛还算愉快，今天应该会更好一点吧？可放眼望去，学生依旧闹腾着，完全没有上课的状态，嘈杂的样子几乎让我想转身离去。看学生似乎没心思学，我灵机一动："咱们今天就学一小段，即歌曲的主歌部分。"学生一听任务不多，想到教师说过的"完成学习任务后可以看一小段动画片"，就开始积极配合。这班学生太需要"聆听"了。所以我不急于教唱，而是播放全曲范唱，首先请学生找出歌曲的主歌部分即"风铃风铃，可爱的小风铃，丁零零丁零零唱个不停，金钟银铃，动听的声音，向人们传送着风的消息"。提出要求，再采取让学生自己静心听完即唱的方法："听主歌三遍之后，看谁能准确唱出来？通过PK，竞选出班级前十名小歌星，优胜者每人奖励两个大拇指（印章）！"学生在一片"耶"声之后，开始了前所未有的反复认真聆听音乐。有了如此安静聆听的环境，仅有四句的主歌部分对于聪明的学生来说根本不在话下。十强选手顺利产生，教师对他们大肆表扬，旨在班里营造一种好的学习风气，激发学生的竞争意识。

在十强选手的带动下全班同学都学会了这一乐段，完成了学习任务。其实，选歌手不是目的，目的在于能让学生都安静下来聆听。这班学生很聪明、悟性也极高，听完十位选手的演唱不会唱那才怪呢！而且当学生沉浸在音乐之中时根本就忘记要看动画片了。

对于这样的班级，课堂上需要随时调整既定目标，急不得躁不得，一节课别想让他们一口吃成胖子。

案例三：善待差异，给顽童一些时间和空间

三年级下学期的一天。上课铃响了，三（4）班同学陆陆续续走进教室，随文艺委员做一个课前节奏律动。但还是有一部分同学没有听音乐律动的习惯，旁若无人地跟同学说着话，而稼北同学更是奇怪地叫着、跑着……此时，倘若你大吼一声叫学生安静，只会让学生感觉教师很无能，只晓得发脾气，还会坏了自己的心情，伤了自己的"元气"。在这样嘈杂的环境中，教师的任何语言都是苍白无力的，根据这班学生喜欢看动画片的特点，笔者打开歌曲《春天来了》的视频，伴随着美妙动听的歌声，呈现在学生眼前的是百花齐放、百鸟争鸣的春天气息的画面，学生马上就被吸引住了，不仅不吵还跟着哼唱起来了。学唱过程中，稼北同学依然故我，一会儿在地上爬来爬去，一会儿招惹旁边的同学，一会儿把椅子敲得咚咚响……其实这样的孩子是希望自己的与众不同能够引起教师和同学们的注意。

自从我来到这个班级授课，每次上课，都会提醒自己要"善待他、包容他、关注他"，有一点惊喜就会加倍放大表扬他。课后也会跟他聊一聊，听他说一说上课的感受，对音乐的理解，知道他心里其实是喜欢音乐课的，可他似乎控制不了自己的行为。今天的表现实在太过分了，我决定要给他一点儿颜色看看，便带着威胁的口气说："如果你还这么折腾，下一节音乐课就去语文教师那里写作业去。"听说要写作业，他便稍微收敛了一点。见此情形，笔者交给他一个任务，如果能准确唱出歌曲的最后一句"带．着 歌 唱和｜欢 一 笑0 ｜"，就给予奖励，前面犯的错也可以不追究。因这一句的旋律虽然是重复前面的，但问题在"一音多字"的歌词上，一开始好多同学都对不上，全唱成了"带．着 歌 唱｜和 欢 笑0 ｜"。我先让学生找出歌曲中所有的"一音多字"处，再进行练习纠唱以至完全掌握。稼北同学没有用心参与这个学习过程，自然不会唱了。看到他有些沮丧的样子，我说："谁来教教稼北同学呢？"从举手的同学中挑选了正处于进步中的刘竞潮来教他,这样既鼓励了教者,让他有成功感,又给了学者以压力——"曾经跟我一样调皮的同学们都在进步,可我……"接着又请了两位同学教他唱,3遍下来稼北就会唱了。我立即冲他竖了个大拇指,表扬他聪明并告诉他,只要学会聆听就一定学得快,还带动全班同学给他鼓励的掌声。接下来学唱第二段、第三段,稼北似乎变了一个人,再也没有闹腾了。看他,虽然还是那么黑黑瘦瘦的,小眼睛细细眯眯的,校服也脏脏的,可捧着书本投入学唱的样子怎么就那么可爱呢?后来他还很大胆地举手上前台,对三角铁和沙锤两件乐器进行了合理的分工表演,又一次获得了大家发自内心的掌声。我兴奋地补充了一句:"我说稼北同学很棒吧?只是大家以前都没有发现而已。"果然有人附和说:"确实很不错呢!"课即将结束,到了总结发奖的时候,大家异口同声地说出了"刘稼北"的名字,我高兴地在他的书本上盖上了一个红艳艳的印章——"顶呱呱!"摸摸他的头对他说:"你看,自己还是可以做好的,对不对?老师期待着你有更好的表现!"

案例四:用魏书生老师的方法对待他们

全国著名特级教师魏书生的教育生涯堪称一奇迹!他的教学及班级管理模式充满了民主和自主,他善于用学生来管理学生,善于充分挖掘每一个学生的潜能,让他们获得成功的体验。就算是班里排名倒数的学生,他也会信赖地让他负责一些工作,让每个学生都感觉自己是个有用的人,是可以为别人服务的人。

有个学生叫师壮,长得也很壮,不知道是不是"壮"的缘故,每次见他都是汗流满面,特别怕热。这孩子很爱招惹别人,甚至影响到了周围同学的学习。有一次,他坐不住又开始折腾,我就让他坐到身边来,他不肯。我说:"老师想请你过来帮忙翻翻谱子。再说你那么怕热,坐这儿来,头顶上还有电风扇帮你扇风呢。"听老师这么一说,他立马就骄傲地坐了过来。其实教师的歌谱也不用翻,就让他一直用手按着那一页纸,是为了让他别无选择地听着琴声、看着歌谱、跟着学唱。不管他有没有学会这首歌,但他有了一段认真倾听的时间,也没有影响到别人,真是一举两得!对于师壮来说就是一个了不起的进步。

六年级有个叫张津的同学,人很聪明但特别倔强,脾气也相当火暴。他的声音很好,曾经还是学校的合唱队员呢。随着年龄的增长,他越来越叛逆,课堂上，闲话特别多，一个人可以不停地大声言语，随时离开座位在教室里走来走去。跟他多次沟通未果，真的让人伤脑筋！有一次谈话间，他说他喜欢音乐课，但不喜欢里面的歌曲，笔者突然灵机一动，决定每节课给他3~5分钟，让他找出自己喜欢的音乐介绍给其他同学，正好可以满足他喜欢演讲的心理。从此，他就和另一位自告奋勇的调皮鬼轮流地担当起了这项工作，同学们在这里了解、聆听了泰勒、布兰妮、迈克尔·杰克逊等国际流行音乐的巨星，视野开阔了很多。

越是调皮的学生，我们越是可以多给他一些责任，让他感觉自己很能干，可以多给他表现的机会，让他受到大家的注视和欣赏……总之，让每个学生都感觉到自己的重要性，感觉到不能因自己而影响了一个团队！

案例五：老师想错了！

"又有二（3）班的课！"这其实是一种不好的心理暗示。为什么不对自己说："哈，今天有二（3）班的课，太好了！"时间长了，就应该会越来越喜欢上他们班的课了。平常聊起，其他科任教师一听说这个班还是直摇头。我虽然没有那么反感，但也不是很快乐。

当天的学习任务之一是认识一个新的音符朋友fa，能打着手号唱准《闪烁的小星星》的曲谱；任务之二是走进动物园——唱会《小毛驴》，欣赏《狮王进行曲》。没想到，课一直上得十分顺利。孩子们居然能够安静地学唱曲谱，还用好听的声音学唱了一首儿歌，最后还能够有兴趣地欣赏并表演。任务之多，难度也有。想想刚开始那一个学期，这帮孩子若能完整地学唱一首歌便是我最开心的事情。今天看来，他们的进步该有多大啊！可是在最后"请学生表演狮王"的环节当中，我却扼杀了孩子的创造力，怕他们乱，特意请了一个女生演"狮王"，用一条长毛巾给"狮王"当披风，用扫把给她当指挥棒或是令箭，装扮好的"狮王"便随着音乐有节奏地走起来了，学生们都用手随音乐有节奏地击掌起来。这时候，一个很调皮的男生突然跑上来，牵住"狮王"的披风，我一把扯住他用眼神制止了他的行为，他只好返回到座位上。可我很快就明白，自己刚才的阻止错了！完全错了！这孩子多棒啊，他不是来捣乱，他可能是看到课本上的插图里有很多小喽啰跟着威风凛凛的"狮王"，有的牵着他的披风，有的耀武扬威地吆喝着。虽然教师没有指令，可这个孩子想到了——他想来当"狮王"的随从。等醒悟后立马又把他推了上去，但这时候全班大乱，一些男孩都上来扯"狮王"的披风。音乐只好戛然而止了，戛然而止的也许还有孩子们的创造力……

这是一些常规课的反思笔记，也许琐碎，也许平淡，但都是笔者的亲历见证。拿出来只是想跟一线教师们唠唠家常。大家跟我一样肯定也遇到过形形色色的"顽童"，是在想办法解决问题呢，还是听之任之、冷漠轻视呢？试想，咱们一生就只做这"教书育人"一件事，如果还不能把它做好的话，是会心有不甘的。所以，还是选择坚持而不放弃！咱们音乐教师可以像班主任一样，用班级管理模式来管理我们的课堂，多跟顽童们交心谈心，动之以情，晓之以理。要去听取他们对音乐课及考试评价的意见，了解他们每个人在校内外学习音乐的情况。抓住一切合适的时机就让全班同学来欣赏他、表扬他！让他感觉自己不是"五音不全"、不是"没有音乐细胞"、不是"坏孩子"……

真正的教育是不可能建立在冷漠和轻蔑之上的，也没有任何一种教育是依靠惩罚与制裁来完成的。霍华德·加德纳说："每个孩子都是一个潜在的天才儿童，只是经常表现为不同的形式。"因此，我们要正视差异、善待差异，着眼于学生的未来，极力促进学生有个性地发展。

谈班级合唱教学中的听觉培养

童声合唱作为一种高雅的音乐艺术表现形式,它拥有众多的听众和爱好者。在小学中高年级的音乐课堂上对学生实施合唱教学,不仅有利于学生综合音乐素质的提高,而且在学习过程中还可以培养学生的合作意识、集体意识,可以磨炼他们克服困难的意志,同时可以为学校合唱队进行梯队训练、输送大量合唱人才。

在多年的教学实践中,笔者深深体会到,合唱教学除了要对学生进行节奏、声音方面的训练外,更要注重合唱听觉的培养。怎样使学生具备灵敏的听觉呢?从以下几个方面进行训练:

1. 听琴模唱单音

先听辨声音的高低,用"啦"唱出,用不同的节奏反复练唱音阶,再练习三度、五度、六度模进,逐步离琴模唱,久而久之,学生对各种音程之间的音高距离便有了固定的感觉,歌唱便不会跑调了。

2. 听辨音程和弦

做此练习的目的是为了提高学生听觉的分析、判断能力,使学生能听辨出两音之间的高低长短及唱名。先听旋律音程,再听和声音程,先听大三和弦,再听小三和弦。同时可将学生分成两组或三组,一组唱根音,一组唱冠音,一组唱中音(指唱和弦时),几个声部或先后进入或同时唱出。这种练习每堂课做5分钟,学生的听觉便会逐步提高。与此同时,做些平行三度、六度的发声练习,可增加趣味性。

3. 培养学生对乐句或乐段的听辨能力

教师左右手同时奏出合唱中的一个乐段,要求学生完全安静下来,经仔细听辨找到自己的旋律并能流畅的演唱时,他们会兴奋不已,教师这时应对他们给予肯定,力求将整个乐段唱得更完美、和谐。其次教师可在琴上奏出一个乐句,要求学生听辨后唱出,然后根据平行三度的关系配唱低声部。由于有前面的练习做基础,学生自然能流畅地唱出。将高声部做"旋律接龙"的听唱游戏,低声部也可以一人一句进行配唱,然后再将学生创作出来的旋律集中进行

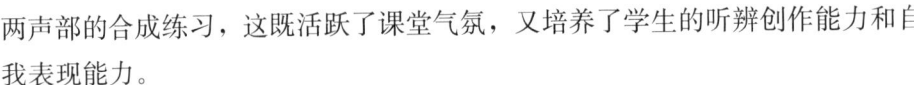

两声部的合成练习,这既活跃了课堂气氛,又培养了学生的听辨创作能力和自我表现能力。

4. 进行完整的合唱听赏练习

以上三点皆为基本练习,为唱好合唱做好了铺垫,每节课此训练时间不宜太长。此时教师不应急着让孩子们去唱,先让他们欣赏教材里出现的合唱歌曲,这类作品一般分主副歌,平行三度的合唱声部比较简单也比较多见,如《拍手》《阳光牵着我的手》《拉起手》等都是学生喜欢且容易演唱的作品。再找一些中外著名的童声合唱曲目来听也是很有必要的,如他们非常熟悉的《让我们荡起双桨》《红蜻蜓》《闲聊波尔卡》《缆车》等,引导学生去感受那些风格各异的丰富多彩的合唱音响,帮助他们理解音乐形象。"听"的目的就是为了很好地"唱",大家可模仿,可取他人之长。当我们拿到一首合唱歌曲之后,教师可范唱一个声部,弹奏另一声部,让学生能非常清晰地听到两个声部的和声音响。由于高声部旋律性强,学生易掌握些,所以一般让全体同学先唱低声部,再唱高声部,最后将两声部合成。其间必须要求学生轻声合唱,在正确唱出自己声部的同时,能倾听另一声部,使自己的音色、音高和音量能和集体取得一致,以达到声部均衡和谐的效果。

总之,合唱教学中不可缺少听觉训练,而学生的听觉能力同时也在合唱中得到培养和提高。

(注:此文1995年发表于《珠海特区报》教育版;1996年获珠海市教育教学论文评比三等奖)

歌喉欲展，讲究美感

镜头 A：闲聊时，有人满不在乎地说："唱歌还不简单，不就是嘴巴一张吗？"

镜头 B：几位班主任教师苦恼地说："我们班学生似乎不会唱歌，太难听了，活动都难得开展。"

1. 发现问题

不加修饰不讲究美感的"歌"，确实好唱，但也必然难听。在我们的校园里，这样的歌声有三种：

（1）高音低唱。有些歌曲定调太高，或文艺委员起音过高，一般学生唱不上去，只有低八度或自由降调演唱了。

（2）低音高唱。有些歌曲音域宽，部分学生低音唱不下去，便又随便升调唱出，更有大部分学生觉得唱低音不能显示自己的"本领"，害怕教师听不见，便"唱高一点"以图得到表扬，没想到却破坏了整个班集体的和谐与统一。

（3）大声喊唱。这类现象最为普遍，课堂上，文艺委员起个头或教师琴声一响，有精神的便扯着嗓子叫，没精神、没兴趣的嘴也懒得张。

2. 解决问题

要想消除这些现象，让校园内外充满优美的歌声，音乐教师责无旁贷。首先，要提高自身的音乐修养，使自己能很好地理解作品、处理作品，能进行优美的范唱，声情并茂地去感染学生。教师应该能随意演奏24个或者几个常用的大小调的音阶、琶音及和弦，提高自己的即兴伴奏能力，以适应学生的各种演唱要求。其次，要培养学生的审美能力。先从视觉入手，让学生在穿着打扮上分辨美丑，在美术作品中鉴赏好坏；再从听觉渗透，要求学生会听自己唱、会听别人唱、会听钢琴唱。在不同的演唱中，让学生感受好听与否，在不同的和弦中，让学生听辨和谐与不和谐。再次，培养学生的集体主义观念也是十分重要的。因为齐唱、合唱不同于独唱，可以自由发挥，它是由全班同学通力合作创造的结晶。只要有一两个同学与大家"步调不一致"，歌声就不协调，就没有美感，就不吸引人了。

（注：此文发表于《中小学音乐教育》2002年第8期）

做一根有思想的芦苇

20年华，正是一个少女的花季年龄，我用一段这么长的时间一直默默坚守在小学音乐教学的试验田里，耕耘着、收获着……其间经历了轰轰烈烈的音乐新课程改革，现在又幸运地走进了深圳市福田区"刘宏伟音乐教学工作室"。在这里我找到了幸福，就像一个孤军作战的士兵突然找到了组织一样，借助这个研修平台可以跟大家"疑惑启发疑惑、灵感激发灵感、智慧撞击智慧"；在这里我学会了思考，长期困惑的教学难题经过导师的引领得以实施，我的常规课堂因此有了更多的精彩。

帕斯卡尔说过："人只不过是一根芦苇，是自然界最脆弱的东西，但他是一根有思想的芦苇……我们全部的尊严就在于思想。"现在我冷眼看这几年课改之路，其实就是经历了一个从"单一"到"复杂"再回归到"自然"的过程。我也从中领悟到了教学的真谛——"做一根有思想的芦苇"会让你享受课堂，享受生命，享受快乐！

1. 我的课堂表象与内在变化

从1997年到2007年，弹指一挥间的十年，我先后参加过全国、省、市级现场教学比赛，也多次获奖。我听到教师们太多的赞美，也总听到学生发出这样的感叹："你要是我们的音乐老师就好了！""你再给我们上一节音乐课吧！""我从来没上过这么开心的音乐课！"……一直以来我似乎没有停止过课堂教学研究的脚步，每年都在出新课，曾经觉得多么自豪啊！冷静下来思考，一节公开课给予学生的快乐只是40分钟而已，为什么我们不能让更多的孩子享受到更多的快乐呢？又有多少人在乎我们的常规课呢？不尽如人意的课堂自己曾用心去解决了吗？突然发觉自己曾经追逐的那些精彩只是一种光环，一种课堂表象。

进入工作室以后，刘宏伟老师给每个成员提要求"踏踏实实上好每一节课"，让我们所有的学生受益。随着时间的流逝，我不仅看到了刘老师在名师大讲堂"润物细无声"的教学精彩，还耳濡目染了她对待常规课的高度热情，也感受到了她对每一个学生亲人似的关爱，对每一段音乐精辟的分析、投入的表现。为了一节常规课她也会去查找很多相关资料，电脑上的一个个课件包就深深地震撼了我！我真切地感受到了自己与名师的差距。随后，我的教学激情一次次被点燃，我的内心突然有了某种渴望，开始期待自己能达到一种境界——"把公开课与常规课画上等号，信手拈来就是一节朴实生动的音乐课"。

2. 我的课堂实践与思想的收获

名师引路、团队互助，我把内心的渴望变成了行动。我研究"课堂组织教学的问题""幼、小衔接的问题""歌唱音准问题""导入设计的问题"……看着每一个学生在课堂上能积极地参与、优美地歌唱、大胆地表达、自信地表演……我感到了前所未有的富有和满足！我乐在其中，也乐此不疲。

（1）如何关注学生的发展。课改的基本理念是"教育要以人为本，要促进人的发展，要关注学生、关注过程、关注发展"。新的教育观也认为，教育必须为学生的终身发展服务。

首先，要认识你的学生。亲其师，信其道。遇到新生，我会用最短的时间记住学生的名字，甚至乳名。教师能随时随地叫出他的名字，他会有一种被重视的感觉，学生喜欢教师把自己当成一个个体。还要真诚幽默地跟学生沟通，跟他们建立良好的师生关系，让他感觉在你这里很自在。

其次，要懂得你的学生。课前的教学设计要站在学生的角度，从学生的实际出发。经常换位思考：假如自己是学生，能接受这样的学习方案吗？能回答出这个问题吗？

再次，要调动你的学生。动态的教学过程要遵循学生的认知规律及他们的发展需求。教师是引导者、合作者，在课堂上要欣赏学生、给他自信，信任学生、让他参与。很多教师在课堂上总是对学生不放心，害怕他听不出、拍不好、唱不准，全由老师包办代替。学生没有了自我，个性无法张扬，自主创新也无从谈起。有的课堂学生只是教师的道具，他们没有融入音乐之境、无法表现愉悦之情。没有学生参与、师生互动的课堂是没有生命力的课堂。

同时，更要赏识你的学生。恰当的教学评价要及时有效、要关注到每个不同个性的学生或群体。教师要储备大量赏识性的双语语言，你想学生怎么样就表扬他怎么样。

（2）如何凸显音乐本体。"以音乐为本"是音乐学科存在的重要理由。但在课改中，出现了很多背离音乐本体的现象。音乐课成了语文课、历史课或手工课……这是教师对课标理念的认识存在误区，认为"学科综合"就是各种学科知识的叠加，以音乐为本的综合就是音乐大拼盘。音乐本体究竟如何体现？

第一，以音乐为本进行整合。要不要"综合"只是"提倡"而已，应该适度。整合是为了加深学生对音乐作品的理解，而不仅仅是一种形式。拓展的时间也不宜太长，要与当节课的内容相关，不可喧宾夺主。

第二，用音乐手段丰富教学。上好一节课，首先是吃透教材，挖掘音乐的内涵，强调用音乐的手段设计多变的方法去激发学生主动学习，这才是教学的根本。

第三，大练基本功培养乐感。现在很多音乐教师上课不弹琴、不范唱，只点鼠标，谁都可以上的课不能称为音乐课。要保持自己的音乐本色，必须全面提高自己的专业素质。

（3）如何创意地使用教材。叶圣陶先生曾说过："教材只能作为教课的依据，要教得好，使学生受益，还得靠老师的善于运用。"想让自己轻松地教，让学生有趣地学，就得在教材的使用和设计上多花心思。

第一，强调"挖掘"。对于课内外教材，教师可根据自己的特长和理解，重组单元内容，调整教学目标。注重挖掘教材中可发展学生创新思维的要素，挖掘可供学生自由发挥的情感内容。

第二，关注"眼睛"。无论上什么课，能抓住教材的"眼睛"让它发亮出彩就是一种创意。何谓"眼睛"呢？比如《对鲜花》这首歌里"这朵鲜花瞒不了我"就是此教材活灵活现之所在。歌曲《这是什么》抓住教材中"滴答滴答"和"当当当"的音响与生活中的钟表联系起来挖掘歌曲的音乐要素，学生的模仿惟妙惟肖……

因为工作室，我学会了思考，思考着怎样达成自己向往的教学境界；因为工作室，我找到了快乐，快乐着学生的快乐……工作室主持人刘宏伟老师常常说："为了一切的学生，为了学生的一切，我们要踏踏实实上好每一节课！"愿这句能成为所有音乐教师共同追求的目标！愿"做一根有思想的芦苇"能同样让你享受课堂、享受生命、享受快乐！

（注：此文部分节选发表在《中国音乐教育》2009年第2期）

后　　记
——我该拿什么感谢你

　　有一首歌是这样唱的："长路奉献给远方，玫瑰奉献给爱情，我拿什么奉献给你，我的爱人？白云奉献给草场，江河奉献给海洋，我拿什么奉献给你，我的朋友？……白鸽奉献给蓝天，星光奉献给长夜，我拿什么奉献给你，我的小孩？雨季奉献给大地，岁月奉献给季节，我拿什么奉献给你，我的爹娘？"这首歌表达了我此时的心境。一直以来，我都有一个梦想，就是将自己多年的教学所得写成一本书，奉献给大家。今天，我在众多只手的扶持下克服了诸多困难之后，终于到达了向往已久的彼岸时刻——我的第一本专著与大家见面了！这将是我音乐教学路上的一道分水岭，我会以此为起点继续前行，把音乐教育的真谛带给一批又一批孩子们，把自己的所思所想与认识或不认识的同行朋友们分享。

　　在这特别的时刻，我首先要感谢福田区教育局、感谢李吉南局长，为我们极力打造了"高研班"这个平台；感谢陈祥俊主任、黄爱华副主任拿出了"为一线教师出书"的创意之举，也感谢他们在我写书的过程中给予的指导建议；感谢音乐教研员杨岳军老师一直以来对我的夸赞与肯定，没有他的引荐，我不可能来到福田教育这块"福地"。其次要感谢我所在的荔园外国语小学，感谢邬丽萍校长、陈帝和副校长对我的一贯支持与鼓励；感谢我的同事们对我的理解与厚爱。最后要感谢我的家人和朋友，这五个月以来，老公为了不耽误我写作，独自承担了所有家务，既要照顾我的生活，还要想办法调整我的身心；在外地读书的女儿每天一条短信询问我写书的进展，不断给我加油鼓劲；我的恩师徐沛然，早在我的目录构想时就给予了很多的指导，初稿出来后又在第一时间提出了中肯的建议；我的师傅刘宏伟老师为了让我专心写出这本书，减轻了我在工作室的任务；我的校内校外的朋友们也不同程度地给予了我帮助，李林岚老师帮我整理课堂实录，程冰老师帮忙打写谱例，刘晓虹老师帮我查找资料……

我一边写书一边回忆，无数镜头在眼前浮现——那就是在我不同时期、不同地点、不同情态的学生们，是他们成就了今天的我！没有他们，我不知自己会身在何处；没有他们在课堂上的快乐与沉闷，我可能会平庸地生活、疏于思考，也就无法改变自己，无法进步。有时候他们好像我的孩子，我的怀抱便是他们的依靠；有时候他们又似我的保护神，咽炎、鼻炎这些老毛病也会牵动他们的心思；有时候他们又似我的朋友，课间十分钟无话不谈，可以一直聊到下一节课的铃响；有时候他们又像我的老师，带给我许多灵感，帮我寻找问题的答案……我就这样乐此不疲地享受着这种美妙的师生关系。同时，家长们的鼓励也是对我工作的一种鞭策，周宁妈妈来信："今天的家长开放日安排得很好，特别是您上的音乐课。孩子们是多么的快乐，那一张张自信的小脸，那略带稚嫩的表演，那蛮是那么回事的认真劲……家长们都被感染了。谢谢你，张老师。有您这样的老师是孩子们的幸运。"叶洪君妈妈留言："您好！我是君子妈妈，孩子一回家就兴奋地说有特大好消息：他两样合唱都入围了！看着他自豪的样子，我也开心极了！那天开放日，目睹老师的风采，觉得您是个很有激情的人，一站在舞台上，举手投足极有感染力！您是个非常优秀的老师！"……

成功很容易，就是把身边的小事做好；然而成功又很不容易，因为坚持到底的人太少。这是我经常跟自己也跟合唱队的孩子们说的一句话。今天，我庆幸自己终于还是坚持着把这本书写完了。由于时间仓促、水平也有限，书中可能有不少的错漏，恳请大家批评指正！

娟　子
2010年3月于深圳

参考文献

1. 中华人民共和国教育部. 全日制义务教育音乐课程标准（实验稿）[s]. 北京：北京师范大学出版社，2001.

2. 王安国，吴斌主编. 音乐课程标准解读. 北京：北京师范大学出版社，2002.

3. 霍华德·加德纳，沈致隆译. 多元智能. 北京：新华出版社，1999.

4. 廖家骅著. 音乐审美教育. 北京：人民音乐出版社，1993.

5. 戴定澄. 音乐教育展望. 上海：华东师范大学出版社，2001.

6. 上海音乐出版社编. 音乐游戏王国. 上海：上海音乐出版社，1993.

7. 李丹娜，修海林，尹爱青编著. 奥尔夫音乐教育思想与实践. 上海：上海教育出版社，2002.

8. 李吉林. 谈情境教育的课堂操作要义 [J]. 教育研究，2002（3）.

9. 郑莉，金亚文编著. 基础音乐教育新视野. 北京：高等教育出版社，2004.

10. 何乾三选编. 西方哲学家、文学家、音乐家论音乐. 北京：人民音乐出版社，1983.

西南师范大学出版社
《名师工程》系列丛书目录

系列	序号	书　　名	主编	定价
教师成长系列	1	《做会研究的教师》	姚小明	30.00
	2	《学学名师那些事》	孙志毅	30.00
	3	《给新教师的建议》	李镇西	30.00
	4	《教师心灵读本：成为有思想的教师》	肖川	30.00
	5	《教师心灵读本：教师，做反思的实践者》	肖川	30.00
名校系列	6	《让每个生命都精彩——生命教育校本实践策略》	王鹏飞	30.00
	7	《好学校，从关注每个学生开始——石梅小学优质教育多元感悟》	顾泳　张文质	30.00
创新语文教学系列	8	《曹洪彪新概念快速作文》	曹洪彪	30.00
	9	《小学语文：享受对话教学》	孙建锋	30.00
	10	《小学语文：名师教学目标落实艺术》	刘海涛　王林发	30.00
	11	《小学语文：名师魅力教学设计艺术》	刘海涛　王林发	30.00
	12	《小学语文：名师魅力课堂激趣艺术》	刘海涛　豆海湛	30.00
	13	《小学语文：单元整体教学构建艺术》	李怀源	30.00
	14	《小学作文：名师情趣课堂创设艺术》	张化万	30.00
思想者系列	15	《心根课堂——让教育随学生心灵起舞》	刘云生	30.00
	16	《做一个纯粹的教师》	许丽芬	26.00
	17	《率性教书》	夏昆	26.00
	18	《为爱教书》	马一舜	26.00
	19	《课堂，诗意还在》	赵赵（赵克芳）	26.00
	20	《今日教育之民间立场》	子虚（扈永进）	30.00
	21	《教育，细节的深度反思》	许传利	30.00
	22	《追寻教育的真谛——许锡良教育思考录》	许锡良	30.00
创新课堂系列	23	《个性化课堂教学艺术：小学语文》	商德远	30.00
	24	《如何实现三维目标——让学生与文本共鸣的诵读教学》	张连元	30.00
	25	《想说　会说　有话可说——突破作文瓶颈的三维教学法》	杨和平	30.00
	26	《综合课的整合创新教学》	周辉兵	30.00
	27	《如何打造学生喜欢的音乐课堂》	张娟	30.00
	28	《理想课堂的构建与实施——一个教研员眼中的理想课堂》	张玉彬	30.00
	29	《小学语文：决定教学质量的关键策略》	李楠	30.00
	30	《用〈论语〉思想提升数学教育智慧》	胡爱民	30.00
	31	《童化作文——浸润儿童心灵的作文教学》	吴勇	30.00
高效课堂系列	32	《用什么提高课堂效率——有效数学课必须关注的10大要素》	赵红婷	30.00
	33	《让作文更轻松——小学作文高效教学36锦囊》	李素环	30.00
	34	《让研究性学习更高效——研究性学习施教指导策略》	欧阳仁宣	30.00
	35	《让母语融入学生心灵——提升学生语文素养的高效施教艺术》	黄桂林	30.00
班主任专业化系列	36	《神奇的教育场——打造特色班级文化创新艺术》	李德善	30.00

系列	序号	书　　名	主编	定价
优化教学系列	37	《让教学更生动——激发兴趣让学生快乐认知》	朱良才	30.00
	38	《让教学更高效——策略创新让教学事半功倍》	孙朝仁	30.00
	39	《让教学更开放——拓展延伸让学生触类旁通》	焦祖卿　吕勤	30.00
	40	《让教学更生活——体验运用让学生内化知识》	强光峰	30.00
	41	《让知识更系统——整合与概括让学生建构体系》	杨向谊	30.00
	42	《让思维更创新——思辨与发散让学生思维活跃》	朱良才	30.00
教研提升系列	43	《教师怎样做小课题研究——高效助力教师专业化成长》	徐世贵　刘恒贺	30.00
	44	《今天我们应怎样评课》	张文质　陈海滨	30.00
	45	《今天我们应怎样进行教学反思》	张文质　刘永席	30.00
	46	《一节好课需要的教育智慧》	张文质　姚春杰	30.00
名校长核心思想系列	47	《做一个智慧的校长》	孙世杰	30.00
	48	《成为有思想的校长》	赵艳然	30.00
幼师提升系列	49	《全国优秀幼儿健康教育活动课例评析》	教育部教育管理信息中心	30.00
	50	《全国优秀幼儿艺术教育活动课例评析》	教育部教育管理信息中心	30.00
	51	《全国优秀幼儿社会教育活动课例评析》	教育部教育管理信息中心	30.00
	52	《全国优秀幼儿语言教育活动课例评析》	教育部教育管理信息中心	30.00
	53	《全国优秀幼儿科学教育活动课例评析》	教育部教育管理信息中心	30.00
名师名课系列	54	《名师如何炼就名课》（美术卷）	李力加	35.00
教师修炼系列	55	《班主任工作行为八项修炼》	杨连山	30.00
	56	《教师心理健康六项修炼》	李慧生	30.00
	57	《教师专业化五项修炼》	杨连山　田福安	30.00
	58	《课堂教学素养五项修炼》	刘金生　霍克林	30.00
	59	《高效教学技能十项修炼》	欧阳芬　诸葛彪	30.00
	60	《教师新师德六项修炼》	王毓珣　王颖	30.00
创新数学教学系列	61	《小学数学：名师教学目标落实艺术》	余文森	30.00
	62	《小学数学：名师高效教学设计艺术》	余文森	30.00
	63	《小学数学：名师易错问题针对教学》	余文森	30.00
	64	《小学数学：名师魅力课堂激趣艺术》	余文森	30.00
	65	《小学数学：名师同课异教》	林高明　陈燕香	30.00
	66	《小学数学：名师抽象问题艺术教学》	余文森	30.00
教育通识系列	67	《用心做教师——青年教师快速成长的十大定律》	王福强	30.00
	68	《做最受学生欢迎的老师》	赵馨　许俊仪	30.00
	69	《做有策略的校长——经典寓言与学校管理智慧》	宋运来	30.00
	70	《做有策略的教师——经典故事中的教育启示》	孙志毅	30.00
	71	《从学生那里学教书》	严育洪	30.00
	72	《突破平庸——提升教育质量的31个跳板》	严育洪	30.00
	73	《教育，诗意地栖居》	朱华忠	30.00
	74	《好班规打造好班级》	赵凯	30.00
	75	《做学生成长的引领者——学生终身成长的素质培养》	田祥珍	30.00
	76	《如何管出好班级——突破班级管理的四大瓶颈》	刘令军	30.00
	77	《青春期性教育教师实用手册》	闵乐夫	30.00

系列	序号	书　　　名	主编	定价
教育细节系列	78	《名师最具渲染力的口才细节》	高万祥	30.00
	79	《名师最有效的沟通细节》	李燕　徐波	30.00
	80	《名师最有效的激励细节》	张利　李波	30.00
	81	《名师培养学生好习惯的高效细节》	李文娟　郭香萍	30.00
	82	《名师人格教育的经典细节》	齐欣	30.00
	83	《名师营造课堂氛围的经典细节》	高帆　李秀华	30.00
	84	《名师最有效的赏识教育细节》	李慧军	30.00
	85	《名师最有效的批评细节》	沈旎	30.00
教育管理力系列	86	《名校激励管理促进力》	周兵	30.00
	87	《名校安全管理执行力》	袁先潋	30.00
	88	《名校师资团队建设力》	赵圣华	30.00
	89	《名校危机管理应对力》	李明汉	30.00
	90	《名校校本研究创新力》	李春华	30.00
	91	《学校文化力建设策略》	袁先潋	30.00
	92	《名校长核心教育力》	陶继新	30.00
	93	《名校长高绩效领导力》	周辉兵	30.00
	94	《名校行政管理细节》	杨少春	30.00
	95	《名校教学管理提升力》	张韬　戴诗银	30.00
	96	《名校学生管理教导力》	田福安	30.00
	97	《名校校园文化构建力》	岳春峰	30.00
教育心理系列	98	《做最好的心理导师——中学生心理健康咨询手册》	杨东	30.00
	99	《每天学点教育心理学》	石国兴　白晋荣	30.00
	100	《学生心理拓展训练与指导》	徐岳敏	30.00
	101	《好心态成就好学生——学生心理问题剖析与对症教育》	李韦遴	30.00
大师讲坛系列	102	《大师谈教育心理》	肖川	30.00
	103	《大师谈教育激励》	肖川	30.00
	104	《大师谈教育沟通》	王斌兴　吴杰明	30.00
	105	《大师谈启蒙教育》	周宏	30.00
	106	《大师谈教育管理》	樊雁	30.00
	107	《大师谈儿童人格塑造》	齐欣	30.00
	108	《大师谈儿童习惯培养》	唐西胜	30.00
	109	《大师谈儿童能力培养》	张启福	30.00
	110	《大师谈早恋与性教育》	闵乐夫	30.00
	111	《大师谈儿童情感教育》	张光林　张静	30.00
高中新课程系列	112	《高中新课程：教师角色转变细节》	缪水娟	30.00
	113	《高中新课程：班主任新兵法细节》	李国汉　杨连山	30.00
	114	《高中新课程：教学管理创新细节》	陈文	30.00
	115	《高中新课程：更有效的评价细节》	李淑华	30.00
教学新突破系列	116	《把教学目标落实到位——名师优质课堂的效率管理》	冯增俊	30.00
	117	《拿什么调动学生——名师生态课堂的情绪管理》	胡涛	30.00
	118	《零距离施教——名师和谐师生关系的构建艺术》	贺斌	30.00
	119	《一个都不能落——名师提升学困生的针对教学》	侯一波	30.00
	120	《让学习变得更轻松——名师最能吸引学生的情境设计》	施建平	30.00
	121	《让知识变得更易学——名师改造难学知识的优化艺术》	周维强	30.00

系列	序号	书　名	主编	定价
教学提升系列	122	《方法总比问题多——名师转变棘手学生的施教艺术》	杨志军	30.00
教学提升系列	123	《用特色吸引学生——名师最受欢迎的特色教学艺术》	卞金祥	30.00
教学提升系列	124	《让学生爱上课堂——名师高效课堂的引导艺术》	邓　涛	30.00
教学提升系列	125	《拿什么打开思路——名师最吸引学生的课堂切入点》	马友文	30.00
教学提升系列	126	《没有记不牢的知识——名师最能提升学生记忆效果的秘诀》	谢定兰	30.00
教学提升系列	127	《让学生的思维活起来——名师最激发潜能的课堂提问艺术》	严永金	30.00
名师讲述系列	128	《施教先施爱——名师讲述班主任的核心教导力》	杨连山　魏永田	30.00
名师讲述系列	129	《在欢乐中成长——名师讲述最具活力的课堂愉快教学》	王斌兴	30.00
名师讲述系列	130	《让学生做自己的老师——名师讲述如何提升学生自主学习能力》	徐学福　房　慧	30.00
名师讲述系列	131	《引领学生高效学习——名师讲述如何提高学生课堂学习效率》	刘世斌	30.00
名师讲述系列	132	《教育从心灵开始——名师讲述最能感动学生的心灵教育》	张文质	30.00